学术文库

媒介文化研究

媒介文化研究
理论与实践

Media Culture Studies:
Theory and Practice

鲍海波 著

中国出版集团有限公司

世界图书出版公司
西安　北京　上海　广州

图书在版编目(CIP)数据

媒介文化研究:理论与实践/鲍海波著.—西安:世界图书出版西安有限公司,2025.1.—ISBN 978-7-5232-1697-2

Ⅰ.G206.2

中国国家版本馆 CIP 数据核字第 2024GN3372 号

媒介文化研究:理论与实践
MEIJIE WENHUA YANJIU: LILUN YU SHIJIAN

著　　者	鲍海波
策划编辑	赵亚强
责任编辑	符　鑫
美术编辑	吴　彤
出版发行	世界图书出版西安有限公司
地　　址	西安市雁塔区曲江新区汇新路 355 号
邮　　编	710061
电　　话	029-87233647(市场营销部)　029-87234767(总编室)
网　　址	http://www.wpcxa.com
邮　　箱	xast@wpcxa.com
经　　销	新华书店
印　　刷	西安浩轩印务有限公司
开　　本	787mm×1092mm　1/16
印　　张	14
字　　数	200 千字
版　　次	2025 年 1 月第 1 版
印　　次	2025 年 1 月第 1 次印刷
书　　号	ISBN 978-7-5232-1697-2
定　　价	78.00 元

版权所有　翻印必究

(如有印装错误,请与出版社联系)

前　言

　　自现代社会以来，媒介的发展一路高歌猛进，人类社会也随之步入当下这个深度媒介化时代。作为一种重要的社会建构力量，媒介及其社会实践活动不仅以中介的方式连接起运动着的事物的两端，更是以思想的物流装置形式将物质、技术、规制这三者系统化地组合为一体，并以"媒介域"沿时间轴线形态变革彰显出人类文明史的变化轨迹。可以说，关注媒介及其实践活动就等于关怀人类自身命运。

　　在以往媒介文化研究的基础上，此次研究的任务主要从理论与实践两个层面展开：

　　从第一章到第七章，在媒介文化研究所面对的复杂社会语境下，着力思考媒介与媒介变革、媒介技术与媒介装置，以及作为人类理性实践象征的媒介文化等基本问题。同时，在面对数字时代媒介文化的领导权时，提出在社会权力向网络化转型的过程中，由媒介技术、媒介平台、媒介符号组成的一体化媒介装置所具有的媒介力量及其把控问题。在媒介变革时代，媒介及其表征体系必然会引发人们关于技术、社会、个体意识、人的主体性等多方面的焦虑，疏解的办法还得依靠人的理性自持。

　　从第八章到第十一章，对媒介文化的具体实践活动予以理论阐释。与以往相比，这些案例显示的媒介文化的实践活动似乎有失纯粹性，如公祭黄帝仪式何以成为媒介及其活动，西安电影集团的"电影圈子"是如何营造其媒介空间的，陕西袁家村选择传统文化时如何用媒介来表征，作为媒介的城市之光何以构造出炫幻之境的。深入阐释这些文化实践所蕴含的时代叙事、精神空间与思想表达，是作者一直以来孜孜以求地从学理层面对其所进行的媒介文化识读的学术探索，更在于以下几方面的尝试：一是在万物兼媒的时代这些媒介及其实践活动本就是题中之义；二是在理论上拓展媒介文化研究的边界，使其在泛媒介的意涵之下延揽更多种类与形态的媒介及其实践活动；三是在深度媒介化时代应该时刻反思媒介间的合力对人的主体性的消解与反噬。媒介文化已深深嵌入当代人类社会发展的历史进程之中，尤其随着技术科技的不断发展，作为人类实践理性象征的媒介文化充分地融入了当代社会文化生活的方方面面。因此，在当下时代媒介文化生成的社会语境条件下，探讨媒介文化研究领域中出现的诸多崭新问题，不仅成为当下时代的媒介文化研究者必须面对的重要课题，也是身处当下时代的人们必须面对和解答的时代命题。

基于此，本书愿为那些深刻认识和把握信息时代媒介文化的时代价值与现实意义的学界人士提供些许研究经验和理论探索。

目　录

第一章　当下时代媒介文化实践及其研究的复杂语境

2 ／ 一、媒介文化研究的漫长道路

4 ／ 二、媒介文化研究的社会语境

13 ／ 三、媒介文化研究的语境设置

第二章　媒介文化研究应关注的若干问题

18 ／ 一、媒介文化的泛媒介性

23 ／ 二、媒介文化实践的总体性

33 ／ 三、作为普遍社会情境的媒介文化

35 ／ 四、对媒介文化及其情境的有限抵抗

第三章　理解媒介及媒介变革

40 / 一、作为中介的媒介

43 / 二、媒介就是"万物"

45 / 三、媒介变革的逻辑及其他

第四章　媒介技术及其装置的文化关照

62 / 一、媒介链及其对媒介结构的影响

66 / 二、媒介技术的牵引力

69 / 三、媒介技术与思想的物流形式

第五章　作为人类实践理性"象征"的媒介文化

74 / 一、作为社会实践的劳动及其独特性

77 / 二、作为对象化结果而存在的媒介种类与形态

94 / 三、理性导引下一体化与系统化的媒介革命

第六章　数字时代的媒介文化领导权及其构成

98 / 一、作为时代命题的文化领导权

100 / 二、媒介文化领导权的构成

118 / 三、一体化的媒介文化领导权及其权重

第七章　变革时代媒介文化的焦虑与人的理性自持

122 / 一、是否一切皆因技术而定

124 / 二、是否为一种应然的社会现实

126 / 三、难道是一套合法化的辩护程序

127 / 四、个体思想是否会无产化

129 / 五、现实主体何以存在

132 / 六、社会个体在日常生活中对媒介文化的理性选择

第八章　作为媒介的公祭黄帝活动及其认同建构

143 / 一、作为媒介的公祭活动及其连接价值

146 / 二、媒介传播与公祭活动的意义阐释

148 / 三、公祭活动仪式传播及其认同建构

第九章　民间文化的选择性传统及媒介表征

153 / 一、袁家村文化现象的多元化呈现

156 / 二、袁家村的民间文化及其媒介表征

160 / 三、感觉结构的文化符号表征

167 / 四、关中民间文化传统的有效选择

第十章 作为"第三空间"的西影电影圈子及其视觉叙事与空间延伸

174 / 一、从"西影厂"到"西影电影圈子"

177 / 二、作为物理空间的西影电影艺术体验中心

182 / 三、电影博物馆的布局和视觉叙事

188 / 四、西影人精神空间的想象建构

190 / 五、作为实践空间的意义延伸

第十一章 城市之光营造的炫幻之境及其媒介文化识读

195 / 一、从实用性照明到表意性符号

197 / 二、从空间的再生产到夜间空间的表象

199 / 三、从媒介世界的建构到"戏剧"世界的邀约

203 / 四、从"媒介仪式"的日常生活化到自我体验的感觉钝化

204 / 五、从识别伪现实到为自我"构境"

208 / 参考文献

216 / 后　记

第一章　当下时代媒介文化实践及其研究的复杂语境

自古以来，人类在自身的生存与发展中始终与媒介相伴相随。基于媒介种类与形态以及所采用的符号和承载的意义，或者从形式与内容等方面，可将其从纵向发展方面划分为不同的历史阶段，如口头传播、图画传播、文字传播、电子传播、网络传播等，甚至可以以此为基点对人类文明史进行简明而精确的判断，如马歇尔·麦克卢汉所言，人类社会从口头传播的"部落化"时代发展为以文字传播为主要方式的"脱离部落化"时代，进而又走进网络传播所营造的全球一村的"重新部落化"时代。总体而言，在不同的历史时期，受人类社会结构性要素的影响，媒介发展的速度快慢有别，所发挥的功能性作用大小不同，媒介与社会之间的协同性大致平衡。17世纪初期，以定期出版印刷报纸为标志，宣告了现代大众传播媒介正式诞生。自此之后，媒介信息传播周期逐步缩短，媒介形态亦呈多样化发展趋势，并对人类的政治、经济、文化以及人们的日常生活产生着巨大的影响。在媒介渐进改良式发展或推陈出新式变革历史中，最终以每个时代的媒介及其表征系统构成并呈现出当时的媒介文化景观。

一、媒介文化研究的漫长道路

对媒介文化的研究,肇始于大众传播媒介的繁荣发展阶段。从20世纪20年代起,法兰克福学派的几代思想家在广义的社会批判维度上,对盛行于当时的广播、流行音乐、电影、通俗小说、商业化报纸、漫画、电视等媒介及其表征系统给予理性的分析与批判。马克斯·霍克海默与西奥多·阿多诺合著的《启蒙辩证法》(1947)、西奥多·阿多诺的《否定辩证法》(1966)、瓦尔特·本雅明的《机械复制时代的艺术作品》(1935),以及尤尔根·哈贝马斯的《公共领域的结构转型》(1961)等著作,先后提出了"文化工业""大众文化""灵韵消失""展示价值""膜拜价值""公共领域"等极具有效阐释力的理论,既对当时的媒介文化予以深刻反思,也为后续的研究提供了不可或缺的思想资源。第二次世界大战期间,众多因逃避战争侵害而聚集美国的各国思想家们,在美国实用主义与功能主义思想的指导下,对大众媒介性质与实际功能展开深入研究,不仅分化出传播学这一新的学科,更在媒介实践应用的诸多领域贡献出诸如传播的"五个W"模式等线性模式、循环模式、系统模式,出版了哈罗德·拉斯维尔《传播在社会中的结构与功能》(1948)和《世界传播的未来:生活质量与方式》(1972)等著作。20世纪50年代起,伯明翰学派的思想家以及外围成员面对当时社会激进运动和大众传媒的广泛影响,对媒介文化进行深层掘进式的研究:理查德·霍加特的《识字的用途》(1957)、雷蒙德·威廉斯的《文化与社会》(1958)《漫长的革命》(1965)、斯图亚特·霍尔的《文化研究:两种范式》(1980)、迪克·赫伯迪格的《亚文化:风格的意义》(1979)、约翰·菲斯克的《理解大众文化》(1989)等鸿篇巨制构筑成媒介文化研究的思想高地。与此同时,以加拿大多伦多大学为中心,形成了哈罗德·伊尼斯的《帝国与传播》(1950)《传播的偏向》(1951);马歇尔·麦克卢汉的《机器新娘》(1951)《古登堡星系》(1962)《理解媒介》(1964);尼尔·波兹曼的《童年的消逝》

（1982）《娱乐至死》（1986）《技术垄断—文化向技术投降》（1992）及至后来的保罗·莱文森的《软利器：信息革命的自然历史与未来》（1997）《思想无羁》（1998）《数字麦克卢汉》（1999）《手机》（2004）《真实空间》（2006）《新新媒介》（2009）等媒介文化研究的理论著作，为媒介文化研究的知识谱系增添了浓墨重彩。

从20世纪90年代开始，当代中国的媒介文化研究亦呈方兴未艾之势，并以高等院校知识分子为研究主体及其著述、编辑成果形成不同的研究集群：一是以首都师范大学陶东风、南京大学周宪编辑的《文化研究》为核心的文化研究集群；二是以北京师范大学蒋原伦、张柠编辑的《媒介批评》为核心的媒介批评集群；三是以苏州大学陈龙、马中红为代表的媒介与社会思潮、青年亚文化研究集群；四是以陕西师范大学鲍海波等以媒介文化基础理论、媒介文化与社会变迁为核心研究对象的研究集群；还有暨南大学的曾一果、深圳大学的常江等青年才俊也在此领域深耕不辍，成果显著；以上述研究集群为重要基地，不仅编辑出版了《媒介文化研究》辑刊，还开设了"媒介批评""新媒介与青年文化"等微信公众号以扩大该领域研究的影响力与辐射力。

通过对媒介文化研究学术史的简单梳理，深感媒介文化研究既有其时代前沿意识与先锋性，也有一定的时代局限性。所谓先锋性是指每一个时代的思想家对媒介文化都有着敏锐的问题意识，如20世纪20—30年代法兰克福学派成员在总体社会批判视角下的媒介文化批判；40—50年代英美经验主义研究者基于实用功能诉求上的媒介文化研究；50—60年代北美媒介环境学派则以媒介的物质载体和技术与人类社会的互动发展为核心对媒介文化展开研究。所谓局限性是指媒介文化的理论关照往往滞后于媒介文化的实践，从而难以对媒介文化的实践进行实时、准确的总结，更疏于对媒介文化实践进行切实有效的指导。

由此看来，在有关媒介文化学术发展史的延伸线上，关注媒介文化实践的新领域，发现媒介文化的新现象，解读媒介文化的新症候，分析媒介文化出现的新问题等一系列问题，不仅是理论界亟须解决的理论问题，也将会在媒介文化实践领域为其在价值诉求的范围内规定媒介文化具体实践的意义向度,有着更为重要的责任与使命。

二、媒介文化研究的社会语境

当然,对媒介文化实践活动及其相关理论问题的关注,必须对其所依托的基本的社会现实,即对当下的社会语境有足够的了解,才能相对全面深入且实事求是地分析问题。这是因为从20世纪以来,媒体这一由单数媒介合成的术语,其内涵在快速增容,它不仅指称专业化的独立的或联合的媒介机构与组织及其各类相关实践活动场所,同时也指这些机构与组织所生产的文化与物质产品,且以报纸、杂志、书籍、电影、磁带、光碟、广播、电视、网络的技术装置或物化形式,承载着非虚构类的新闻与资讯,以及虚构类的如影视剧等文化艺术产品。与这些具体可感的经验事实相比较,对媒体及其相关内涵的理解不能摒弃其所置身的基础性大背景,即不同类型和不同形态的媒介与其支撑性技术、配套性制度乃至于整个社会文化变迁与发展之间的密切联系。所以,对媒介文化具体实践的理解以及相应研究,仍需放置于所处时代社会发展的现实语境之下。

在有关社会现实的观念问题上,英国文化学家雷蒙德·威廉斯认为:"我们关于社会或某个特定社会的抽象观念既是稳固持续的,又受制于社会的变化。"[1]在威廉斯看来,"社会"这个观念本身就是在充满紧张和变化的时期里生长和发展的,如首先是从直接的"伙伴社会"变为一般的"共同生活系统",后来又指涉某个特殊系统变为把所有系统抽象化,即"社会"的一般状态。就当下社会而言,其理论抽象显然已达到第三个阶段,即有关社会的各种理论观念所指涉的是某个特殊系统已变为把所有系统抽象化,并因此成为社会的一般状态。其中,关于当代社会从何发展而来及其结构性要素的变化,现代性理论提

---

[1] 雷蒙德·威廉斯.漫长的革命[M].倪伟,译.上海:上海人民出版社,2013:111.

供了一种具有代表性的综合式判断与分析模式。在有关现代性的"语义丛"中，将现代以来的社会发展分置于现代化、现代主义以及现代性及其发展的三个视域之中。就现代化视域而言，当代社会的发展延续了现代社会以来在政治、经济与文化制度以及社会层面的转型与变革；在现代主义的视域中，当代社会充分体现出现代社会早已显示出的知识与感受理念体系的变调与重构；在现代性视域中，身处现代社会，社会中的个体与群体的心性结构及其文化制度的变化。① 这一切也为身处当代社会的个体和群体打上深深的文化烙印。与上述综合性判断相比较，对于现代以来的社会，尤其是当代社会发展还有许多不同层面或维度的认知分析与理论概括：

其一为后工业社会。这一认知立足于社会生产维度。美国文化社会学家丹尼尔·贝尔在1973年出版的《后工业社会》一书中认为，人类社会发展的历史可分为三个阶段：第一阶段是以农业生产为主的前工业社会，人们主要依赖自然界提供的原料并借助于人的体力与生产技能为主要生产手段来维持生存与发展，经济形态呈现为农业、矿业、渔业和林业等；第二阶段是以能源为生产资料的工业社会，人们依靠技术和机器从事大规模、成批量的商品生产，对自然界的依赖程度较之于前工业社会大幅度降低；第三个阶段为后工业社会或称之为知识社会。人类社会发展至此阶段，从经济结构、职业分布等方面发生了重大改变，尤其是被贝尔称之为轴心原则更是变革空前，即理论知识日益成为创新的源泉和制定社会政策的依据，围绕着知识、创新和变革，新型的社会结构和社会关系得以形成。

其二为消费社会。1970年，法国哲学家让·鲍德里亚出版了《消费社会》。此书石破天惊之处在于它深刻揭示了在工业和技术的发展下，物质生产空前繁荣虽然使得物质丰裕，也附带诸多危害。此种似乎悖论式的结论显示出消费社会荒谬的一面，又以振聋发聩之巨响警醒人们必须有选择性地面对频繁加

---

① 刘小枫.现代性社会理论绪论[M].上海：上海三联书店,1998:3.

剧的破坏性经济活动以及高科技生产力的发展所派生出的种种恶果，诸如自然环境的恶化，生活节奏的紊乱，传统价值观的坍塌等。对于消费社会的来临与消费欲望陷阱的布设，鲍德里亚提醒人们："一方面，它是工业发展与技术进步产生的结果；另一方面，它产生于消费结构本质。"①可以说，消费社会的核心虽在消费及其结构本身，但从消费本身可以透视出消费与生产之间的互动关系。鲍德里亚对战后社会发展的关注，聚焦的是社会消费，展现的则是后工业社会生产力的发展所引发的全方位且深层次的社会变革。

其三是景观社会。20世纪60年代末，法国著名哲学家居伊·德波出版了他的重要著作《景观社会》，在将其预制好的概念投向理论界的同时，也论述了一种新的社会形态和即将出现的更新的社会形态，即传媒、影像、新媒体、互联网、商品、资本等洪水漫延般的攻城略地与见缝插针式的密不透风。新闻、宣传、广告、娱乐等大量人类社会非本真的需求被制造出来，处处能看到有意识的作秀，处心积虑的表演，以及被精心展现出来的景观，于是"在现代生产条件无所不在的社会，本身展现为生活景观的庞大堆积"。②更有甚者，"从生活的每个方面分离出来的影像群汇成一条共同的河流，这样，生活的统一便不再可能被重新将他们自己编组为新的整体的，关于现实的片段的景色，只能展现为一个纯粹静观，隔离的伪世界。这一世界之影像的专门化，发展成为一个自主自足的影像世界，在这里，骗人者也被欺骗和蒙蔽，作为生活具体颠倒的景观，总体上是非生命之物的自发运动"。③德波对当代社会形态的命名，立足点在于他看到甚至预测到随着社会的发展，充斥其中的是无处不在的人为景观，而且这四处弥散的景观是具体的、本真生活的颠倒，它建构的是一个伪世界，身处于此的人类并非有生命之物。进而言之，四处弥散的景观，作为景观的一般形式被指为当代资本主义社会控制的新形式及其意识形态。而且，作为一种独裁，景观与

---

① 让·鲍德里亚.消费社会[M].刘成富，全志刚，译.南京：南京大学出版社，2001：20.
② 居伊·德波.景观社会[M].王昭凤，译.南京：南京大学出版社，2006：3.
③ 居伊·德波.景观社会[M].王昭凤，译.南京：南京大学出版社，2006：3.

过去的暴政不同,它常常呈现为某种甜蜜的意识形态控制。

其四为风险社会。德国社会学家乌尔里希·贝克提出,随着人类实践活动的大范围、大规模、大跨度展开,其实践活动的深度无以复加,其广度无远弗届,其决策与行动无论对自然界还是人类社会本身的影响力日渐增强并造成不同程度的风险。与以往传统社会的风险相比,现代社会的风险结构从以自然风险为主导逐渐演变成人为的、不确定的、难以评估的且无法补偿的风险。此类风险以技术性风险为代表,即因人类对自身实践能力的超越性的追求,在其生产实践活动过程中,无论是面对自然世界还是人类社会本身,都欲以物质与精神化的劳动实现其本质力量的对象化,在对自然界和人类社会的改造过程以及改造成果中实现人类自身。如此一来,自现代社会以来,科学技术的发展以及科学技术的工具性应用,在改造自然界和人类社会的过程中既能创造出伟大的成就,也造成了一定程度的技术风险。尤其是,技术风险并非是一种单一性风险,极有可能引发其他的连带性或伴随性风险,如在一些局部性领域发生的风险变化将有可能导致某些特殊系统的变化,也因其影响范围的广度和影响层面的深度,将会演变成为普遍性、一般性的社会现象和社会问题,并由此代表了此阶段社会风险的一般状态。

在此,必须特别强调的是信息社会。自从 20 世纪 60 年代提出"信息化"概念之后,以电子信息技术为基础以及信息资源为发展资源,以信息服务产业为基本社会产业,以数字化和网络化为基本社会交往方式的新型社会展现在世人面前。信息社会就是这一系列变化的一个描述性概念。从更为切近的角度,信息社会这一概念生动呈现了后工业社会人类社会的生产资源以及由此而形成的新的生产关系和社会形态。

关于信息社会,早在 1978 年的"诺拉-明茨报告"中已呈现出严格的、客观的和科学的形象。根据这个报告所提供的认识角度,信息社会被划分为三个层次或部分:一是王者,以国家权力和国家领袖的权力为代表的最高权力不仅控制着能源、外交事务等,还控制着信息,这个层面或部分是与全球企业和市场联系在一起的；二是社区，在这个长期受到国家权力的干扰以及物质商品经济支配的，并被抹杀和压制的层面或部分，是重新建立群体的，也是信息社会的支柱；三是竞争，在这个层面或部分，个人通过不断斗争在这个层次结构中选择自己的地方和位置。 对此，亨利·列斐伏尔评价说，这个报告提出了一个三层次的社会模型，这是"一种新的意识形态初露端倪，它所产生的扰动堪比发现一个假象、一个来源或使用价值和交换价值这两种价值形态的冲突点"。① 所以，"我们必须仔细考察这些理论，发现是否有可能使用信息技术的整体行动，最终结束对日常生活的全面管理；全社会的完全透明，结束生活经验上的不透明性；把认识活动简化成信息技术；等等"。② 与列斐伏尔高度警惕性认知相同的是关于信息社会的一个较为通俗化的解释，它是"一个用来与农业社会或工业社会形成对照的术语，以强调当代经济、政治和文化的重要特征是由信息的作用所确定的。信息社会可以被简单地定义为一组社会关系，在此，以数据——而非劳动或资本——是价值的最重要的来源"。③ 对此，法国社会学家曼纽尔·卡斯特的研究成果对信息社会的认知又向前推进了一步，他认为重要的不仅仅是信息，而是信息的结构和组织方式。 卡斯特对于信息社会的观察是在他对城市社会学研究基础之上展开的。 早在20世纪80年代，他研究了许多现代城市的基础设施问题，其中涉及数字基础设施，并认为城市的这种基础设施会使新形式的经济交换和政治能力成为可能，即倚重于数字网络意味着扩大了城市中心调配远程资源的能力以及将此能力投向更远的地方。 此时，数字媒介服务的主要对象是政府、媒介巨头、金融机构和军队等拥有权力的组织与机构。 1995年，互联网的发展开启了民用化历程，数字基础设施被应用于连接各种强大机构，也开始服务于那些可以接触和使用消费类电子产品的社会个体成员。 正是在这个转型时期，卡斯特

---

① 亨利·列斐伏尔.日常生活批判(第三卷)——从现代性到现代主义[M].叶齐茂,倪晓辉,译.北京:社会科学文献出版社,2018:654-655.
② 亨利·列斐伏尔.日常生活批判(第三卷)——从现代性到现代主义[M].叶齐茂,倪晓辉,译.北京:社会科学文献出版社,2018:655.
③ 菲利普·N.霍华德.卡斯特论媒介[M].殷晓蓉,译.北京:中国传媒大学出版社,2019:19.

将其网络视角从信息城市迁移到更加广阔的制度语境之中。在《网络社会的崛起》一书中,卡斯特明确指出:以信息技术为中心的革命,正在加速重造社会的物质基础。在这个基础之上形成的政治、经济、国家和社会之间关系新形式,不是一般意义上的社会生活的表现形式,而是当代人类社会呈现的一种新社会形态。在这种新的社会形态之中,"作为一种历史趋势,信息时代的支配性功能与过程日益以网络组织起来。网络建构了我们社会的新形态"。①他甚至说"我研究的暂定结果应该使我们有可能停止使用信息社会的概念,代之以网络社会的概念,以作为我们时代特定的社会结构的特征"。②在卡斯特看来,基于信息技术革命所带来的社会最突出的变化:一是社会空间发生了深刻的变革,如信息化产业的普遍繁荣、由知识精英管理的高度集中的信息管理中心、信息的全球性流动、信息劳工分散的工作场所、信息劳动的相对弹性化等,造成了传统社会空间的崩塌与溃散,形成以网络连接为中心的流动空间。二是反映事物变化序列的时间观念发生了巨大的改变。在信息技术革命的背景下,事物及其发展进入快速流转当中,原来可呈现为先后次序、有序环节、快慢节奏等被压缩之后已难分彼此。正如卡斯特赞同詹姆斯·格列克的说法那样:我们社会里的"每件事物"的加速,无情地压缩了一切人类活动领域中的时间。压缩时间直到极限,形同造成时间序列以及时间本身的消失。③三是时空环境的变化引起了人类生命历程的结构性变化。人类的生存一直被控制在自然的生物节律之下,但在网络社会中,传统的社会空间与自然的生物时间之间的联系被打破,代之以网络社会空间以及达到极致的时间压缩。事物的快速流转,生物节律的大幅度调整,音、影等虚拟生命形式的编辑,不仅会造成社会的失律症,还会给人们带来生命失律症等许多问题。当然,卡斯特在宣告一个崭新的世界到来的同时还清醒地告知人们,要想清楚地理解他所认为的新世界正在形成的论断,可以从三个方面的展开

---

① 曼纽尔·卡斯特. 网络社会的崛起[M]. 夏铸九,王志弘,等译. 北京:社会科学文献出版社,2006:434.
② 曼纽尔·卡斯特. 网络社会的崛起[M]. 夏铸九,王志弘,等译. 北京:社会科学文献出版社,2006:110.
③ 曼纽尔·卡斯特. 网络社会的崛起[M]. 夏铸九,王志弘,等译. 北京:社会科学文献出版社,2006:403.

过程来把握：信息革命的技术、经济全球化的变迁、由文化认同凝聚起来的各种社会认同运动。"这三个过程的互动与它们所触动的反应，带来一个新的支配性社会结构，即网络社会；一个新的经济，也就是信息化－全球经济；一个新文化，真实的虚拟文化。而深植于这种经济、社会和文化之内的逻辑，已经成为整个相互依赖的世界里的社会行动与制度的基础。"①

基于信息社会的社会文化结构，形成了新的有别于其他社会形态的文化图景，即信息社会所独有的四种特殊文化：其一是技术精英文化，这是由互联网先驱创制并予以规范的文化；其二是黑客文化，是由以享受拆分和重组信息技术为乐趣的信息技术挑战者所创造的文化；其三是虚拟社区文化，由拥有个人兴趣、提供相互支持、制定成套规则和规范、形成特定交流模式的分布式网络所构成的文化；其四是数字企业家文化，由创建或改变互联网基础设施以及互联网规则，特别是通过互联网商业化而改变商业惯例的企业家所创建或改变的文化。② 这四种文化与信息社会互为表里，既建立了信息社会，更内在于信息社会，同时也以文化的形式彰显了信息社会，并改变了信息社会的整个文化产业，甚至于改变了人们的认同方式的构成。

事实上，无论是信息时代还是信息社会的命名，都是对这个时代中信息问题的重视与聚焦。在众多对此问题的分析与归纳中，英国社会学家斯各特·拉什的见解可谓独树一帜。他说："我相当强烈地倾向于以'信息社会'而非后现代主义、风险社会或晚期资本主义等等概念来理解当前这个时代。"③至于具体理由，他认为信息社会把社会的原理本身是什么说了出来；信息观念还有助于人们清楚地认识到自身所经历的新的秩序与失序；更为重要的是信息作为一种观念更好而且更有力地从一个统一的原则出发，来辨析三种新兴的支配性逻辑正在逐步取代过往政治的基本核心原则，即传统意义上的国家原则正在被全球性的新兴媒

---

①曼纽尔·卡斯特.千年终结[M].夏铸九,黄慧琦,等译.北京:社会科学文献出版社,2006:321.
②菲利普·N.霍华德.卡斯特论媒介[M].殷晓蓉,译.北京:中国传媒大学出版社,2019:64-69.
③斯各特·拉什.信息批判[M].杨德睿,译.北京:北京大学出版社,2009:14.

介逻辑所取代；制造业的逻辑正在被信息的逻辑所取代；社会的逻辑正在被文化的逻辑所取代。①就第一种新兴逻辑而言，在人们日常生活经验层面可见的资金流、技术流、通信流、影像流、观念流、移民流、观光客流、商务旅行者流、产品流以及广义上的信息流与文化流等，正在消解传统意义上民族国家的政治的、经济的、文化的边界及其相互间所构成的各种关系。以往的那种植根于一定地域、一定物理空间的各种事物开始大规模地在全球范围内，甚至在外太空领域流动起来，这样就会对原有的民族国家的领导权造成一定程度的威胁。还有，在信息时代，制造业领域的生产工具与产品所包含的信息所占的比例也越来越高，微电子元件、硅质芯片的广泛使用、生产过程的自动化与智能化等，都说明制造业这个传统的劳动密集型经济领域已经向信息密集型领域转化。更有甚者，社会中充斥着象征性文化的产品，如货币、影像、数字……占据一定物理空间的物质产品的使用价值也需通过广告、品牌等符号化标签才能在交换价值领域得到进一步确证。"社会事物的这种'瓦解'或衰落一方面意味着社会建制的衰微，另一方面也意味着社会结构的一种渐进式终结。"②由此可见，信息社会的观念，指称的不只是信息的充斥与超载、信息的流动与弥漫等这样的表面现象，而是信息的性质本身由量变发生了质变，形成了新兴的支配逻辑，当下社会的社会原理本身必须借此才能充分予以说明。

  罗列未尽。以上种种列举，必然是挂一漏万。单就每一种描述来看，似乎自说自话；综合而观，其实形成了多种焦点互补。重要的是，其所提供的理论视野都可具体阐释和揭示当代社会发展中的许多重要变化。人们可以在这些有关"社会"的观念中发现，任何一种对社会变化的积极描述与创造性的阐释，既是对复杂的社会中政治、经济、文化等方面变化的理性反思和知性回应，更为重要的还体现在以下几个方面：一是在最基本的层面，显示了人们的现实经验在社会

---

①斯各特·拉什.信息批判[M].杨德睿，译.北京：北京大学出版社，2009：48.
②斯各特·拉什.信息批判[M].杨德睿，译.北京：北京大学出版社，2009：49.

被注入新的能量之后的应激性反应,是对客观现实问题的一种回应性的解析;二是这些代表性社会观念片面性与深刻性并举,其所显示出的"机锋"可在理论共同体间相互对话,形成理解客观社会与主观现实的话语网络,并在聚讼纷纭中呈现出一定程度的多维性和复杂性;三是以多维和复杂的观念形态来揭示人类社会运行发展的基础已经发生了显著变化;四是提醒甚至是警醒人们,当每一个个体生命的生存及其发展环境被某些人暂时无法认知和理解的力量所改变的时候,即当社会变得越来越庞大、越来越复杂,改变外部环境以及社会内部关系的力量激增的情况下,作为"类"的存在个体应该如何实然以及应然地存在。从这些角度来衡量上述理论观念的影响权重,就可发现一种总体现象,即从社会生产所倚重的知识信息资源、高科学技术的生产方式、生产与消费之间的新型关系的确立以及由这一切所建构的新型政治、经济、文化乃至社会形态,人类社会已经步入了与传统社会、现代社会有显著变化的后现代社会。

较之于前现代社会和现代社会,后现代社会之"后",既是指在时间序列上承续于现代社会之"后",也是指在许多社会症候上,后现代社会与现代社会之间有明显的"断裂"之感,诸如现代社会是稳定的、坚固的、宏大叙事的,后现代社会则是"一切坚固的东西都烟消云散了"。而且,在此社会发展阶段,"现代化的过程实质上扩展到了全世界,'发展中世界'的现代主义文化在艺术和思想领域取得了惊人的胜利。另一方面,现代公众在扩展中破成了大量碎片,说着各种没有共同尺度的私人语言;现代性这一观念一旦用许许多多碎裂的方式来构想,便丧失了它的大部分生动性、广度和深度,丧失了它组织人的生活的能力和赋予生活以意义的能力。结果,我们便发现自己今天处于这样一个现代时期,这个现代时期失去了与它自己的现代性的根源的联系"。[①] 马歇尔·伯曼将这种与现代性根源丧失联系的体验所出现的具体时期确定于 20 世纪,特别是 20

[①] 马歇尔·伯曼.一切坚固的东西都烟消云散了——现代性体验[M].徐大建,张辑,译.北京:商务印书馆,2003:17.

世纪 60 年代之后的社会。可见，如果要对这个特殊时代发展阶段的社会形成统一的认识，恐怕只能用"后现代社会"予以笼统概括，其纷繁复杂性分见于对后工业化的生产方式以及知识与信息资源的高度依赖，新技术的快速更迭性增长，景观的无限增殖，消费的符号化以及由技术性风险引爆的其他社会的政治、经济、文化的风险的加剧等多种维度。更何况，这一切显现于外的诸多症候同时存在于当下社会之中，一种症候极有可能是由另一种症候引发的，生成诸种症候的内在机理也是相互构成、相互决定的，要将这一切条分缕析地梳理清楚，恐怕反而忽视了其中的纠缠性与复杂性。

重新挖掘这些精神宝藏的目的，一是在于作为人类行动者之一的思想家们的解释性理论，基本概括了现代社会以来，各现代国家在人类社会文明进程中显现出的普遍特征，也揭示出此种复杂类型的大规模社会过程与人们的心性结构以及观察、思考和感觉形式等方面的朝向现代的转型。二是这些解释性理解及其理论概括，为当下时代的人们思考自身所处的社会提供了一个理论上的"抓手"，以便在观念上把握这个多彩到有些失控的现实世界：日渐耗尽的自然资源；风险带来的恐怖与忧惧；甚嚣尘上的消费主义；日益尖锐的贫富分化；愈演愈烈的发展不确定性；尤其是随处蔓延的目的在于监控的管理技术，等等。三是这些解释性理论及其框架，既是在一定科学视角下形成的理论形态的具象，也将提供一种理论视域对当下复杂现实世界予以框限，以免焦点游移，语境过泛。可见，上述一切，就是当下时代媒介文化实践与研究所遭遇到的，也必须面对的宏大的、特殊的社会历史语境。也只有在这样的语境之下，才能将具体问题的研究纳入知识生产的现实路径之中，避免再造出任何普世主义和本质主义的知识话语。

三、媒介文化研究的语境设置

就复杂社会语境的另一方面而言，媒介文化研究中语境设置的重要性是不言而喻的。劳伦斯·格罗斯伯格就特别看重语境，并将语境这一概念予以理论化。他认为,语境的产生源于"事实"或个人及其关系的"接合"。"语境总是与其他的语境相连接,且衍生出一系列复杂的多维关系或联系。语境体现出的多种技术手段存在于语境的自我生产中,它们或是延续的,或是流行的,或是应景的。这些技术手段框定了接合的机制与形态,使得接合凝聚了多重配置,多种进程,多种项目,多种形态,并将特定的组织、个性和行为强加给生活于语境中的'人们'身上。"①为此,他认为语境至少具有三种构成方式、三种展示形态和三种逻辑关系,即场域、辖域和本体论的。所谓场域,也可称之为位置,它所描述的是"社会——物质"语境,它乃是由对话与非对话的,人类与非人类的形式构成,充满着物理的、生物的、社会实践的、结构的和事件的等松散的要素,只有这些要素有规律性地在一定地域中重复才可构成场域。辖域或可称为地域,是人们现实生活的语境,它描述了在已有稳定社会秩序的地域中构成不同生活方式的情感现实,或更为复杂的情感表达或内涵,以及位置和方向、变迁和安全、注意力和紧要性、快乐、愿望、情感等形式和配置的不同。这一切,在归属感和疏远感、身份和身份认同、主体和主体化之间建立了复杂的联系。与此同时,它更是社会一定的时间—空间投入的组织性表现,它通过强化关系改造着一定区域广泛的空间—时间,以构筑更加宜居的空间—时间环境。语境的第三种模式是本体论层面的。语境本体借用海德格尔所认为的那样,在特定时代"常人"能够诗意地"栖居"在大地上,而世界给予人们的方式以及人们所能认识到的与世界的关联方式决定了人们选择栖居的形式。这样的"坐标""世界图像",决定了人们特定的生活方式。同时,这种特定的生活方式向世界敞开并且与世界存在着密切的联系。②

将格罗斯伯格有关语境的理论援引至此,深感其深邃与玄奥。但仔细研读

---

① 劳伦斯·格罗斯伯格. 文化研究的未来[M]. 庄鹏涛,王林生,刘亦德,译. 北京:中国人民大学出版社,2017:29.
② 劳伦斯·格罗斯伯格. 文化研究的未来[M]. 庄鹏涛,王林生,刘亦德,译. 北京:中国人民大学出版社,2017:29 – 36.

后便可深切感受到三种语境之间的层级与内在关系。作为场域的语境所描述的是人类所处的社会——物质之境,即作为各类社会实践主体的人类在与作为对象存在的自然界,以及人类社会之间的对话与非对话关系中的限定性的时空。作为辖域的语境所图绘的是现实生活中的人们所拥有的或必须建构的有一定秩序的,能寻找到自身精神根源的,并能获得身份认同的由情感现实所构成的精神家园。人们在此有温度、有情感的空间中所能找到的是"我""我们",并能梳理出遥远至千年万载,远隔千山万水的"我"与"我们"之间的精神纽带,甚至蕴含于其中的集体无意识早已成为文化基因铭刻于此"境"中之"人"。作为本体论层面的语境,具有先验性与普遍性,是世界图像或"座架",是"在",决定着"常人"以何种方式存在于此。换言之,"常人"的"此在"早已被"在"所决定,只不过以具体的、别样的、可感的、丰富多彩的形式敞开以显示"在"。

语境的这三种构成方式、三种展示形态、三种逻辑关系,看似独立存在,实则环环相扣,逐层递进:在场域层面所呈现的是人与社会——物质之间的关系;在辖域层面展示的是人与现实的情感关系;在本体论层面,敞开的则是人以何种"此在"让"在"显露出来。格罗斯伯格的语境理论有鲜明的描述色彩,其规范性还有待于进一步整饬,但分析其激进语境主义实践,特别是在文化研究领域中仍显示出强大的阐释能力和普遍的理论适用性。

具体到媒介文化实践以及研究领域而言,作为广义的文化研究中重要的研究对象之一,媒介以及媒介文化研究从20世纪初期起始,一直受到格外的重视。一是因为媒介的发展在整个20世纪显现出强劲的发展势头,无论是媒介形态、媒介种类、媒介改良改进式的变革、推陈出新式的变革以及变革的周期,还是媒介组织与机构的规模等,均可在人们的经验范畴内度量。时至今日,这种势头未有渐缓放慢的迹象,反而以难以预测的速度与景象向前急驰。二是媒介发展所带来的核心以及边际效应强大到无法估量。20世纪以来,媒介自身的发展以及媒介对现当代社会的政治、经济、文化等方面的广泛而深刻的影响毋庸讳言,信息社会、媒体社会、第二媒介时代、景观社会、消费社会等对当代社会的命名足以说明媒介的轴心传动力；符号经济、传媒经济、信息经济、文化经济等日常生活消费等也说明媒介和媒介手段对经济形态以及人们日常生活方式的催化与改造作用；选举政治、电视问政、政务微博、媒体审判等词语，揭示出媒介对律法以及政治领域的深度介入。三是"媒介即按摩"。① 麦克卢汉提出"媒介即讯息"，将其关键词 message 变成 massage——按摩，于是就出现了"媒介即按摩""媒介即大众时代"和"媒介即混乱时代"这样的文字游戏。正如麦克卢汉所言，"一切媒介对我们的影响是完全彻底的。媒介影响的穿透力极强，无所不在，在个人、政治、经济、审美、心理、道德、伦理和社会各个方面都产生影响，我们的一切方面无不被触及、被影响、被改变。不了解作为环境的媒介，对任何社会文化变革的了解都是不可能的"。②

当然，无论是上述一系列复杂的社会现实，还是有关于此的诸种理论都让人觉得熟悉或者变得熟悉起来，甚至已经逐渐"平庸化"。知识共同体所要做的事情，就是将变得平庸的事物与现象重新前置。换言之，就是借助专业思维方式和研究工具，把平常无奇的事物及其汇集而成的现象重新置于显要的智识位置上，给予它们新的理解，赋予它们新的意义。这样就会对日常生活中普遍存在的、在经验世界普遍被感受到的一些事物与现象进行一定程度上的问题构型，并从所遭遇到的认识论困境中得以部分解脱，从而进入存在论层面上对此予以阐释。

既如此，对于在如此复杂的社会背景之中，以及在具体如场域、辖域和本体论的语境之下，对媒介文化及其各种具体化实践的关注与研究，可视为对当代社会运行与发展的关切以及于此中践行着的人类及其命运的探问与议程化。

---

① 马歇尔·麦克卢汉,昆廷·菲奥里,杰罗姆·阿吉尔.媒介即按摩:麦克卢汉媒介效应一览[M].何道宽,译.北京:机械工业出版社,2016:24.
② 马歇尔·麦克卢汉,昆廷·菲奥里,杰罗姆·阿吉尔.媒介即按摩:麦克卢汉媒介效应一览[M].何道宽,译.北京:机械工业出版社,2016:24.

第二章　媒介文化研究应关注的若干问题

15世纪中叶后,由于古登堡印刷机的发明与广泛使用,欧洲大陆的印刷业在技术革新的推动下逐步繁荣起来,为其后打破教士等精英阶层对知识信息的垄断以及知识信息的广泛传播提供了重要的媒介支持,特别是为16世纪初马丁·路德的宗教改革中教义的大范围扩散以及活动本身影响力的逐步扩大起到举足轻重的作用。时至17世纪初期,欧洲大陆开始出版定期印刷报纸,并以此为标志,代表着现代大众传播媒介的正式诞生。此后,媒介发展就驶入了快车道,媒介信息传播周期越来越短,传播范围越来越大,媒介种类与形态逐步增多,传播方式逐渐多样,传播效果也得到最大化实现。及至进入21世纪的当下时代,多媒并举且万物兼媒的媒介发展新态势对人类社会的政治、经济、文化以及人们日常生活所产生影响的广度和深度更是有了质的飞跃,几乎渗透到所有可见可感的领域,其具体影响力以及影响程度虽还有待观察,也有待进一步量化指标呈现其影响结果,但在媒介急速发展及其变革的历史阶段,以每个时代的媒介及其表征体系构成当时的媒介文化,始终受到人们的关注。

一、媒介文化的泛媒介性

从20世纪初始，对媒介文化①，即媒介及其表征体系的关注就体现出一定程度的泛媒介特征。报纸、广播、摄影、电影等具体的媒介形态以及以文化工业为主要生产方式的大众文化是法兰克福学派思想家思考的重点领域；媒介作为核心议题与大众、阶级、性别、族裔、权力等一起构成文化研究领域津津乐道的话题；麦克卢汉视媒介本身为信息并宣称"媒介即讯息"，②在区分"冷""热"媒介的基础上将口语词、书面词、照片、印刷品、电话、电影、广播电台、数字、服装、住宅、道路、货币、时钟、游戏、轮子、打字机、唱机、汽车、武器等近30种不同类型的器物全都当作媒介，并从人体的延伸角度予以界定，在人们对于传统媒介认知经验的基础上增加了新的感知维度；美国当代媒介哲学家约翰·杜海姆·彼得斯将媒介与"奇云"互为隐喻，直接将媒介视为"存有"。及至时下，无论人们对媒介的认知基于何种角度，万物兼媒已成为最基本的常识。既如此，在媒介文化研究中深刻理解并高度关注其泛媒介性就不是突兀之举。在此意义上，泛媒介性意涵主要是指：

（一）媒介文化研究所涉及的媒介具有载体广泛性

所谓媒介载体通常由一定的物质材料和技术、技艺手段有机结合而成。在媒介发展史上，除去最为原始的龟甲、兽骨之外，泥、石、竹、木、皮、布、帛、绸、缎、纸、声、电、光、幕、屏、金属、空间、身体等物质材料在相应的技术与技艺手段支持下，成为特定历史阶段的主要媒介载体并形成其时具有主导地位的媒介形态。因此，对所有的媒介载体从物质材料与技术手段的结合以及其对传

---

① 鲍海波.媒介文化的阐释与批判[M].北京：中国社会科学出版社，2009：93.
② 马歇尔·麦克卢汉.理解媒介——论人的延伸[M].何道宽，译.北京：商务印书馆，2000：33.

播方式的限定等进行研究，并探查其所呈现的有机统一是媒介文化研究的题中之意。如传统的纸质媒介是书写技艺、印刷技术与纸张、油墨、文字、图像等媒介元素的有机结合；电子媒介是将电子技术与文字、图像、影像、声音、色彩等媒介元素有机结合而成；以新媒体和新新媒体为代表，网络媒体家族的组成成分则有网络技术、多种符号类型以及以硅为主要材料作为载体；再如，身体媒介主要以生命体自身的肉体为载体，以服装、妆容等外在形式将色彩、图形等代码编辑成一定的符号系统来表征自我的某些独特之处；空间媒介则主要以建筑为主体形成的物理空间范围及其承载物有序排列来建构与传播信息；等等。这些媒介的种类、形态各异，但总体上而言都是由媒介的技术要素、符号要素与物质材料要素等有机组合而成的。

（二）媒介文化研究所涉及的媒介具有最广泛意义上的媒介形态多元性以及媒介组合的复杂性

媒介载体构成的物质材料和技术手段的组合性特点，决定了单个媒介形态的多元化和媒介形态组合的复杂性。媒介文化研究不仅要面对相对独立的媒介形态，更要着力于多媒介形态的组合——媒介融合以及其他问题。信息传播与媒介发展的历史表明，任何时代的信息传播并非以单一媒介形态及其与之相匹配的传播方式得以完成，它总是以某种媒介组合形式构成一定的媒介结构状态，并以发挥此结构功能的最大化实现来适应或促进这个时代的社会发展。当然，被组合进当时社会媒介结构的所有媒介形态与媒介种类，不是整齐划一、等量齐观的，它总是在按照当时的社会需求并在媒介结构的规定性中发挥自身的媒介功能。如在20世纪50年代至90年代，电视媒介占据大众传播媒介的主导地位，报纸、杂志等纸质媒介以及作为电子媒介的广播就处于次要地位，其他媒介种类则作为辅助性媒介而存在。这些媒介种类，就各自的媒介形态而言差别较大，所发挥的媒介功能也大小不一，但它们都是在其时的媒介结构中作为重要的媒介种类和形态，在各自的媒介生态位上发挥作用。在某一个特定的媒介时代或社会中，无论从纵向还是横向来观察分析其媒介结构,简单或复杂的程度都与当时的社会结构相适应,纯粹单一种类和形态的媒介在任何社会历史发展阶段不仅无法满足其实际需求,而且以此方式存在更是不切实际。

(三)媒介文化研究所涉及的媒介最大限度地包含着媒介发展的"长时段"性

所谓"长时段"是法国历史学家布罗代尔在《菲利普二世时期的地中海与地中海世界》《1950年历史学的处境》《历史与社会科学:长时段》等历史文献中多次提出并阐述的一个历史观念。① 特别是在《菲利普二世时期的地中海与地中海世界》一书的序言中,布罗代尔区分并列出了三种时间,即短时段、中时段和长时段。 他认为传统的时间观关注短时段和叙事,如1789 年和1968 年等,因为它适合阐述局部的、简短的政治史,或偏重于王侯将相的历史。 由此,短时段是"传统的""事件的"时间,是个人所体验到的时间,表现人性中最为丰富的事件,但也是所有时段中最变化莫测、最具欺骗性的。 比较而言,中时段是介于个人时间和一般人类时间之间,包括了人类社会在国家层面的经济、人口、战争等历史事件,是可以以二十年或五十年为计量单位的"社会时间"。 通常情况下可使用"局势""循环"等诸如此类的概念来描述其时社会状态的时间段。 显然,如果放眼中时段,高明的社会历史观察家就可以体察到此时间段的历史是处在进步或衰退、停滞或复兴等阶段,以及它的有序性或无序性等问题。 对于"长时段",布罗代尔认为,它是缓慢变化的历史时间,以其缓慢和稳定来看,可以接近自然地理的时间韵律。 他还假设,人类历史是通过"长时段"构成的,人类历史的地理、自然资源、物质进程、文化和科技、心态、习俗、行为举止及"群体无意识"是衡量历史的标准。 从理论建构上看,"长时段"是考虑长期的、世界范围内的历史变迁。 此种观念适用于环境史、物质文化史和文明史等领域。 与此颇为相似的理论观念是贝尔纳·斯蒂格勒提出的"中断性"概念。 在斯蒂

---

①费尔南·布罗代尔.论历史[M].刘北成,周立红,译.北京:北京大学出版社,2008:3-57.

格勒看来,所谓"中断性"指的是"将某一个时代所特有的、处于运作中的各种程序悬置起来,同时开启某一新时代的各种条件的事物所具有的性质"。① 因为,单就技术体系而言,每一个时代有其特有的技术体系及其潜在动力,当技术体系进入革命中,它就构成了第一次中断性重叠以及第一次程序悬置。 只有当技术体系的断裂所引发的程序的悬置使一些"新的程序得以构成,同时导致了第二次悬置或者是重叠的重叠,并且借由它,一种新的时空单位、一种新的心理层面和集体层面上的个性化过程得以构成之时,一个时代才会安全地构成"。② 由此可见,"长时段"不只是一种时间性界定,更是一种考察人类文明演进的思想观念,完全可以援引并用于理解媒介文化意义上的媒介变革。 必须说明的是,这种"长时段"的理论观念偏重的不是社会学意义上的"结构",而是历史认识和分析的方法,即将理解和研究的对象看作塑造时代变化关系的总体中、在各自时空中始终关联着的一切人以及物与事。

采用"长时段"这样的历史认识和分析方法,来关照媒介发展悠久而漫长的历史是有先例可循的。 如马歇尔·麦克卢汉以口语时代、文字时代、电子时代为媒介发展历史划界断代;马克·波斯特将传统媒介阶段与新媒介阶段分别称为第一媒介时代和第二媒介时代;③保罗·莱文森也急于为新媒介进行代际划分并认为,新新媒介与电子邮件和网站等"古典"新媒介不同,新新媒介很新,它既涵盖了以前新媒体的原理,也在硬件与软件的演化速度上呈飞速发展之势。④ 基于此,可以将基于互联网的第一代媒介视为新媒介,第二代媒介视为新新媒介;雷吉斯·德布雷则认为,媒介的发展经过了文字域——逻格斯域、印刷——书写

---

① 贝尔纳·斯蒂格勒.技术与时间:3.电影的时间与存在之痛的问题[M].方尔平,译.南京:译林出版社,2015:8.
② 贝尔纳·斯蒂格勒.技术与时间:3.电影的时间与存在之痛的问题[M].方尔平,译.南京:译林出版社,2015:8.
③ 马克·波斯特.第二媒介时代[M].范静哗,译.南京:南京大学出版社,2005:16.
④ 保罗·莱文森.新新媒介[M].何道宽,译.上海:复旦大学出版社,2011:1-7.

域和视听——图像域的梯级阶段性过渡。① 这些理论概括高度集约与简化了媒介发展在线性时间上不断沿革的复杂性，但也说明媒介发展并非刹那间的突飞猛进，而是以改良改进式的渐进方式或推陈出新式的变革方式从而完成代际之间的转型。 在此，之所以强调在媒介文化研究层面关注媒介发展的"长时段性"，一是契合了媒介发展的本质规律，即媒介发展与社会其他领域历史发展的密切相关：政治的民主化程度，经济的增长指数，文化的繁荣状态，教育的普及范围，科学技术水平的提高与升级，交通的便捷与快速等，无一不与媒介的发展息息相关。 这些领域与系统的发展速度快慢，发展程度的高低取决于自身的规律，并呈现出一定的阶段性特征，媒介发展内含于其中，自是不能例外。 二是对媒介发展规律的发现与总结通常滞后于媒介发展的现实状况。 对"长时段"观念的移植使用，便于媒介观察者从历史与逻辑相结合的角度，真切地认识到媒介发展的阶段性特征以及媒介功能发挥与其他社会领域之间联系的系统性、紧密性。三是作为媒介及其表征体系的媒介文化，其文化形态、文化特征、文化功能、文化价值等，尽管时刻处于不断发展变化之中，但也在一定时期、一定阶段呈现出相对的稳定性。 有时，这种稳定性甚至还要持续相当长一段时间。

（四）媒介文化研究所涉及的媒介应具有最大限度的延揽性

从媒介发展的角度来说，应包括口头媒介、文字媒介、纸质媒介、电子媒介、网络媒介、新新媒介等；从媒介适用性和使用者角度而言，既囊括人们通常所言及的大众传播媒介，也包括时下多数人拥有的以智能手机为代表的各类自媒体；从媒介对技术的依赖程度来看，既包含一定技术含量或高技术含量的现代媒介，也包括低技术含量甚至无技术含量的传统媒介；从传播效果大小来观察，不仅包括具有广泛传播效力的有影响力的媒介，也包括传播影响力较小甚至只为自身传播而设的真正意义上的原始自媒体；等等。 以上的权衡标准似乎有些笼

---

① 雷吉斯·德布雷.普通媒介学教程[M].陈卫星,王杨,译.北京:清华大学出版社,2014:456-457.

统，可能还有许多媒介在这些标准之外或者使用这些标准来衡量还不够恰当，如标语、口号、涂鸦、文身、横幅、旗子、幌子、灯饰……但显而易见，此处所言的最大限度的延揽性意指以某种或某些载体承载一定的符号或符号组合，并将其信息传播在相应的范围之中。这样，媒介文化研究之媒介包容性将被扩大，媒介文化研究的对象、范围等也将进一步扩展。

以上所列，分别从媒介载体、媒介形态、媒介变革以及媒介使用范围等方面来提及媒介文化研究的泛媒介性问题。换而言之，媒介的任何变化——物质材料、技术、形态、组合、操控主体、组织机构、制度环境等，所影响的不仅仅是媒介本身，还在广度和深度上牵涉甚巨，用麦克卢汉的话来说"对人的组合和行动的尺度和形态，媒介正发挥着塑造和控制的作用"。[①] 所以，对媒介文化研究而言，不能只关注某一特定时空条件下那些具有主导性、主流性、权威性特征的媒介，而是应在最广泛限度上统揽性地将所有媒介形式纳入专业性研究的视角之下，分析、判断并反思其作为媒介及其表征体系，即媒介文化的诸多问题。

二、媒介文化实践的总体性

在媒介文化研究中，除了关注泛媒介性问题之外，还应该对媒介文化实践的总体性投射出更为集中的专业性眼光。在当下时代，媒介自身的发展在物质材料、技术支撑、媒介种类、媒介形态、媒介规模、媒介组织与机构等显性标识方面达到历史空前状态，媒介融合、媒介矩阵、媒介平台、平台媒介、智能媒体等不断翻新的媒介命名，指称的不仅是媒介作为信息载体的诸多变化，更是指这些显性变化背后的一系列深度革命。所以，在媒介文化研究过程中，对于媒介种类与形态维度，既要回望媒介发展历史进程中的每一个关键节点，以及其与当时社会构成各系统之间的相互关系，还要切中媒介文化的总体样态之所以如此这般

[①] 马歇尔·麦克卢汉.理解媒介——论人的延伸[M].何道宽,译.北京:商务印书馆,2000:34.

存在的内在核心逻辑；在媒介符号及其表征体系维度，既要洞悉文字信息、图像信息以及内涵信息的巫术化或神话化，[1]还要追踪符号如何从寻求与现实世界的统一到对现实世界的符号建构以及在信息内爆状态下对现实世界的消解，[2]乃至于以一个纯粹的符号王国来替代现实世界。当然，作为媒介及其表征体系的媒介文化是一种典型的"纸张"结构，即内容与形式是一体化的，某种思想自有其装置和物流形式。[3]也因此，对媒介文化实践的总体性的探照，亦须重点关注以下问题：

（一）媒介文化实践活动的现实语境

第二次世界大战结束以后，特别是20世纪90年代以来，人类社会发展又到了一个崭新的阶段，后工业社会、后现代社会、消费社会、景观社会、风险社会、透明社会、加速社会等新的社会观念，分别从生产方式、社会形态、商品消费、符号生产、风险生成及其补偿、个体生活世界的殖民化与公共化、社会发展对速度的追求及其所带来的对人的新的异化等角度，透视出当下在全球范围内人类社会在发展过程中逐渐显露出来的深层纹理。在此种状态下，媒介文化的各种实践活动也必然会在一定社会结构的框限下展开。因为，由角色、组织、制度、系统等要素所构成的等级制结构、中心化结构、集成型结构，既是社会现实的理论构型，也充分说明在经验可感层面上社会现实的复杂性，况且"不同层次的社会现实有着产生于本层次的特性和力量，不能化约为别的层次"，"文化系统的特性及力量与社会–文化互动的特性及力量"是两个不同的本体论层次。[4]

---

[1] 罗兰·巴特.形象的修辞[M]//吴琼,杜予.形象的修辞:广告与当代社会理论.北京:中国人民大学出版社,2005:36–52.
[2] 让·波德里亚.传媒中意义的内爆[M]//吴琼,杜予.形象的修辞:广告与当代社会理论.北京:中国人民大学出版社,2005:99–106.
[3] 雷吉斯·德布雷.普通媒介学教程[M].陈卫星,王杨,译.北京:清华大学出版社,2014:456–457.
[4] 玛格丽特·S.阿彻.结构、文化与能动性[M]//马克·D.雅各布斯,南希·韦斯·汉拉恩.文化社会学指南.刘佳林,译.南京:南京大学出版社,2012:16.

这样就导致在结构、文化与能动性之间出现玛格丽特·S.阿彻所说的下行合并、上行合并和中间合并等三种不同的文化调节模式。① 自然而然，媒介文化实践活动不可能在"飞地"展开，其任何实践层次、实践面向既受制于一定的社会结构，也同时能动地与社会结构互动并不断地相互调节与适应。在此过程中，媒介文化实践活动不仅要实现其文化再生产，还需要通过其实践活动构建一定意义的文化共同体。

（二）媒介文化实践活动的新主体

建基于以往工业革命的知识与系统，特别是第三次工业革命的数字技术，第四次工业革命中的人工智能与机器人、神经技术、虚拟现实与增强现实、生物技术、新材料等若干技术集群全面推进，各类社会实践活动的主体与以往时代有比较大的差异。一是在生产力再生产方面，不只是在维持其体力所必需的食物、水、空气等基本物质方面有足够的保证，还需在生产技术、技能与技艺方面有持续性的习得与养成；二是在生产关系的再生产方面，人们虽处于流动性强的个体化社会，每个人享有较高程度的自由，但是网络社会的链接性又将每一个社会实践主体连接且联结在一起，从终极意义上来讲，所有人都是人类命运共同体中的一员；三是从主体性的生成方面，任何个体的主体性生成都是在一定的社会化过程中逐步地、不断地进行着。在主体性呈动态性生成过程中，既有来自家庭与社会的多方面因素的显性影响，也有来自历史文化、传统习俗等人类历史深处的文化无意识的隐形底色，更有各种社会意识形态通过其内在机制对人的"召唤"。所以，媒介文化实践活动中的新主体之"新"，既是指生产力以及生产关系在不断再生产中的常态化"更新"，也是指社会结构中意识形态对主体的惯常化"召唤"。

---

① 玛格丽特·S.阿彻.结构、文化与能动性[M]//马克·D.雅各布斯,南希·韦斯·汉拉恩.文化社会学指南.刘佳林,译.南京:南京大学出版社,2012:15-21.

在这样一个基本前提下，有关专家的下述呼吁应该引起人们的足够重视：我们要深入理解新技术相互关联的方式，以及这些技术对我们的显性和隐性的影响。不能将技术视为简单工具或必然力量，而是设法为尽可能多的人口赋予能力，让他们影响与引导我们所生活的周边系统。① 也就是说，目前的技术发展情况是若干技术集群与正在进行的媒介文化实践以及未来的媒介有着或多或少的相关性，而且这些技术使用的智能化与便捷化将会为多数媒介文化实践主体既赋权更赋能。权、能双获的媒介文化实践主体，首先是在生产能力自主、生产意志自由的保障下自觉自愿地生产出一系列媒介文化产品，供自己与其他文化消费者享用，从而为媒介文化产品总量累积起到积极作用；其次是不同个体或群体的媒介化实践主体，总是以自己或群体最自由、最富创新精神的文化实践意志来从事相关文化实践活动，其媒介文化产品也体现出一定程度的创新性，为媒介文化实践精神的不断跃进提供新的绩点；最后是多元的媒介文化实践主体使原有的主体构成格局实现了重构。以独立个体为最小生产单位的媒介文化实践主体，其实践活动有许多的随机性，他可以选择独立生产，也可根据实践活动的实际需求进行有机组合。这样，媒介文化实践主体格局就处于不断地调整之中，其活力与创新性因相互间的激发而丰沛充盈。总之，也是最重要的一点，媒介文化实践主体由于权、能方面的技术加持，使得其生产实践由原来单一的、依附于媒介组织、媒介机构的有组织、成系统、大规模的生产实践，增溢为与个体化、无组织，甚至是无政府的生产实践互为补充，双翼齐飞。当然，媒介文化实践主体在"权"与"能"方面的新获得，无疑将会连锁性地引发其他方面的新变化。

（三）媒介文化实践活动的新平台

在每一个历史时代，都有正当其时的媒介及其表征体系与之适度匹配，如大

---

① 克劳斯·施瓦布,尼古拉斯·戴维斯.第四次工业革命——行动路线图:打造创新型社会[M].北京:中信出版社,2018:4.

众传播时代的报纸、杂志等纸质媒介，广播、电视等电子媒介，这些已划归为传统媒介的媒介类型在现代社会发展中也曾演绎过神话般的媒介文化：读报被黑格尔称为"现代人的早祷"，"围炉夜话"的广播抚慰了资本主义世界处在大萧条时期的人们的心灵，举家共赏电视节目被认为是第二次世界大战之后丰裕社会最亮丽的景观之一……20世纪90年代以来，互联互通的网络不仅让地球成村，也使得人类重新步入部落化时代，其网络节点犹如人类神经联通之处，脉络相连、息息相通成为当下最为普通的经验现实。 时下，2023年8月29日，中国互联网络信息中心（CNNIC）发布了第52次《中国互联网络发展状况统计报告》。《报告》显示，截至2023年6月，我国网民规模达10.79亿人，较2022年12月增长1109万人，互联网普及率达76.4%。 还有，在数字基础设施建设进一步加快，资源应用不断丰富的同时，移动互联网应用蓬勃发展：即时通信、网络视频、短视频的用户规模仍稳居前三，用户规模分别达10.47亿人、10.44亿人、10.26亿人，用户使用率分别为97.1%、96.8%、95.2%；网约车、在线旅行预订、网络文学等用户规模实现较快增长，用户规模较2022年12月分别增长3492万人、3091万人、3592万人，增长率分别为8.0%、7.3%、7.3%，成为用户规模增长最快的三类应用。① 由此可以看出，数字社会新形态持续升级并呈现出一派勃勃生机。 在对新互联网数据进行评价时，中国互联网协会咨询委员会委员认为，"互联网应用和服务的广泛渗透构建起数字社会的新形态——短视频、直播正在成为全民新的生活方式；从网购、外卖用户规模看，人们的购物方式、餐饮方式发生明显变化；在线教育、在线医疗等在线公共服务进一步便利民众"。②

由此可见，网络媒介在其发展过程中正逐步转化为泛传播时代多种媒介载体

---

① 光明日报.第52次《中国互联网络发展状况统计报告》发布 我国互联网普及率达76.4%［EB/OL］.（2023-08-29）［2023-09-22］https://news.gmw.cn/2023-08/29/content_36794315.htm.
② 李政葳.我国网民规模超10亿——解读第48次《中国互联网络发展状况统计报告》［EB/OL］.（2021-08-28）［2023-09-22］https://news.gmw.cn/2021-08/28/content_35119430.htm.

组合、融合的媒介平台，甚至成为平台媒介。特别是随着 5G 技术的诞生，还有已开始使用的 5G 网络——第五代移动通信网络，其峰值理论传输速度可达每 8 秒 1GB，比 4G 网络的传输速度快 10 倍以上。一部 1G 容量的电影可在 8 秒之内轻松下载完成，3D 电影可由智能终端分享，游戏以及超高画质（UHD）节目的享用正分秒间到来。媒介平台建设的精彩段落也集中在 2019 年下半年：2019 年 8 月 26 日，新华智云发布自主研发的 25 款媒体机器人，并向外界展示了 AI 技术在媒体领域的应用——人机协同。仅半月之后的 2019 年 9 月 10 日，人民网旗下的人民智作平台上线，平台在用技术拓展智媒体边界的同时，依托智媒聚发、智能创作、全媒体池和商业运营等功能系统，为流量平台、智能手机及各类智能终端提供着精准的精品内容分发服务。2019 年 9 月 26 日，中央广播电视总台"人工智能编辑部"启动，首倡"台网并重、先网后台、移动优先"，并在"5G + 4K/8K + AI"全新战略布局下推进内容供给侧结构性改革，形成"全场景"传播。再上台阶的消息是，央视网、央广网、国际在线共建"人工智能编辑部"，统筹新闻网站、手机电视、互联网电视、IPTV、各类智慧屏等全终端业态，为用户打造全新的视听体验。智能媒体之"国家队"在短时间内集体亮相，既显示出央媒们走向新时代的整齐步伐，也向外界展示了积极拥抱智媒体的全新姿态。由此亦可见，组织化、机构化的媒介文化实践平台的建设维度与发展水平。

（四）媒介文化实践活动的新形态

任何时代的媒介文化实践总是与当时最先进的技术结合在一起的。在媒介文化实践的过程中，技术要素贯穿于每一个具体的实践环节，并在实践结果中集中显现出来。如纸张遭遇先进的印刷术，纸质媒介的生产周期由此大大缩短，内容复制更加简便快捷，产品产量亦大大提高，产品成本降低从而售价更便宜，媒介消费的经济能力因成本降低有了显著提高，读者群也相应扩大，媒介的社会影响力逐渐增强。从中可以看出，媒介文化实践通常是一因多果，而且其最终结果往往出人意料。譬如近年来，媒介文化实践成果迭出。早在 2017 年 12

月,新华社就推出国内第一个智能化媒体生产平台"媒体大脑",并生产了第一条 MGC——机器生产内容的视频新闻,此举受到业界广泛关注。2018年12月,"媒体大脑"新版本"MAGIC 短视频智能生产平台"发布,平台集纳了自然语言处理、计算机视觉、音频语义理解等多项人工智能技术,将人工智能引入新闻全链路。由于 MAGIC 平台结合对媒体场景的深度理解,并利用大数据处理、人脸识别、语音识别等智能技术,能对非结构化的文本、图片、视频等媒资数据进行处理,使之成为高度智能化、标签化的媒资平台。2019年11月,"媒体大脑3.0融媒中心智能化解决方案"发布,成为国内第一个面向融媒中心的智能化解决方案。① 现如今,"媒体大脑"、AI 合成主播、时政动漫平台等智能化工具和平台,不仅可对新闻素材进行自动分类和标引,而且还能智能化地生产出文字、图片、AI 主播视频、短视频、地图新闻、数据新闻、卫星新闻、VR、AR、MR 等30余个品类的全媒体产品。在这些由专业媒介组织与机构所产出的媒介产品之外,还有数以亿计的非专业媒介产品的生产者在源源不断地贡献自己的作品。他们通常以微博发布、微信公号推文、网络直播、短视频制作、图像上传、网络留言、网络评论等便捷的个性化、微型化生产方式来生产自己的媒介产品。由于生产者队伍庞大,在其综合性生产能力以及几何级产品数量在媒介文化产品总量上具有一定优势的同时,也因生产媒介产品的视角独特、接地气、娱乐性强等特点,博得万千粉丝的拥趸。目前,在元宇宙被各界爆炒还未停闲之际,ChatGPT 又高调登场。新闻报道称,这是由 OpenAI 开发的一款人工智能聊天机器人。产品开发者是一家致力于人工智能研究的非营利性机构,其目标是确保人工智能的发展能够造福全人类。② 众多玩家使用 ChatGPT 时发现,它能充分理解用户输入的信息,并根据上下文生成连贯的有意义的回答。如问 ChatGPT:

---

① 中国财富网. 新华社智能化编辑部:重塑采编流程 提高生产效率[EB/OL]. (2020 – 10 – 27)[2023 – 09 – 22]https://baijiahao.baidu.com/s? id =1681669238531595694.
② chatgpt 执笔方寸 AI. 突然爆火的 ChatGPT 到底是什么[EB/OL]. (2023 – 07 – 09)[2023 – 09 – 22]https://www.bilibili.com/read/cv24850365/.

"明天天气如何？"它可能会回答："我无法获取实时的天气信息，但我可以告诉你如何查询天气。"这种人性化的交互体验让 ChatGPT 在用户中赢得了极高的评价。事实上，ChatGPT 的应用远不止于此。作为一个智能助手，它可帮助用户处理各种事务：写邮件、预定餐厅、查询信息等。此外，作为一个教育工具，为学生提供个性化的学习建议并答疑解惑；作为一个娱乐工具为用户提供有趣的聊天体验，甚至帮助用户创作文本。然而，面对如此高智能的工具，人们的各种担心在所难免：ChatGPT 的强大功能是否会被滥用，如制造假新闻、进行网络欺诈、恶意获取知识产权，尤其是它是否会取代人类的工作导致失业率暴增等。但总的来说，ChatGPT 是一款具有革命性的人工智能产品。它的出现不仅推动了人工智能技术的发展，也让人们预见未来生活的无限可能。

当然，对于媒介文化实践的成果而言，并非以媒介产品为唯一的衡量指标，还应该包括媒介文化实践中新技术的应用及其卓越成效，媒介生产环节的简化与便捷，以及围绕媒介产品和产出效能的一系列维持和保障性系统成果。

（五）媒介文化实践活动中的数字劳作

在当下的数字时代，媒介文化实践活动的各个方面，如媒介生产方式、产品的绝对总量、产品种类与形态等相较于前已发生显著的变化，特别是蕴含在此实践活动中的部分劳动方式与原有的物质生产方式出现了很大差异，即越来越趋向并属于非物质生产的数字劳动。对于作为新的劳动形式的数字劳动，中西方学者给予了普遍关注，有关于此的研究及其成果多集中于文化角度，认为数字劳动是与数字媒体的生产和消费有关的一种特定形式的文化劳动，很少甚至否认从生产力的角度研究数字劳动的重要性。[1] 有中国学者关注到数字劳动过程的特征及其差异性，并在此基础上将数字劳动过程概括为四种表现形式：一是传统雇佣经济领域下的数字劳动过程；二是互联网平台零工经济中的数字劳动过程；三是数

---

[1] 郑吉伟,张真真.评西方学者对数字劳动的研究[J].经济学家,2019(12):100–108.

字资本公司技术工人的数字劳动过程；四是非雇佣形式的产销型的数字劳动过程。 与第四种无偿数字劳动形式相比，前三种都是付费的有偿雇佣劳动。① 研究者也提醒到，这种以文化和技术为代表的非雇佣产销型数字劳动的新特征并不代表马克思异化劳动理论需要被重新构建，而是意味着打开了一种与以往劳动有差异的价值逻辑，对这种非雇佣的数字劳动价值过程的分析需要谨慎对待。

的确，在互联网的数字经济体系中，非雇佣形式的产销型的数字劳动过程格外耐人寻味，各类资本在其运行的尾端找到了一大群数字劳工。 他们属于社交媒体用户、网络销售产品的消费者、媒介产品消费者、网络游戏玩家、文本盗猎者、恶搞者，以及其他诸如为维基百科、知乎问答提供知识内容的知识工作者。 他们既是消费者又是生产者，更是一起形成了一个共同的被剥削阶层。 对此问题的典型分析来源于克里斯蒂安·福克斯在 2010 年发表的文章《信息资本主义和互联网上的劳动》。 在论证劳动价值论与消费者实践的相关性时，福克斯运用了史迈兹的"受众商品"理论，认为消费者平台利用受众参与来评估他们卖给广告商的广告空间，却不为消费者的劳动付费，那么消费者就会遭受"无限程度的剥削"。② 他以社交媒体用户为例，认为他们的劳动是产生了马克思意义上的价值和剩余价值的数字劳动。 作为数字化时代社会生产劳动的具体表征，是数字劳动者运用其劳动力作用于互联网等媒介开展一系列复杂工作。 所以，在此需要强调，与媒介产品源头性生产所具有的劳动形式不同的另一种劳动形式，即在媒介产品接收与接受过程中的生产性劳动：非雇佣形式的产销型的数字劳动。 从事此种类型的数字劳动者也被称为数字劳工，以区别于 IT 行业的"码农"以及其他三种形式的数字劳动。 从表面上看，数字劳工的数字劳动并不带有强制性，甚至有些"愿者即劳"的意味，进入或退出劳动过程与劳动环节基本自由。 基于这种劳动自由，数字劳动具有如下显性特征：一是数字劳工的劳动场所基本

---

① 韩文龙,刘璐.数字劳动过程及其四种表现形式[J].财经科学,2020(1):67-79.
② CHRISTIAN FUCHS. Labor in Informational Capitalism and on the Internet[J]. The Information Society, 2010,26(7):179-196.

不受限制，居家、旅行途中、休闲娱乐场所、单位工作场地等任何现实的物理空间都可进行数字劳动；二是劳动时间可根据劳工自己的时间灵活安排，在每日二十四小时之内的任何时间均可进行数字劳动，且劳动时间可长可短，整段时间、碎片化时间、间隙性时间均可投入劳动之中；三是劳动时间的长短基本上与劳动价值呈正比关系，刷的是屏幕，流动的是比特字节，消费的是符号，消耗的是流量，变现的是金钱，运行的是资本，收割的是利润；四是数字劳动的愉悦程度较高，花流量点击消费的都是自己愿意浏览、观看的符号及其组合，如小到一小段文字、一张图片、一首歌、一段乐曲、一则短视频，大到一部电影、一部电视连续剧、一部长篇小说、一个系列讲座、一堂公开课等，因其选择消费的内容与自己的现实需求切合度较高，劳动过程中劳动忠诚度也就相对稳定，其他连带性收益必然不错。

事实上，数字劳动的幸福感背后隐藏着不可小觑的劳动异化。首先，数字劳动所花费的劳动时间大部分是劳工们在其他必要生产活动结束之后，用于休闲、娱乐等其他时间，或者是在必要劳动过程中的伴随性劳动，这就等于变相增加了劳工们的劳动时间，而且增加的都是剩余劳动时间。其次，数字劳工在其数字劳动过程中，其留下的数字踪迹被算法推荐分层、分类，并进一步打包为有价值的商品，售卖给广告商以收取一定数量的广告费，这一做法本身就是将数字劳工物化为商品，按其量、估其值予以售卖。最值得深思的是，这两种劳动异化的方式与早期资本主义社会生产中的劳动异化大为不同，劳动者的痛苦体验大大降低，或者没有任何不舒服的感觉，甚至是在开心愉悦的状态下完成异化劳动。正是在这样的情形之下，完全可将专用于媒介文化产品接收与接受等消费环节中数字劳工的数字劳动视为一种"新劳作"。

在上述基础上，还需强调的是对媒介文化实践总体性问题的关注，不只是局限于对其现实语境、实践主体、实践平台、实践形态及其成果、数字劳动及其异化为数字劳作等方面，还应关注其实践类型、实践理性等其他相关问题。唯有如此，才能对媒介文化实践总体性问题有相对全面的理解。

三、作为普遍社会情境的媒介文化

在当前社会的总体语境之下，随着媒介种类与形态的不断变化，媒介文化实践活动在实践主体、实践平台、实践形态与成果类型等方面都较之于以往有明显的改变，导致其符号表征体系也急速增殖与扩容，使人们置身于各种信息符号的汪洋大海之中。由此可见，媒介文化特别是以数字媒介为载体的新型媒介文化正在逐步成型并将演化为当下社会的重要情景之一。据2023年7月25日公布的《2023年Q2移动互联网行业数据研究报告》显示，2023年第二季度，移动网民人均手机安装APP总量达67款，较去年同期增加2个；移动互联网用户人均每日使用APP的时长为5.32小时，与去年同期相比减少13分钟，较上季度减少4.2分钟，可能与线下消费复苏，用户把更多注意力从线上转移到线下有关。但整体来看，过去一年移动网民人均APP使用时长仍保持在每天5小时以上。在移动网民使用APP时长的前八种类型中，短视频行业用户时长占比达31.1%，即时通信占比为21.6%，在线视频时长占比略有上升趋势，Q2占比为7.6%，手机游戏所用时长占比达5.2%，综合新闻所用时长占比是5.1%，综合商城用时占比为5.7%，在线阅读耗时占比是4.1%，还有搜索下载也占用一定时长。[1] 在此种情境之下，媒介文化无论是以何种文化类型与何种文化等级存在，都会对社会文化以及人们日常的生产与生活产生程度不等的影响。

首先，媒介文化是人们日常生活必然遭遇的最为普遍的社会情境之一。在循环往复的、周期性的庸常生活中，人们几乎时刻被媒介及其表征系统所包围：一部智能手机这样的媒介随时随地傍及人身已属平常，几部智能手机在手也不罕见；早上被手机闹铃叫醒，晚上伴手机助眠音乐入眠；出门工作与下班归家途中

---

[1] MoonFox Data. 数据报告|2023年Q2移动互联网行业数据研究报告[EB/OL]. (2023-07-25)[2023-09-22] https://www.sohu.com/a/706013934_399033.

被各种交通工具的车载广告轰炸；短暂的用餐、消费、休闲时间，扫码下载各种APP才能享受丁点儿打折优惠；下载APP也就意味着各种"为您服务"的"专属于您的"定制信息潮水般地向你涌来；着急忙慌中再下载APP以反制并拦截信息的狂轰滥炸……总而言之，人们眼睛所看到的、耳朵所听到的大量信息都经过媒介的中介，若要对客观的现实世界有较为清晰的认识和理解，就必须穿过重重预制信息的帷幕。所谓"信息茧房"不只是哪个个体由于其信息接受习惯所造成的信息窠臼，而是人们本身就置身于超大的"信息茧房"之中。

其次，媒介文化不仅构成人们存身的社会文化环境，更作为社会结构之上层建筑和意识形态，并通过意识形态特有的运行与操控机制对人之成为"何人"进行召唤。在当前的社会结构中，媒介文化的组织与机构、媒介文化生产与传播平台，或者是媒介文化内容及其思想的各种装置，既是建立在当下时代经济基础之上的上层建筑之一，是媒介文化产品中所蕴含的主流的或非主流的政治意识形态、社会意识形态、经济意识形态、文化意识形态，乃至日常生活意识形态的主要物质载体，也是构成市民社会的重要领域之一，更是意识形态国家机器的重要组成部分。所以，媒介文化作为普遍的社会情境，不只是作为一定的社会文化环境而存在，而是实在化为人的现实性存在的构成性要素，即作为此时此刻现实存在的人，其主体性如何形成以及如何变化均在具体情境影响之下才能完成。以媒介文化实践中的接受主体为例，如在以传统媒介为主导的大众传播时代，媒介文化接受者或媒介文化产品的消费者被统称为受众，这一群体相对于传播者在传播流程中处于下游环节，这样也就限制了受众在传播秩序中的位置，即始终处于相对被动接受信息的状态；在"人人都是麦克风"的新媒体时代，接受者角色可以根据其在整个传播流程中的具体作用而随时随地进行自由切换，还会将其参与媒介实践活动的体验置于首位，讲究"用户体验"并将其作为增加用户黏性的一种重要的衡量指标；时下，一旦有人介入数字媒体实践活动中就有可能有意或无意地沦为"数字劳工"。从大众传播时代的"受众"到数字传播时代的"用户"以及"数字劳工"，就充分说明了以媒介及其表征体系为代表的社会文化情境对其时社会个体和群体所扮演某种角色的归置作用。此外，在意识形态国家机器柔性控制之下，作为社会成员的每个个体都会被"召唤"成不同的主体，并被赋予了某种合适的主体性，以成为一个合格的公民。

最后，媒介文化作为普遍的社会情境所具有的"日常性"问题。此种情境并非如由媒介组织与机构刻意制造出来的媒介事件那般，是临时性的，在短暂时间之内可以阻断日常生活的时间流，以吸引人们集中大部分注意力的那种"奇观"般的存在，而是以水乳交融般的方式存在于人们现实的日常生活之中，或者它本身就是人们的现实生活存在方式之一，在日复一日的时间循环中以看似平常甚至是庸常的方式深度渗透，甚至改变着人们的日常生活。在此种情境中，人们通常所认为的那种"文化的"事物沉降为与普通事物一样，其"文化的"辨识度降低甚至泯然无存，那种具有一定超越性的存在带给人们的惊喜之感在这种"日常性"中杳然远遁。换而言之，在媒介文化的普遍情境之下，人们正在感受着此种文化的普通与庸常，它不是打入或嵌入日常生活，而是与日常生活本身融为一体，人们甚至无法有摆脱它的企图，试图抽离此境也纯属徒劳。

事实上，作为普遍社会情境的媒介文化具有相当程度的结构性作用，它对存在于此的每一个社会主体、社会事物、社会实践活动等均会产生程度不等的影响。所以，对媒介文化及其所构成情境的关照，将是有志于此的研究者的又一大现实责任。

四、对媒介文化及其情境的有限抵抗

在当下时代的媒介文化研究中，除了从泛媒介性、总体性以及情境性等方面对媒介文化实践活动予以关切之外，亟须关注的另一个重要问题则是：可否对媒介文化进行某种意义上的有限抵抗？之所以提出此问题，根本上是因为媒介文化所涉及的媒介载体、媒介种类、媒介形态、媒介及其组合已达到现存媒介的最广泛的程度。而且，媒介文化实践活动在主体、方式、形态、成果、影响等方面较之传统媒介时代有天壤之别,已成为普遍的社会情境之一,对社会成员个体继续社会化,以及社会整合的有序与完整程度等诸多方面都有极大的影响。也就是说,媒介文化是当下时代社会建构的不可小视的构成性要素。

所以,对媒介文化进行有限的抵抗,本身就是在普遍的媒介文化情景之下作为社会成员个体的一种有意义的选择,其意义体现在以下几个方面:一是每一个社会成员在面对某种社会现实之时,都会发挥自己的主观能动性,以积极接受或消极逃避的方式来与现实社会相适应,这是人的主体性所决定的人的行为方式;二是就媒介文化实践活动的总体性而言,以何种态度、何种方式来从事何种媒介文化实践均取决于媒介文化实践主体,他们常常会决定媒介文化实践的向度与深度;三是媒介文化实践活动及其结果,往往是一个时代社会精神文化高度的标识之一,更是此时代人的精神追求和文化创造力的标志。

对媒介文化及其所构成的普遍情境的有限抵抗既是一种有意义的、主动性的选择行为,就可能会以多种方式、多种面向展开。例如在年轻群体中,正在兴起一股"反算法"的潮流。为了不让算法"更懂你",有人尝试用"不登录、不点赞、不关注、不评论"的方式尽可能少地在网上留下痕迹;还有人用多个手机和手机号码,尽量分隔可能成瘾的网络环境;更有甚者,还会针对不同的场景使用不同的账号。在豆瓣平台上,近万名成员加入"数字极简主义者"小组①并向自己发起一项挑战:远离数字设备30天。希望在远离数字设备的30天内,找到自己真正认为有价值的事,并以此为出发点,合理使用一切科技。② 这些看似堂吉诃德式的行为的背后,既有一定的现实合理性,更是因为人们"苦算法久矣":被"信息偏食"投喂、被"信息茧房"圈养、躲不掉的"过滤泡"、删不去的

---

① 豆瓣小组"数字极简主义者":创建于2019年05月13日,现任组长为芳洲。创建该小组的初衷是为了践行Digital Minimalism,即《数字极简主义》作者Cal Newport在该书中提出的数字清理(digital declutter),最终成为一个数字极简主义者。希望在远离数字设备的30天内,找到自己真正认为有价值的事,并以此为出发点,合理使用一切科技。

② 莫洁."反算法":虽"堂吉诃德"但有必要[EB/OL].(2021-06-03)[2023-09-22] https://app.gmdaily.cn/as/opened/n/02c694ee13b3401f82d081d114df03ce.

"APP"、关不掉的智能机、戒不掉的游戏瘾、摁不灭的按钮、刷不完的页面、看不完的虚拟橱窗、"剁"不完的"手"、清不掉的购物车、还不上的网贷、填不满欲望的黑洞,等等。这些"苦"似乎比童年的消失、娱乐至死、沙发上的土豆还要让人感到惊恐。于是,"反"就成了一种选择,甚至成为一种必然,真是应了一句话:哪里有压迫,哪里就有反抗!

还要看到,"反算法"只是"反"的一种,随着数字时代的迭代升级,"反"的面向、方式、路径、内容等可能越来越多,越来越复杂、也越来越困难重重。但作为一种本能而有限的抵抗,它本身就是一种价值观、一种姿态、一种行动、一种呐喊、一种惊醒。与"反"相映成趣的是法国哲学家亨利·列斐伏尔提出的"拒绝",如"艰苦卓绝的拒绝和苦行僧式的拒绝,或是享乐主义的拒绝和感觉上的拒绝,或是革命的拒绝,或是无政府主义的拒绝"。[1]

综上所述,从媒介文化研究的整个学术史上来检视,每一个媒介变革发展时代都会有那个时代亟须关注的特殊的媒介文化问题。对这些问题进行症候观察,以究其根由并对其发展向度予以价值方面的厘定,既是一个有责任感的学者分内之事,也是这个领域学术共同体必须面对的集体义务。

---

[1] 亨利·列斐伏尔.日常生活批判[M].叶齐茂,倪晓晖,译.北京:社会科学文献出版社,2018:543.

第三章　理解媒介及媒介变革

在一定经验范围内，人们对于媒介的认识与理解被框限在广义的信息传播实践活动之中。信息传播作为一种最基本、最惯常的人类实践活动，亘古绵长，并始终与人类社会的运行与发展相生相伴。及至今日，通过各种各样的媒介，人们可以听闻世界上任何一个角落里发出的声音，观看世界上任何一隅显示出的图像，体验这个纷繁复杂世界中各类丰富多彩的生活，也能体味到不同的人生境况。不仅如此，媒介及其传播实践活动似乎已经成为当下时代政治、经济、文化以及社会生活的轴心，甚至到了如前文提及的"不了解作为环境的媒介，对任何社会文化变革的了解都是不可能的"地步。[①] 因为，在媒介与文化社会学家尼克·库尔德利和安德烈亚斯·赫普看来，"社会世界处于中介化传播中，并通过中介化传播而得以建构"。所以，"捕捉媒介在社会世界建构中的这种深层次的、持续的和自我强化的作用，一种进路是认为社会世界不仅是中介化的，而且是媒介化的。换言之，媒介在社会世界的建构中持续（实际上是递归地）发挥作

---

① 马歇尔·麦克卢汉,昆廷·菲奥里,杰罗姆·阿吉尔.媒介即按摩:麦克卢汉媒介效应一览[M].何道宽,译.北京:机械工业出版社,2016:24.

用改变了社会世界的动态结构"。① 可见，媒介及其相互依凭的传播活动，无论在人类文明的历史进程中，还是在当下时代对人类社会的深刻影响方面的重要性是不言而喻的，足以引发应有的关切以揭示媒介在人类实践活动中的复杂性。

这种复杂性首先体现在"何为媒介"这一问题上。在一定意义上，对于现时人们无时无刻不在接触和使用的媒介而言，是作为某一具体种类、具体形态以及具有某种基本的或特定的功能，能发挥某种作用而为人们所熟悉的，如纸质媒介的报纸、杂志，电子媒介的广播、电视、电影，新媒体以及新新媒体的基于互联网的第一代媒介和第二代媒介。② 当然，从广义的、泛媒介角度而言，自从麦克卢汉的"媒介是人体的延伸"论断一出，不仅他所提出的口语词、书面词、道路、数字、服装、住宅、货币、时钟、轮子、自行车、汽车、飞机、打字机、电话、武器、自动化等 26 种普通的日常接触之物被"识别""鉴定"为代表性媒介，③时下也有人提出"万物皆媒"，并掀起起滔滔众议。在理性判断层面，对于媒介认识的立足点不同往往会形成不同的媒介观念。从大跨度、长时段的媒介史观察，如果重点关注媒介的物质材料或介质及其所使用的代码，媒介可划分为口头媒介、文字媒介、图像媒介以及视听媒介等；如果侧重于媒介所依赖的技术基础，则可分为口头媒介、印刷媒介、电子媒介和网络媒介；如果聚焦于时间与空间的压缩，有的媒介因轻便易携，遂成为偏向空间的媒介；有的媒介体重难移，遂成为偏向时间的媒介；如果立足于人们使用媒介，并成为一种日常的行为方式，媒介被分为作为传递的媒介和作为仪式的媒介；如果注重于社会的组织与机构，媒介则可被视为报社、杂志社、广播电台、电视台、电影制片厂、通讯社、互联网等机构，有计划、有组织、有成效地敦促其专业人员，将自身所具有的专业技能转化到成系统、大规模的媒介产品的生产与传输当中，从而使一系列

---

① 尼克·库尔德利、安德烈亚斯·赫普.现实的中介化建构[M].刘泱育,译.上海:复旦大学出版社,2023:19.
② 保罗·莱文森.新新媒介[M].何道宽,译.上海:复旦大学出版社,2011:4.
③ 马歇尔·麦克卢汉.理解媒介——论人的延伸[M].何道宽,译.北京:商务印书馆,2000:113-426.

媒介产品输送至最大的市场范围内，让有信息消费需求的"受众"获得最大限度的满足，并尽可能地产生相应的社会效益与经济效益。基于此，媒介也就被视为媒介组织与机构，或媒介企业、媒介事业等；此外，如果从广义的社会结构角度来界定媒介，媒介通常被视为上层建筑，是意识形态的重要载体，甚至是意识形态国家机器，与强制性国家机器一样，成为社会控制的强有力的、重要的工具之一。还有一种媒介观念是基于符号学的，认为媒介出现于"符号距离"中，因此就其距离的不同可分为三种媒介类型：一是心灵媒介，是思想、梦境、白日梦等呈现的中介，是符号心灵的草稿，符号发出者大量的表意意图最后并没有形成表意，成为自我符号；二是呈现性媒介，如身体姿势、语言、音乐、电子技术等一次性的、现在进行式、生成文本为表演性现在性的、可与接收者互动的媒介；三是记录性媒介，此种媒介生成文本的过去性，如远古岩画、文字书写的文本、印刷文本、电子记录性文本等以物质为载体的符号的成品。[①] 以上种种，不一而足。但对于媒介理性认识，从以下若干个维度展开回答，或许可构成思考"何为媒介"的路径之一。

一、作为"中介"的媒介

在有关媒介观念的滔滔众议与纷纭聚讼中，有一种观念随着时间的流逝而变化，但其核心密钥始终未曾改变，这就是媒介的"中介"观。美国文化学家劳伦斯·格罗斯伯格认为，"中介"是一个复杂的术语，无法给予中介一个确切的定义，只能从四个方面来尝试界定：其一应该将媒介看作"一些中间的东西……中间的状态……能够施加影响或发挥作用的介入性物质"。因此，媒介是"介入其间，进行沟通"。其二是与亲身接触的、直观的、真实世界相对照，媒介世界与真实世界是断然有别的。其隐含之义是媒介沟通是有偏见的，是能够人为控制

[①] 赵毅衡.符号学：原理与推演[M].南京：南京大学出版社，2016：124.

并与真实客观的信息形成对立的。其三是中介是个别主体与现实之间的空间，这是一个解释、体验和定义的空间。换而言之，认识主体之于真实世界的概念总是被解释、被体验和被定义等诸如此类的方式所塑造。其四是中介意指人们或活动之间的一种正式的联系，媒介的中介意味着信息在人际间的流动和传递方式。[1] 其实，格罗斯伯格的媒介"中介"观是可以进一步化约的，即媒介首先是一种介入二者或多者之间的，并能使被承载之信息或其他东西在此间沟通与交流的介质。此介质的重要性一是在于它的承载性，所有需传递、沟通、交流之物均得负载于它，否则不能成为媒介；二是它的介入性，它应居于二者或多者之间，使其按照一定的目的或意志生成相互间的联结关系，并形成沟通与交流之物得以流通的通路。其次，媒介是实践主体与对象性世界的意义空间。从认识活动来说，认识主体对于对象世界的认识，一是借助于自身所有的感官系统客观形成感觉、知觉、理解，然后达成一定层次的认识；二是借助中介物、中介环节或中介空间来认识。现代社会以来，认识主体对客观世界的认识往往是通过"中介"的，尤其是通过介于二者之间的"意义空间"来认识。此时所谓的"意义空间"是综合考察之后拷贝的、编码的、解释的、人为加工的、控制的，或者说是经过过滤的世界，认识主体的认识活动必先经此"意义空间"才得以展开。换言之，认识主体是透过"意义空间"这面镜子才能看到对象之物。当然，透过镜子的世界只能称为镜像世界。人们经"意义空间"而进行的认识活动所得到的认识结果必然是已被定义了的，甚至是扭曲的、变形的。就如在当今时代经常上演的新闻翻转"剧"，人们想要了解事实与真相，必须透过越织越厚的"信息茧房"茧层，才能知道部分真相。信息真假难辨、优劣难辨，认识事物不易，认识世界更难。这一切是信息丰裕时代的必然结果之一，也是麦克卢汉所提出的媒介"逆转"定律的综合体现。

---

[1] 劳伦斯·格罗斯伯格.媒介建构:流行文化中的大众媒介[M].祁林,译.南京:南京大学出版社,2014:15-16.

作为"中介"的媒介品类繁盛，形态各异，并以各自的传播模式来解释、定义信息，如此就形成对客体世界的多重镜像。认识主体要透过光怪陆离的镜像世界来辨识客体世界的真实存在状况，一是须将"中介"逆转为更高清晰度的媒介，将客体存在的精细纹理准确地呈现出来以便于主体认识；二是将人为设置的"中介"彻底撤除，逆转并还原为认识主体自身的感官系统，从而与客体世界"零"距离接触，这样便能近距离感受真实世界的色彩与温度。还有，就媒介运行的速度而言，无论是大众传播媒介还是时下高速运转的社交媒体，其运行的速度惊人，信息传递往往是以"分""秒"为单位，前后间隔瞬息，信息形态就可能千变万化，所反映的事态也变得难以捉摸。然而，加速的逆转是放慢。在高速变化的信息形态中捕捉真实事态的变化与发展反而变得迟滞，需在小心谨慎中缓缓徐行以探查、掌握可信与可靠的信息，并将其点滴还原为真实发生的事件的一般情态。再者，如果现时代媒介丰裕需"逆转"，那就是媒介的"贫乏"。过多的媒介反而使人们无从选择接触和使用以至于信赖的媒介，从而导致媒介丰裕中的匮乏。针对这一系列问题，麦克卢汉早已给出过精彩绝伦的警告之语，他说："如果任何可视、有序的结构或连续的空间模式的要素加速，后果必然是链接的崩解和边界的破坏。它们爆炸而成谐振的空隙或界面，这些空隙和界面是声觉空间非连续结构的特征。这种视觉成为环绕的声觉空间。任何视觉模式或模块形成的重复都产生非视觉效果的马赛克，就像单一摄影观点成为一个多元的图像再现一样。由于时间压缩，由于古今未来时间并置，融入了电子信息的此时此刻，历史就变得'神秘'了。"[1]在此，处于媒介丰裕时代的人们，必须将格罗斯曼的论断和麦克卢汉的警告照单全收，既要看到在媒介高速发展时代所享受到迅速便捷的信息通道，也要接受其带来的经过滤加工的"意义空间"，此镜像世界为认识主体对客观世界认识在提供解释、定义的同时，也将潜藏其间的主观

---

[1] 马歇尔·麦克卢汉,特伦斯·戈登.余韵无穷的麦克卢汉[M].何道宽,译.北京:机械工业出版社,2016:33.

偏向与扭曲变形一并交付于接受它的主体。

二、媒介就是"万物"

在万物皆媒已成为常识的时代，约翰·杜海姆·彼得斯在《奇云：媒介即存有》一书中也亮出了类似的观点。他的媒介哲学从理论层面进一步阐释了媒介作为存有的内在根由，也夯实了人们认识媒介的事实和逻辑基础。约翰·杜海姆·彼得斯被誉为人文主义者、博物学家、媒介研究者、达·芬奇式的学者。他的此部著作一经出版就被视为一部恢宏之作，是一部试图克服"两种文化"，创造出"第三种文化的典范之作"；在学术视野上跳出学科局限，从一切看媒介，从媒介看一切，并采用"本雅明式的历史勾连法"来营造其媒介理论。同时，他也希望通过它，人们能更好地了解其生活与其中的各种基本条件。①

彼得斯是如何看待媒介，又是如何重组媒介历史的？与众不同的是，他通过流动不居、变幻莫测、稍纵即逝、飘忽不定、抽象而又感性的"云"之意象来锚定媒介及其边界。他说道：此部书会因为它的书名和观点招致一些嘲讽，会让一些人指责他在学术上的剑走偏锋、故弄玄虚。但又会让人们认为，在这个日益被精确可测的数据分析统治的世界中，重新认识"云"和其他类似事件是一件好事。②好事来临，奇云何奇！

彼得斯认为，媒介概念最早源于古希腊和古罗马，但它经历的很多关键性变化发生在13世纪与19世纪。媒介一直就有元素、环境或居于中间位置的载体之义。如13世纪，经院哲学家托马斯·阿奎那在翻译亚里士多德的著作时，将medium一词带入希腊语，用来解释"看"这一远距离接触行为中缺失的一环。最具有决定意义的转折在19世纪出现。此时，媒介逐渐用来传递某些特定的人

---

① 约翰·杜海姆·彼得斯.奇云:媒介即存有[M].杜建国,译.上海:复旦大学出版社,2021:22-26.
② 约翰·杜海姆·彼得斯.奇云:媒介即存有[M].杜建国,译.上海:复旦大学出版社,2021:32.

类信号和意义,如电报、招魂术所用到的灵媒等。 及至 20 世纪,媒介指人类用来传递新闻、娱乐、广告等内容的人为渠道,包括广播、电视、报纸、杂志、书籍等大众传播媒介。①

在历数媒介概念变化的基础上,彼得斯提出许多自然物并非天然地、自动地成为媒介,而只是对某种特定的物种,以某种特定的方式,通过某种特定的技艺才能成为媒介,并将媒介视为自然和文化两者的拼接,即身体和技术的组合。②这样一来,媒介就转化为人类存在的环境,它就有一种可能性,甚至必然地框限了人们的生存状态,并使人类能为其所能为。 如水、火、空气、土地等自然元素及其所构成的自然环境,这些元素使生命成为可能,这些环境使一切生命特别是人类的生命有所依托,并且在此环境滋养和相互推动之下,孕育、创造出各种人工生命和新的环境,从而使自然与文化、人类与非人类、生者与死者以及其他所有一切,在相互交流的过程中传递必要的物质、能量、意义等,在相互绑定中共同生存。

媒介还是对文明秩序有着重要影响的各种器具。 从信息传播在不同历史阶段所倚重的媒介来看,人类利用自身的发声器官完成了第一次口头传播,利用手的描绘完成了第一次图画传播。 作为最基础的媒介,"人的身体并非独立存在,而是深植于一个巨大的网络之中,即每一个个体与其他人共享一个时间和空间,并与地球上的各种生命在经历亿万年风雨相携、同舟共济、协同进化之后才能达到如今的境况"。 基于此,无论媒介发展为"逻格斯域""文字域",抑或在 20 世纪称雄为霸的"视听域",乃至于在新媒介、新新媒介时代的任何一种"域",媒介仅从器具一维,即从思想的物流装置角度,对人类文明秩序的影响就不容小觑。 可以设想,若无古登堡发明的印刷机,马丁·路德用于宗教改革运动的传单、小册子的影响力所达之范围和威力就不可能如此广,印刷业等"启

---

① 约翰·杜海姆·彼得斯.奇云:媒介即存有[M].邓建国,译.上海:复旦大学出版社,2021:54-56.
② 约翰·杜海姆·彼得斯.奇云:媒介即存有[M].邓建国,译.上海:复旦大学出版社,2021:57.

蒙运动的生意"就不可能如火如荼地展开。唯有此，"启智"后的现代社会才能昂首阔步地一路前行。若无广播，现代人就无法体验远距离信息传送所形成的时空压缩感；若无电视，人间就少了集声、色、图、像为一体的娱乐宝贝；若无新媒体，再怎么巨大的社交平台也无法容纳在场具身传播的人体。

三、媒介变革的逻辑及其他

以时下媒介发展的具体状况观之，日新月异的信息传播手段和接收终端几乎是人们生活甚至身体的重要组成部分，使人类传播活动得以展开所凭借的媒介及其种群臻至空前。媒介融合是否为媒介变革逻辑的必然结果？

媒介的发展历史证明，媒介家族谱系中不断增加的新成员，使其借适应新形势而不断调整其媒介结构。以现代大众传播媒介为例，在读报率到达巅峰之后，电影以及随后出现的广播开始为人们提供阅读之外更广阔的信息选择空间。到了20世纪50年代之后，电视作为新的大众媒介兴起，在其点点光斑闪烁荧屏之际，也导致电影院观众锐减，听众和广播电波之间的关系也有渐行渐远之势。20世纪90年代，互联网崛起，大有一"网"打尽天下之势，地球瞬间成"村"，无论是鸡鸣犬吠之声还是黄钟大吕之音，均可以在分秒间引起瓦釜雷鸣。媒介的快速发展使媒介家族的新成员增补时间周期越来越短。新成员的跃然而出，难免让老面孔羞于示人。于是，有激进者断言，传统媒体尤其是以纸质媒体为代表的传统媒体的"死亡"时间为时不远，并言之凿凿为其定下"寿终正寝"的时间表。这些预见准确与否暂且不论，但明显的事实是，媒介领域正在进行新一轮洗牌，媒介结构面临重新调整：继报纸、电视这些龙头老大让出第一把交椅之后，基于互联网的新媒体集群已然占据鳌头。

当然，对任何媒介种类也需慎言生死。因为"迄今为止，还没有任何一种'前电视'（pre-television）媒介被认为是过时的，尽管我们不断听到所谓革命的宣言，称这场革命将扫除传统媒介生态圈中的大量生物，以及我们所熟知的，与之相伴而生的受众"。① 诚如丹尼斯·麦奎尔所言，人们仍在使用包括口头传播在内的最古老的传播方式，并且一往情深，至今保留不废。

但显而易见的事实是，受众注意力在不同媒介的时间分布上的变迁轨迹告诉人们新的媒介时代的到来。 媒介受众本身是多种因素综合作用的产物。 如19世纪30年代前后的西方世界，都市化程度较高，面向大众而廉价的传播技术供给，有限的媒介内容，垄断或集权所形成的社会集中化，以及个人接受信息的高成本等诸多要素综合作用才形成所谓现代意义上的大众受众。 但是，随着媒介生态的变化，处于不同生态位上的媒介作为整个媒介结构中的重要结构性要素，虽然不可或缺，而实际作用并非一直处于恒定状态。 从媒介发展史可以看出，新媒介的出现因天时地利造就，自然而然会吸引当时的大众受众。 在17至19世纪，报纸执掌媒介的天下，读者即当时的受众；美国广播也因"围炉夜话"在20世纪30年代资本主义世界经济大萧条时期创下收听奇迹；电视在20世纪50年代至90年代在家庭中占据重要的空间位置；及至20世纪90年代之后，互联网又将人们紧紧地拴在一起。 时下，人们惊呼"受众的终结"（end of the audience）。这一说法既可以视为受众概念建构方式的一种改变，也可以看作传播革命之产物。

在典型的媒介工业话语中，受众往往是基于某种共同阅、听兴趣和身份认同，人们可以自行组成。 今天，"无论是作为市场还是作为公众，'受众'（audience）这一概念已经不再由传统媒介工业或媒介源单方面进行界说"。② 仅就受众在不同媒介上所分配的注意力而言，传统媒体在当下的处境实在过于可怜。其实更关键的问题是，此受众已非彼受众。 从传统传播者眼中才能见到或抽象地构建出所谓的"受众"，在今天传播者视角向接收者视角转变的过程中，"受众"也必然走向终结。 如果在时下的社会环境、媒介技术与媒介结构互动背景

---

①丹尼斯·麦奎尔.受众分析[M].刘燕南,李颖,杨振荣,译.北京:中国人民大学出版社,2006:155 – 156.
②丹尼斯·麦奎尔.受众分析[M].刘燕南,李颖,杨振荣,译.北京:中国人民大学出版社,2006:156.

下寻找变化的原因就可以看出，将受众取而代之的将是下列角色当中的任何一个：搜寻者（seeker）、咨询者（consultant）、浏览者（browser）、反馈者（respondent）、对话者（interlocutor）、交谈者（conversationalist）。

　　受众的形成与建构不仅与具体的媒介种类相关，更取决于不同媒介所采用的传播方式。20世纪中期之前，居支配地位的大众传播过程是"中心——边缘"模式，即信息的流动由居于核心地位的信息高地扩散至信息边缘的低地空间，并形成典型的所谓"训示型"（Lesson type）传播模式，也可称之为从"一"到"多"模式。20世纪90年代之后，"训示型"模式被"咨询型"（consultative）和"互动型"（interactive）模式所补充或取代。信息传播的"咨询型"模式所概括的是：接收者决定自己所需要的信息内容和信息接受的时间、契机与空间维度，并且还会从媒介所提供的范围广泛的信息产品中寻找与选择自己最为中意的那一款信息产品。在"互动型"模式中，信息传播网络没有任何中心，信息通过广泛的延伸连接每一个进入网络系统中的传播主体或接受主体，信息传送者与接收者之间的互动、对话及交流变得稀松平常。

　　以上进行的媒介变革过程中的散点透视，涉及媒介种类的累积性增加与变化，受众在媒介种类与媒介结构变化过程中的伴随性变化——产生分化与终结，以及传播方式由垂直到扁平及至其"去中心化"的演进等。以此观之，能否得出媒介融合是媒介变革及其内在逻辑的必然结果呢？

　　当然不是。媒介变革及其内在逻辑只是媒介融合表象背后的多重性力量之一。关于媒介融合的运行逻辑问题，有青年学者针对我国媒介融合的具体实践提出：在我国，媒介融合受到政治、市场与技术三重逻辑的影响。三者既有各自的运行规则，也会以不同的组合方式在不同的历史阶段相互影响，以形成不同的媒介融合过程和结果。其中技术逻辑对政治逻辑产生了最直接的影响，而媒融合的效果则取决于政治逻辑和市场逻辑相互关系的调整。① 所言极是。 从前文所述可以看出,媒介融合之于中国当下的媒介结构而言,可以说是一种冲击性回应。 所谓冲击是由媒介变革及其内在逻辑本身所带来的。 媒介技术的发展,信息载体的变化,传播方式的优化,媒介结构的调整,媒介环境的重构等一系列变化,迫使媒介管理以及经营层面做出重大的战略改变。 对这一系列变化的"症候式"阅读可以发现,媒介系统在社会结构,特别是在现代社会结构中所处的位置、所扮演的角色以及发挥的功能与传统社会大不相同。 法国哲学家阿尔都塞有关意识形态国家机器的理论揭示了社会结构的构成:每个社会结构实为一座大厦,它有一个基础,它上面矗立着两"层"上层建筑,一是政治法律及其附属物,如政府、行政机构、军队、警察、法庭和监狱等,这通常被认为是一定社会统治中的国家机器;二是整个观念性的意识形态,它也是一种国家机器,与前者的异质性在于,前者是镇压性的、强制性的国家机器,而后者则是意识形态国家机器,它不单单是一种观念体系,同时也是一种以现实存在表现出来的非强制性国家机器。② 在意识形态国家机器的构成方面,包括各种教会体系的宗教,包括各种公立与私立学校体系的教育,包括文学、艺术、体育文化以及家庭、法律、政治等多种维度,其中由各种出版物、广播、电视等构成的传播体系被阿尔都塞视为传播的意识形态国家机器。 意识形态国家机器与强制性、镇压性国家机器不同,区别有四:一为数量,二为领域,三为作用方式,四为功能作用。 镇压性国家机器具有唯一性,意识形态国家机器则数量众多;镇压性国家机器针对的领域完全为公共领域,意识形态国家机器则多散布于私人领域;镇压性国家机器以暴力方式来产生作用,意识形态国家机器以意识形态的方式来产生作用,即常常用微弱的、隐蔽的,甚至是象征性的方式来行使其文化霸权,这也同时是一

---

① 郝建国.媒体融合的三重逻辑及其走向——以上海报业集团的组建实践为例[J].理论探索,2014(6):92-95.
② 张一兵.问题式、症候阅读与意识形态——关于阿尔都塞的一种文本学解读[M].北京:中央编译出版社,2003:161.

种功能上的异质性。阿尔都塞甚至断言:"任何一个阶级若不同时重视意识形态国家机器并在其中行使领导权,就不能长时期掌握政权。"①当然,在不同的历史时期,意识形态国家机器发挥作用的形式和机制是不同的。在现代资本主义社会,占据前台的资产阶级意识形态国家机器,特别是借助传播机器和广播电视每天向人们灌输某种观念的形式使人产生顺从。而且,"这种意识形态的发生就像是一台由资产阶级主办的音乐演奏会","这个音乐演奏就是当前统治阶级意识形态的乐谱"。②

阿尔都塞理论的时代背景是20世纪60年代末。时过境迁,时下的媒介格局与阿尔都塞当年的社会语境大为不同。但媒介系统在社会结构中所占据的意识形态高位却始终未变,并且其意识形态国家机器的功能定位也未见丝毫游移。正因为此,从社会管理层面就其所强调的社会整合功能而言,赢得、掌握甚至长久占有文化领导权是再自然不过的事情。更何况在新新媒介时代,③媒介赋权与赋能作用非比寻常,为了求得社会个体的高度整合,乃至社会共同体的形成,媒介整合乃至媒介融合就成为一种应对性策略,并在媒介发展的顶层设计中形成。

还有,生产媒介内容的媒介组织,是一个社会在与其自身沟通过程中的一个必要的联结与中介系统。作为在各种压力环境下的角色——媒介组织,与一般社会组织一样,按照其组织目标而言,自然也可分为功利性的组织与规范性的组织。媒介组织的功利性目标旨在为经济目的提供实物商品或服务,而规范性的目标则是提供某种价值观或取得有价值的状态。但是,单纯从分类的角度看媒介组织的位置是异常不确定的,理论上的划界往往难以廓清现实的复杂。从媒介组织的实践行为能看出,它们往往混合了功利与规范的运行目标与形式。换

---

① 阿图塞.列宁和哲学[M].杜章智,译.台北:远流出版事业股份有限公司,1990:167.
② 阿图塞.列宁和哲学[M].杜章智,译.台北:远流出版事业股份有限公司,1990:173-174.
③ 美国媒介理论家、科幻小说家、社会批评家、音乐人保罗·莱文森教授在《新新媒介》一书中对新新媒介有如下分类:按形态分为文字、音频、视听、图片;按新闻属性分为掘客网、维基网、博客网、推特网;按社交属性分为聚友网、优视网;按软件功能可分为一般系统和专用系统;按社会功能可分为政治媒介和娱乐媒介;按自主性和控制程度划分,新新媒介之间略有不同。

而言之，经济目标与价值目均在其追求之列，二者通吃双赢是媒介组织及其实践活动的不二法门。多数媒介组织按照企业运作且常常心怀"理想的"目标。所以，与社会管理层面对于媒介融合的策略性回应有所不同，媒介组织与机构面对媒介融合的挑战与机遇，除了"听将令"之外，更多的是考虑媒介作为生产媒介内容以及提供信息服务的企业，如何在当下及未来的市场中占得一席之地。

媒介组织的功利性目标将会引导媒介企业自觉地遵守并依据媒介市场的供求关系进行自由交换，从而调整社会资源的配置方式。所以，以近几年媒介融合初级阶段以及所形成的初级形态的媒介融合来看，媒介企业在其发展目标的设计中，将媒介融合愿景概括为观念融合、资本融合、生产方式融合、产品融合、渠道融合等一系列融合。如此一来，全方位刺激现有的媒介产品的生产机制、流通机制，以及媒介企业的运行机制与社会资源的调动与配给机制，就势在必行。可以预见，媒介融合的进行与完成将会引发何等壮观激烈的媒介市场竞争。

由此可见，媒介融合至少是在三种不同的逻辑支配下运行并最终完成，无论其融合形态以何种何样的面目来呈现。媒介企业所遵循的市场逻辑，社会管理层面对意识形态国家机器的管理与运行逻辑都将融入媒介自身的变革逻辑当中。换言之，媒介融合最终会是媒介变革逻辑的结果，这种结果更是永不停歇的媒介变革历程中的重要标识或里程碑。

早在20世纪80年代，美国马萨诸塞州理工大学的浦尔教授提出"媒介融合"（Media Convergence）的概念，指的是在媒介发展的未来将会呈现出多功能一体化的趋势。及至目前，学界和业界所言的"媒介融合"，一是指将不同的媒介形态"融合"在一起使其产生"质变"，以形成一种新的媒介形态，如电子杂志、博客新闻、手机新闻客户端等；二是指包括一切媒介及其有关要素的汇聚、结合，甚至融合，不仅包括媒介形态的融合，还包括媒介功能、传播手段、组织结构，甚至所有权等要素的融合。换而言之，媒介融合是信息传输渠道多元化下的新作业模式，是把报纸、广播、电视等传统媒体，与互联网、手机、手持智能终端等新兴媒体与传播通道有效结合起来，实现资源共享，信息集中处理并衍生出不同形式的信息产品，然后通过不同的平台传播给最广泛意义上的"个性化"受众。媒介融合看上去似乎很美，前景也广阔无限！

（一）媒介融合及其形态

媒介融合是信息技术迅速发展背景下的一种媒介发展新理念，是以互联网技术为基础的新媒介、新新媒介与传统媒介在媒介功能一体化目标下的有机整合，其"融合"形态大致从以下几个方面显现出来：

第一是媒介组织的融合。媒介融合首先表现为媒介组织的融合，这种融合往往依靠外部力量，如行政力量，使不同媒体组织之间相互结合成一个共同体。1996年，中国第一个报业集团——广州报业集团成立之后，许多报业集团、广电集团也纷纷成立。到20世纪末，中国境内先后成立了39家媒介集团。以行政命令推动所形成的媒介集团往往只是名义上的，是一种相对松散的媒介间的组合，常常处于各自为政的状态，没有形成有机分工、协同发展的态势，这可视为最初形态的媒介融合。

第二是媒介资本的融合。资本融合是利用资本这只"看不见的手"，使有实力的媒介组织与机构在资本市场上对其他媒介进行收购，或者两个媒介组织之间通过资本市场进行合并所形成的媒介间的融合。

第三是传播手段的融合。所谓传播手段的融合，一是指利用新技术改造传统媒体；二是指不同媒介利用各自的传播手段在一个更大的传播平台上进行整合，实现这些媒介之间新闻传播的资源共享以及内容产品的相互推销。

媒介发展的历史表明，传播技术发展的伴随性产物之一是媒介形态及其传播方式的变革。在当前的媒介社会，媒介本身的发展已经进入媒介融合时代。2004年，美国哥伦比亚大学新闻学研究院发表了关于新闻媒体的形势研究报告，报告将"融合"列为八大媒介发展趋势之一。与此同时，美国西北大学的李奇·高登（Rich Gordon）教授归纳了当时美国存在的五种"媒介融合"，分别为"所有权融合"（ownership convergence）：大型传媒集团拥有不同类型的媒介以实施这些媒介之间的内容资源共享和相互推销；"策略性融合"（tactical convergence）：所有权不同的媒介之间在内容上共享；"结构性融合"（structural convergence）：新闻采集与分配方式的融合；"信息采集融合"（information-gathering convergence）：新闻传播者以多媒体融合的新闻技能完成新闻信息的采集任务；"新闻表达融合"（storytelling or presentation convergence）：新闻传播者需要综合运用多媒体的工具与技能完成对新闻信息的表达。① 在我国，媒介融合也进入了新的发展阶段。2014年是我国媒介融合发展的"元年"，其主要标志是2014年8月18日，中央全面深化改革领导小组第四次会议审议通过了《关于推动传统媒体和新兴媒介融合发展的指导意见》。中央和地方主要新闻单位和媒体积极探索，深化媒体改革，不断推出传统媒体与新兴媒体在内容、渠道、平台、经营、管理等方面的"深度融合"。如果对我国媒介融合进行综合考察，可以看出一些颇有特色的发展与变化。

媒介融合以"阵地"意识为先导，在"顶层设计"的指导下，以重大项目的推进为发展新契机。2014年，中央推动传统媒体和新兴媒体的融合发展，是党中央着眼于巩固宣传思想文化阵地、壮大主流思想舆论提出的重大媒介发展战略。这种基于"阵地"意识而实施的重大战略部署，得到了中央与地方媒体的积极响应。中央新闻单位普遍成立了媒体融合领导小组，并由所在单位"一把手"兼任组长，在深入调查研究的基础上制定了本单位媒体融合发展的"顶层设计"，统一筹划媒体融合的重大项目建设。如人民日报社建立了传统媒体与新兴媒体融合发展办公会制度，制定了加快传统媒体与新兴媒体融合发展的工作方案，加速推进全媒体新闻平台、人民日报社数据中心、人民日报客户端等媒体融合发展的重大项目。新华社也加快建设在传统媒体与新媒体领域均占主导地位的国家通讯社，成立了新媒体中心，开设新媒体专线，打造新华社发布客户端集群，推出大型全媒体融合报道的新闻产品。光明日报社率先采用"融媒体"概

---

① 石长顺.媒介融合语境下新闻传播角色的重构[J].中州学刊,2010(6):251-253.

念，并于 2014 年 10 月成立"融媒体中心"，着力从理念、流程、技术、产品、人才、渠道、市场、资本等八个方面推进媒体融合发展。 中央电视台制定了《中央电视台新媒体顶层设计实施方案》，并于 2014 年底与中国移动签署合作协议，共建国家 4G 视频传播中心，以抢占移动互联网新入口和移动传播的制高点。 在媒体融合发展的过程中，地方媒体立足当地区域性现实，推出了媒体融合发展的总体规划。 上海市制定了《上海市主流媒体发展新媒体专项资金实施办法》，重庆市制定了《重庆媒体融合发展实施方案》，并对媒体融合发展目标、主要任务、保障措施、预算资金、专项资金支持等均有具体的安排。

可见，对传统媒体与新媒体的融合发展问题，从中央媒体到地方媒体都十分重视，并将其作为系统性工程来建设：从顶层设计、重大项目推进、保障性措施的落实等一系列具体环节，层层规划，有序推进，为媒介融合发展总目标的实现奠定了坚实的基础。

媒介融合发展中，"内容"依旧"为王"，创新报道形式的目的在于更好地拓展信息服务。 新媒体和传统媒体在对媒体融合发展的不断探索中所形成的共识是，新媒体冲击的是传播的物质载体，而内容则永远为"王"，是"硬通货"，是核心竞争力，是决定媒体生存与发展的关键。 以人民日报社为例，为了开发更加适应用户信息消费需求的新产品，人民日报社发挥自身深度报道、评论和理论等新闻信息生产优势，实现话语体系和内容建设融合，并将其作为媒体融合发展的重要任务。 人民日报官方微博一直坚守"权威声音、主流价值、清新表达"的内容定位，在网民中成功树立了"清新、温暖、正能量"的形象，赢得了约 1.39 亿粉丝的高度关注。[①] 人民日报客户端提出"做有品质的新闻"，设置"时局""时评""点赞中国"等栏目内容，向用户提供"有温度、有观点、有能量"的新闻和信息服务。 新华社全力打造媒体融合的新产品，突出新闻与创意，

[①]数据为人民日报官方微博截至 2021 年 10 月 19 日的粉丝量,https://www.weibo.com/rmrb? is_all = 1#_loginLayer_1633767643643.

系列首创新产品如《上海自贸区》《中国经济"新常态"》《三北造林记》等在网络上传播广泛,有效实现了新闻传播的社会价值。除此之外,光明都市传媒针对楼宇用户所设计的独特内容传播,湖南广电集团实施的芒果台"独播战略"等,都显示出全媒体时代"内容为王"的核心理念。与此同时,"内容为王"不单局限于新闻信息,媒体还将以用户为中心,提供满足用户对资讯、实用、社交和娱乐四大需求的有竞争力的内容产品。

推动传统媒体与新媒体的深度融合,还表现在媒体调整组织机构,优化采编流程等方面。媒体深度融合不仅在理念和内容生产上体现出来,对媒体组织机构的调整,对采编流程的重塑也是推动媒体深度融合的重要途径之一。在2015年"两会"期间,人民日报的全媒体平台——"中央厨房"正式亮相。"中央厨房"下设统筹推广组、内容定制组、可视化组,根据微博、微信、客户端、网站、报纸等不同种类媒介的传播特性,分三波进行报道,第一波"求快",第二波"求全",第三波"求深"。"中央厨房"的运作,彻底改变了人民日报以往以"版面"为主导的采编方式,将其变成了全媒体形态,实现了记者一次采集信息,"厨房"生产多种成品,渠道多元传播给用户,使新闻的综合生产力提高,传播效果显著。作为地方党报的广州日报通过中央编辑部整合集团资源,促进了新旧媒体的深度融合。中央编辑部由夜编中心、全媒体新闻中心、音视频部、大洋网、数字新闻实验室等部门组成,将报纸端的出版发布和各个新媒体端口发布统合在一起,有效整合了资源,优化了采编流程,打通了各个传播渠道,全面推动媒体深度融合发展。

技术力量是媒体融合发展的核心驱动力,媒体融合发展的技术支撑不断夯实。2014年以来,全媒体采编平台作为媒体融合的基础技术平台,得到了各新闻单位的高度重视。从中央到地方,各媒体集团在媒体融合发展过程中着力弥补原有技术短板,强化自身技术能力,以重点项目的形式推动全媒体采编系统、数据库、云平台、数据传输发布系统等的建设,吸收并采用大数据、云计算等前沿信息技术,改进内容生产传播。如中央人民广播电台建立了"中国广播云采编平台",有效连接全国广播电台从业人员和新闻采写资源,把四级办广播的资源分散劣势变成集聚优势,在台式机、笔记本、平板电脑、智能手机等多终端上实现了报题、选题、素材编辑、文稿撰写和审核的多元统一管理。 人民日报成立了媒体技术股份有限公司,负责"人民日报社全媒体新闻平台"项目的设计开发、实施运维,为人民日报媒体融合发展提供技术支撑和驱动。 新华社成立了"713实验室",主要工作内容是对云计算、大数据、内容聚合、移动互联网、多媒体内容检索、数据可视化、数字版权管理、宽带短波传输等关键性、瓶颈性技术和标准进行研究论证、测试、仿真和示范运行。 光明日报成立了"融媒体中心",将其作为报社媒体创新的技术平台、新媒体内容的加工基地,承担所有新媒体领域的技术支撑,并负责产品设计和市场对接。 光明日报还与微软公司合作,面向 skype 用户推送时光谱新闻服务,并推出了"媒体云",将微软先进的 Windows Azure 计算技术和光明日报的新闻传播经验结合起来,向广大媒体机构提供云计算服务。 中国日报社与中国科学院合作成立了新媒体联合实验室,基于大数据和云计算技术,建设中国日报的全球媒体云平台,在这个平台上构建面向全球的"融媒体"传播研究平台。 在媒体融合发展过程中,诸多信息领域的前沿技术已经广泛用于新闻报道实践中,如新华社发布客户端利用 LBS 智能定位技术,并引进吸收"用户画像"技术,根据读者兴趣自动匹配新闻,实现了新闻的精准推荐。

媒体融合带来机制与体制创新,更激活、优化了媒体的人才使用和培养机制。 复合型新闻传播人才是媒体竞争的核心要素,也是媒介人才培养的重要组成部分,媒体融合的发展趋势也倒逼着对这方面人才的需求有了进一步增长。

从 2014 年起,中央和地方主要新闻单位一方面吸引聚拢优秀外部人才,加大新兴媒体内容生产、技术研发、资本运作和经营管理人才的引进力度,另一方面创新机制体制激活优化内部人才,培养全媒体记者、全媒体编辑、全媒体管理者,有力地夯实了媒体融合发展的人才基础。 如中央电视台探索建立全媒体评价体系,为传统的收视率统计引入新媒体影响力评价机制。 自 2014 年起,央视的每周工作例会除通报前一周全台节目收视外，还对节目在新媒体上的表现进行通报。浙江报业集团出台了《互联网技术人员管理办法》，参照互联网企业对技术人员的职业发展管理实践，为技术人员晋升设计了技术通道、管理通道双向畅通的职业通道。在上海市委的支持下，上海报业集团实施了采编专业职务序列改革，通过建立首席记者、高级记者、资深记者等新闻采编业务序列，为好记者、好编辑提供了新的职业发展空间。在薪酬制度上，优秀记者和编辑的收入可以高于部门主任、副总编辑，甚至总编辑。全媒体人才培养、培训是各媒体推动融合发展的重要内容。通过进行互联网思维、前沿传媒技术、产品思维等培训，许多媒体正在逐步解决现有采编人员在移动互联网时代的认识转换、技能提升和信心重塑问题。光明日报在清华大学举办了全媒体管理高级研修班，邀请业界、学界专家围绕全媒体管理、社会化媒体运营、数据分析挖掘等开展讲学，有力促进了报社采编部门思想观念的转变，树立了采编人员推动媒体融合发展的自觉与自信。

经过多年的不懈努力，《媒体融合蓝皮书：中国媒体融合发展报告（2020）》显示，我国媒介融合的总体态势是"多级式融合发展渐入佳境，全媒体传播体系磅礴欲出"，并在新业绩方面呈现出"多级式融合之路目标清、方向明"且蹄疾步稳的特点，也面临着在移动互联时代主流媒体怎样持续领跑的新挑战；在可持续发展的新动能方面仍需坚定融合理念，并上下相应左右相接以求再出发。[①] 2023年7月21日，中国社会科学院新闻与传播研究所与社会科学文献出版社在江苏无锡共同发布了《新媒体蓝皮书：中国新媒体发展报告 No.14（2023）》。据《新民晚报》报道，蓝皮书全面分析中国新媒体的发展状况，解读新媒体发展的趋势，总结新媒体发展的问题，探析新媒体的深刻影响。蓝皮书指出，"我国网络和新媒体发展呈现出以下特点：数字中国战略持续赋能智慧城市建设与数字

---

① 北京市新闻工作者协会,梅宁华,支庭荣.媒体融合蓝皮书:中国媒体融合发展报告(2020)[M].北京:社会科学文献出版社,2020:1-35.

乡村规划，全媒体传播建设朝着体系化方向前进。数字经济效益不断增加，网络监管逐渐规范化、细节化。适老化媒体探索与未成年人入网问题成为新媒体关注要点。短视频行业持续发力，技术赋权媒体内容生产流程加速转型，元宇宙等新兴产业阵地成为新媒体争夺要塞。网络空间命运共同体理念不断深化，出版融合不断加深，Z世代群体深刻影响新媒体话语语态"。①

在这种总体发展态势当中，媒体融合转型仍停留在浅层。具体表现在："媒体市场竞争不断加剧，传媒生态也随着技术的发展与应用而产生巨大变化，我国传统主流媒体面临着转型发展压力。这一压力体现在媒体转型的行动深度上，2014年媒体融合上升为国家战略伊始，媒体融合转型在体制机制与持续发展方面就投入了较大精力予以探索，然而诸多媒体单位并未抓住转型发展的战略机遇期，媒体发展陷入'原地踏步'的平台期。"②对此，蓝皮书认为，"媒体融合纵深发展要求整合大部分资源进行建设，这就需要各级媒体果断进行体制机制创新，避免融合发展出现'尾大不掉'的问题"。③可见，媒体融合非一日之功，近十年迈步仍原地踏步于平台期。

事实上，传统媒体和新媒体的融合发展是系统性、综合性、全新性的媒介发展新阶段。媒体融合所带来的不仅是简单的媒体发展观念层面的变化，更是媒介形态、采编流程、管理机制、服务内容、技术推进、人才培养等多层次、复合型的媒介变革。

（二）媒介融合：新的媒介域？

媒介融合仍在路上，有许多未知数依然在等待现实的媒介融合实践给出准确

---

① 杜雨敖. 新媒体蓝皮书2023版今发布［EB/OL］.（2023－07－21）［2023－09－22］https://baijiahao.baidu.com/s？id=1772030098486658875&wfr=spider&for=pc.
② 杜雨敖. 新媒体蓝皮书2023版今发布［EB/OL］.（2023－07－21）［2023－09－22］https://baijiahao.baidu.com/s？id=1772030098486658875&wfr=spider&for=pc.
③ 杜雨敖. 新媒体蓝皮书2023版今发布［EB/OL］.（2023－07－21）［2023－09－22］https://baijiahao.baidu.com/s？id=1772030098486658875&wfr=spider&for=pc.

的答案。即便如此,有些问题仍显得极为迫切,比如媒介融合到一定的成熟状态将会给人类社会带来什么?

如果将此问题放置到媒介学的视域之下,也许在一定层面能提供一些有思考价值的答案。对于媒介学,法国思想家雷吉斯·德布雷指出:"媒介学的目的是通过一种思想运行的物流方式,来澄清这个挥之不去无法判定的决定性问题……这在作家、人种学家和伦理学家的思维格式当中往往被定义为'词语的权力''象征权力'或'思想在历史中的角色'……媒介学自认为是媒介化的学问,通过这些媒介化,一个观念成为物质力量,而我们的媒体只是这些媒介化当中一种特殊的、后来的和具有侵略性的延伸。"①雷吉斯提出媒介学概念的知识意图相当明确,媒介学欲探明的问题是思想的物流方式,以及观念如何成为一种物质力量。为此他将文字、印刷、视听等不同历史发展阶段的主导性的思想观念的物流方式概括为"逻各斯域""书写域"和"图像域",并分别对应"历史集团内在的和不变的组织功能和规范""相继出现的与之对应的机关和形式"等诸多维度。②雷吉斯的媒介学思想既不同于媒介发展史,更有异于新闻学与传播学对于媒介的认识与理解,其明确而犀利的知识意图为当下媒介融合问题的思考提供了新的视界。

首先,媒介融合从信息模具而言,是否有别于以往。如果仅就信息传播而言,作为思维者的传播主体与传播客体之间都需借助于一定的物质材料作为载体,使主客体二者之间形成一个界面,从而使信息能够顺利传递。界面的差异不仅意味着媒介种类的不同或媒介的更替,甚至是媒介变革,更意味着一个独立信息的再生产。马歇尔·麦克卢汉所言的"媒介即讯息"强调的就是随着媒介变化而来的所有一切本身,就是极为重要的信息。以时下的媒介融合形式之一"中央厨房"为例,信息搜集者将有用的信息收集并输送到"中央厨房","信

---

① 雷吉斯·德布雷.普通媒介学教程[M].陈卫星,王杨,译.北京:清华大学出版社,2014:3.
② 雷吉斯·德布雷.普通媒介学教程[M].陈卫星,王杨,译.北京:清华大学出版社,2014:456-457.

息厨师"们将其按照接受主体的口味加工成不同类型的信息产品,然后从不同的信息渠道输送。这种统一原材料、统一加工、统一配送的方式是时下媒介融合阶段主要的信息流通方式。单看此种信息流通方式颇为"高大上":一切都是统一的。继而检视就会发现,这种"统一"背后所隐藏的是话语体系和话语模式的深刻变化。与以往惯常形态下的媒介所不同的是,"独白"或"单口相声"般的媒介话语模式及其所形成的话语体系,将会形成"媒介大合唱",共腔、共声、共韵的大合唱其声势自然威武雄壮,其威力无远弗届。

其次,媒介融合从信息运动的时空维度而言,是否有别于以往。信息运动的最终成果评价往往从两个维度展开,一为空间维度,二为时间维度。"一个媒介域组织了一个特殊的空间/时间组合,也就是说,它的特点表现为技术上被决定,但在社会上和知识上有决定作用的一个速度体制。"[1]媒介域的速度体制说明的是在单位时间内信息运动的空间范围。以现有的媒介融合而言,信息运动的高度"统一",使其传播的目的、传播方式与欲达到的传播效力基本锚定在最广泛意义的空间维度,并且力求在最短的时间限度内达到。此外,从真正意义上信息运动的时间维度而言,媒介融合讲求的不仅仅是传播,更有传递,即"其中不仅包含着基于技术平台的物质性流动过程,而且强调思维主体和物质客体的平衡关系。同时,在这个过程中,具体的传播主体和传播客体的界面差异意味着一个独立的信息再生产"。[2]媒介融合所代表的"媒介大合唱"话语模式和话语体系也将会在差异的时间流程中产生出累积性效果。

还有,媒介融合从媒介高社会功能角度而言,是否有别于以往。媒介功能一般是指媒介及其所有形式在一个长时间范围内的活动,以及人们在媒介使用过程中潜移默化所带来的精神行为等方面的影响。与新闻学或传播学提及的媒介功能不同的是,媒介学之于媒介功能的考察在于信息传递中的高社会功能,即思

---

[1] 雷吉斯·德布雷.普通媒介学教程[M].陈卫星,王杨,译.北京:清华大学出版社,2014:7.
[2] 雷吉斯·德布雷.普通媒介学教程[M].陈卫星,王杨,译.北京:清华大学出版社,2014:7.

考媒介如何运载信息，特别是一定社会中的宗教、政治、意识形态和思想态度等和技术结构的关系。就现有的媒介融合形态而言，其技术结构无论在信息的记录与呈现方式，信息解码的各种接收方式，用于信息扩散手段的设施与实物等技术配置方面，还是在信息运动的制度、语言以及仪式创建与运用等有机配置方面都可说是"顶级配置"。以此来考量媒介的高社会功能，媒介融合将会是象征性效力流布的强有力的物质性力量。

在此还需强调：媒介融合以及媒介融合至何种形态仍然是且行且有待观察的问题，过早地下结论将会犯知识性错误。但是，通过对媒介融合阶段性过程与结果的观察，透视媒介融合的媒介变革逻辑与意识形态逻辑以及市场逻辑的缠绕本为题中之义。更有必要思考的是，从媒介学而言，媒介融合及其最后完成不仅仅是媒介形态的变化这一简单的命题，而是这样的信息模具，或者一个新的媒介域的形成将会给人类的未来带来何种意义。

第四章 媒介技术及其装置的文化关照

启蒙运动以来，人类在宣布"上帝死了"之后极力寻找自身的存在及其存在方式的稳定根基。在不断地确证自身的过程中，技术理性不仅成为人类理性的重要组成部分，而且在相应的实践领域中见证了人的本质力量对象化，并最大限度地改善了人类生存的自然境遇。但是，技术理性的膨胀所带来的技术肆虐也为人类及其生存环境带来空前的灾难。故而，以技术为关注对象的思考从未停止过，人们对此问题的思考以及形成的成果不断地被列入思想史的宏伟殿堂。

在当下人们所称的后工业时代，媒介也借力科学技术日新月异的发展，逐步成为强大的信息装置和意识形态国家机器，在社会的政治、经济和文化等实践活动中占据重要的地位。既如此，对媒介技术及其运行逻辑的思考就变得极为重要。当然，关注此问题的视角多种多样，将媒介技术问题置于媒介文化视域的关照之下，以文化哲学的思想框架来观测并分析其中的奥赜。这是因为，媒介文化是媒介及其表征系统的统一。媒介既是表征系统的载体也是其传播运行的渠道，它决定了表征系统的装置和思想的物流方式；作为媒介文化构成要素的表征系统，它是以一定的方式，呈现一定体系的符号建构物，是人类心灵活动的象征物，也是其标识之一。以此框定对媒介技术的思考范围，一是显得研究对象较为集中,二是防止其漫漶无边。

一、媒介链及其对媒介结构的影响

从莎草纸到互联网,几千年来媒介演化的漫长历史表明,任何一种媒介的产生与发展无不以当时的技术水平为基础条件。无论是媒介的渐变式改进与改良,还是推陈出新式的媒介变革,都是在科学技术的推动或牵引之下得以完成。可以说,科学技术的发展与应用是孕育与催生新型媒介的先导力量。

媒介技术不仅持续地改变着媒介的存在形态,还不断使媒介家族谱系中增加新的成员,并且使它们形成一定系统的"媒介链"。以传统的报纸媒介为考察对象,梳理其发展的大致历程就可以看出,从早期的书信新闻、手抄新闻、活页小报、小册子、年鉴、非定期出版报纸为主要存世形态,到17世纪逐步转化为月报、周报、日报为信息发布周期的定期出版的报纸,时至今天的每日早报、晚报、电子报以及数字报,纸质新闻媒介的具体形态在不断转化,新闻信息的传播周期也逐渐缩短,传播的速度日益加快,传播的范围也在不断扩大。这一切渐变改良式的进步背后,是以造纸技术、印刷技术、通信技术、交通技术、城市建造技术等综合而成的媒介技术提升所造就的成果。

如果说单一种类新闻媒介的多形态发展是不同技术共同促动的结果,那么现如今,口头媒介、印刷媒介、电子媒介和网络媒介等多种类媒介共存于世并呈迭代发展之势,如无强大的媒介技术作为支撑是绝无可能实现的。加拿大物理学家、传播学家罗伯特·洛根在论及技术与媒介形态之间的关系时认为:"技术和媒介从一种形式演化为另一种形式,媒介是人体的延伸,这两个论断衍生出串联技术或串联媒介的观念。比如,印刷书是书面词的延伸,书面词是口语词的延伸,口语词是心灵过程的延伸。如此,我们看到一连串的媒介:从思想到口语词,到书面词,再到印刷词。我们甚至可以在延伸这一连串媒介的过程中将图书馆也包括进去,而图书馆的内容是书籍和杂志,所以图书馆就是印刷词的延伸。"①洛根所言极是,他的思想观点告诉人们,每一种媒介形态或大或小的变化都发生在媒介链的某一具体关键点上,并以重要环节承续于前后媒介的链接之间。当然,这个关键点的出现一定与当时的技术积累和转化有密切的关系。与此同时,"媒介链"的形式也可视为麦克卢汉媒介定律的形象演绎,如电子媒介:它们提升了大众传媒;使印刷机过时;再现了口语文化;逆转为互动式的数字新媒介;又如数字新媒介:它们提升了互动性、信息存取和双向传播;使大众媒介过时;再现了社群;逆转为超现实。能否将媒介定律看作技术定律的媒介演绎?此处,洛根最想提醒人们认识到媒介的发展显逻辑的背后是技术发展的潜逻辑。

  显在的媒介形态以及媒介链不断变化的同时,也会为满足受众新的信息需求,并加快适应变化了的信息传播形势而不断调整其媒介结构。现代意义上的大众传播媒介出现之后,在读报成为黑格尔所说的现代人的"早祷"之后没多久,电影以及电影院成为人们劳作之余休闲娱乐的新时尚和新空间;紧随其后出现的广播又为人们提供阅读和观看之外更为广阔的信息选择空间。20 世纪50 年代之后,电视作为新的大众媒介,因其集视、听为一体,并能为人们提供自然节奏、现实生活情状而逐步跃上媒介老大的位置。在电视点点光斑闪烁荧屏之际,电影观众有了可替代性选择,录像带租赁业务风生水起;听众和广播电波之间的关系维系在汽车等快速移动的交通工具和不易观看之地,如田间地头。20 世纪90 年代,互联网崛起,其发展呈一日千里之势,大有一"网"打尽天下的气概。地球瞬间成"村",你我以世界公民的身份分享着"村民"的荣耀。在"我们村",无论是鸡鸣犬吠之声,还是黄钟大吕之音均可以在分秒间引起众声喧哗。足见,媒介对技术力量的利用与转化,不仅对单一种类的媒介在信息传播的速度与质量提升方面有促进作用,还表现为整个媒介家族新成员增补时间周

---

①罗伯特·洛根.理解新媒介——延伸麦克卢汉[M].何道宽,译.上海:复旦大学出版社,2016:78.

期越来越短，也使得新老媒介成员间形成的行业内竞争空前激烈。新媒体的出现加速传统媒介的衰老甚至死亡，媒介领域进行一轮又一轮重新洗牌。

为此，作为一个整体，媒介领域的内部结构不得不重新调整：继报纸、电视这些龙头老大让出第一把交椅之后，基于互联网的新媒介以及新新媒介集群已占据鳌头。21世纪的第二个十年刚过，来自《2021中国互联网络发展状况统计报告》的基础数据显示：截至2021年6月，我国网民总体规模超过10亿，互联网普及率达71.6%。从具体统计数据来看，我国IPv6地址数量达62 023块/32，移动电话基站总数达948万个；光纤宽带用户占比提升至94%，固定宽带端到端用户体验速度达到51.2Mbps，移动网络速率在全球139个国家和地区中排名第4位；5G标准必要专利声明数量占比超过38%，5G应用创新案例已超过9000个，5G正快速融入千行百业；工业互联网平台体系基本形成，具有一定行业和区域影响力的工业互联网平台超过100家，连接设备数超过了7000万台（套），工业APP超过59万个，"5G+工业互联网"在建项目已超过1500个，覆盖20余个国民经济重要行业。①十亿用户接入互联网，形成了全球最为庞大、生机勃勃的数字社会，庞大的网民规模为推动我国经济高质量发展提供强大的内生动力。近两年来，网民人数增速放慢，新的报告也对网络基础建设的发展轻描淡写。这说明，现阶段媒介的基础设施建设基本完成，可以满足人们多方面的需求。而且，在近十年的媒介融合过程中，需要对那些资源消耗大、传播手段落后、传播效果不尽如人意的媒体实行"关停并转"。可以看出，在媒介发展的技术升级以及媒介结构调整等这一系列操作的背后，不仅仅暗含着媒介受众注意力的转移，而且是媒介内容多元化生产能力的逐步提升，传播技术供给能力的日渐增强，信息接收个体接受信息所耗费成本降低等综合性变化。还有，随着媒介结构的调整，媒介生态也呈非恒定化状态，处于不同生态位上的媒介作为整个媒介结构中

---

① CNNIC.第48次《中国互联网络发展状况统计报告》[EB/OL].(2021-08-27)[2023-09-22]https：//www.cnnic.cn/n4/2022/0401/c136-5299.html.

的重要结构性要素,其地位与实际作用变动不居。

这些都说明,媒介结构的调整实际是媒介场域内外竞争的阶段性态势及其沉淀的结果。以法国社会学家彼埃尔·布尔迪厄的"场域"观念来看,"场域"这个理解社会结构的"开放和封闭"的空间模型,包含着社会组织、机构和实践特征的无穷层面。英国文化学家安吉拉·麦克罗比对"场域"观念进行评价时认为:"场域限制着、管理着、协调着发生在场域框架之内的那种实践活动。社会群体被组织在这些场域之内。当亚群体的人们为了更高的地位而奋斗的时候,他们也要在场域内部寻找到一个位置并获得承认。"①作为空间模式的"场域"既可以诠释共时的社会组织、机构和实践特征,也可以分析历时的社会组织、机构和实践特征。从媒介发展的历史可以看出,媒介场域中新媒介的出现,因其天时地利恰逢其时,自然而然会吸引当时的大量受众。17至19世纪,报纸在媒介场域中掌管天下,读者的"眼球"是媒介争取的重要资源。19世纪40年代左右出现的大众化报纸,为了在当时的媒介场域中占领高地并争得更大的发展空间,甚至用上了"黄色新闻"的竞争手段;20世纪40年代,英国的广播因"围炉夜话"在第二次世界大战中创下收听神话,并成为媒介场域中的佼佼者;电视在20世纪50年代至90年代在家庭中占据重要的空间位置,甚至因观看电视而形成新的家庭成员间以及社会交往的政治关系,诸如性别、长幼、内外、主客、亲疏等。在当时的媒介场域中,别无其他媒介与电视一争高下;及至20世纪90年代之后,互联网又将网民紧紧地拴在一起,受众终因传受角色一体化或传受角色互换而终结,与受众终结呼声相对应的是网络媒介集群称霸当下媒介场域的时代来到了。

从历时与共时媒介场域交互观察可知,媒介要在当时的媒介场域中赢得优势地位,以及观者要在其所处的社会群体获得优位感,经济资本、以技术为代表的文化资本、社会资本等必须鼎立其间。而且,这些资本的作用一定程度上还需

---

①安吉拉·麦克罗比.文化研究的用途[M].李庆本,译.北京:北京大学出版社,2007:164.

"集束",合力而为才能成就这类媒介的时代光辉。 不同形态的媒介在历时的媒介场域中的霸主地位,也可以看作传播技术革命的产物。

二、媒介技术的牵引力

媒介形态与结构的变化关涉的不只是媒介领域自身的运作与发展问题,它往往是作为媒介系统有机地嵌入人类社会运行的大系统中来发挥其功能,并作为人类文明程度观测点而受到人们的普遍重视。 当然,以此观测点来检视媒介技术逻辑的推动力,可以清晰辨识二者之间的密切关系。 加拿大经济史学家、传播学家哈罗德·伊尼斯研究媒介的时间偏向与空间偏向之后得出这样的结论:"罗马帝国的官僚体制,是依赖羊皮纸卷的必然结果。 但是,帝国的稳定有一个前提:官僚体制要和宗教组织融合,而宗教组织又依赖羊皮纸。 国家的官僚体制倚重空间,忽略时间。 相反,宗教却倚重时间,忽略空间。 西方羊皮纸的主导地位,使时间的重要性增加了。 建立在羊皮纸上的知识垄断诱发新媒介,比如纸的竞争。"[1]羊皮虽小,成"纸"即大。 羊皮纸质地结实耐久且轻便易携,克服了信息储存的占地空间与信息传播空间的障碍,和以往的媒介,如石头、泥板等相比拥有绝对优势,这一等级的媒介与罗马帝国的空间扩张相得益彰;羊皮纸品质优良、贵重且价高难得,使信息传播的接收者范围受到限制,就必然形成一定程度的知识或信息垄断,拥有此媒介者必然掌控一定程度上的权力。 伊尼斯的研究结论告诉了人们一个难以想象的问题:媒介及其符号系统不仅仅是人类文明的镜像式的反映,它本身就是人类文明的重要构成因素之一。 对此,"媒介信使"马歇尔·麦克卢汉有另一种说明:媒介作为人体的延伸,其本身就是信息。 "任何媒介对个人和社会的影响,都是由于新的尺度产生的;我们的任何一种延

---

[1]哈罗德·伊尼斯.帝国与传媒[M].何道宽,译.北京:中国人民大学出版社,2003:142.

伸或者任何一种新的技术,都要在我们的事物中引进一种新的尺度。"①以新尺度来反观媒介可以看到,在以拟口语和口语传播媒介为主导的历史时期,这种尺度就是以我为媒。这时候,作为个体或群体的人,其生存实践活动半径通常是人力所到达的极限,人类社会处于原始部落化时代;书写媒介的出现,因其可携带的便捷性,人们对信息的获取挣脱了对时间和空间同一性的依赖,使人脱离了部落化的同时,也使人类单一的生存实践活动提升为多向度的社会实践活动;印刷技术发明的结果是:"印刷机的数量迅速增加,到1500年,大约1000架印刷机在欧洲250个大小城镇轰鸣,总共印了大约1000万册书。古登堡印刷机的发明意味着思想可以比过去任何时候都更加迅速地得到复制和传播。"②借助于古登堡机械印刷机印制的《圣经》,欧洲展开了空前的思想改革运动——马丁·路德的宗教改革。信众原有的信上帝的问题转化为如何信上帝,个体人在此方式转化中立于何地？这一切将为人类宣布"上帝之死"奠定坚实的思想基础,也为真正意义上人的出现划定了明确的时间界限。更进一步,作为人类神经系统的延伸电力媒介的诞生,使"机械形式转向瞬息万里的电力形式,这种加速度使外向爆炸逆转为内向爆炸。在当前的电力时代中,世界内向爆炸或紧缩而产生的能量,与过去的扩张的、传统的组织模式发生了冲突"。③在此所言的世界内向爆炸或紧缩,是指电力媒介穿越一切障碍的高速的信息运载和传播方式转化为一种能量,它能消除人际组合的时间差异与空间差异,迅速而经常地营造了一个相互作用的,所有人必须参与其间的事件的整体场。这个内向爆炸或紧缩的世界就是现在的人们置身于其间的世界——地球村。麦克卢汉也为此感慨:人类社会重新进入了新的部落化时代。时下,数字媒体引发的"内爆"效应更加明显,人们普遍更能感受到时空的"塌缩"以及加速社会的到来。

  当然,言及媒介发展与人类社会文明形态之间的关联,无论是伊尼斯、麦克

---

①马歇尔·麦克卢汉.理解媒介——论人的延伸[M].何道宽,译.北京:商务印书馆,2000:33.
②汤姆·斯丹迪奇.从莎草纸到互联网:社交媒体2000年[M].林华,译.北京:中信出版社,2015:77.
③马歇尔·麦克卢汉.理解媒介——论人的延伸[M].何道宽,译.北京:商务印书馆,2000:67.

卢汉，还是其他媒介思想家均表示，媒介在其中只起到推进器与加速器的作用。发现与锚定社会变化与发展的主动力是一个永久开放的论域，未来的人们大可智者见智地给定相应的答案。

从微观的媒介形态变化，媒介种类的增加，媒介链的形成到宏观的媒介结构调整，及其导致媒介间的相互竞争和媒介场域中优势地位的获得，乃至于媒介与人类文明形态之间的互动关系，莫不窥见技术及其装置力量的强大。在一定意义上，技术逻辑之于媒介发展，之于媒介文化，之于媒介社会恐怕不只是加速器和推进的力量，更应该将其视为一种重要的牵引力量。

从当下时代的媒介发展来看，媒介结构调整从两个方向上显示出较为清晰的路径。一是媒介融合，这是业界、学界与政界达成的广泛共识；二是媒介分散，表现为民间自媒体的野蛮式增长，和运行过程中各出奇招所营造的媒介景观的繁星灿烂。媒介结构调整路径的角力，不仅关乎媒介场域中主导地位的获得，更涉及获得话语权，甚至掌控话语权等重要的现实问题。关于媒介融合的运行逻辑问题，前文也提到有青年学者针对媒介融合的现实境况以及其具体实践的融合，我国从 2014 年开启的媒介融合之路，受到政治、市场与技术三重逻辑的影响。三者既有各自的运行规则，也会以不同的组合方式在不同的媒介融合历史阶段相互影响，以形成不同的媒介融合过程和结果。其中技术逻辑对政治逻辑产生了最直接的影响，而媒介融合的效果则取决于政治逻辑和市场逻辑相互关系的调整。①此言不谬。媒介融合之路对于中国当下现有的媒介结构及其所营造的媒介情境而言，可以说是一种冲击性回应：媒介技术的极速发展，信息载体的累积性增加，传播方式的不断优化，媒介结构的全面调整，媒介环境的不断重构等一系列变化，以及与社会发展相互协调等问题，迫使媒介管理以及经营层面做出重大的战略调整。对这一系列变化深度透视后可以发现，因媒介系统在整个

---

① 郝建国.媒体融合的三重逻辑及其走向——以上海报业集团的组建实践为例[J].理论探索,2014(6):92-95.

社会结构,特别是在现代社会结构中所处的位置、所扮演的角色以及发挥的功能与传统社会大不相同,所以媒介融合至少是在政治、经济与媒介自身三种不同的逻辑联合支配下才能有效运行。 其中,媒介技术及其运行逻辑不只是一种倒逼性力量,更在于其强大的构建能力,关涉到思想运行的物流形式。

三、媒介技术与思想的物流形式

法国思想家雷吉斯·德布雷指出:"通过媒介化,一个观念成为物质力量,而我们的媒体只是这些媒介化当中一种特殊的、后来的和具有侵略性的延伸。"①雷吉斯的见识超俗拔尘,他之所以构建起宏大的"媒介学"理论框架,其知识意图欲以探明思想的物流方式,以及观念如何成为一种物质力量。 他将文字、印刷、视听等不同历史发展阶段的主导性的思想观念的物流方式概括为"逻各斯域""书写域"和"图像域",并分别对应"历史集团内在的和不变的组织功能和规范""相继出现的与之对应的机关和形式"等多种维度予以说明。以时下的媒介融合重要形式之一"中央厨房"为例,或许可以透视这一信息物流形式的奥秘。 "中央厨房"是媒介融合顶层设计的现实模板,它视媒介的功能观念为先导,以强大行政力量为推手,以雄厚的经济资本为基础,以先进的媒介技术为手段,强力打造出具有样板性的"信息模具"。 机构内外的信息搜集者将自认为有用的信息收集,并以"上传"的形式输送到"中央厨房"。 "信息厨师"们会按照传播主体的传播意图,以接受主体的"口味"加工成不同类型的信息产品,然后从不同的信息渠道输送。 这种统一原材料、统一加工、统一配送的方式是时下媒介融合阶段主要的信息流通方式。 此种信息加工、流通方式颇为"高大上":一切都是统一的。 仔细思考后就会发现,媒介技术营造的以"统一"为标识的"信息模具"背后所隐藏的是话语体系和话语模式的深刻变化:与往常形

---

①雷吉斯·德布雷.普通媒介学教程[M].陈卫星,王杨,译.北京:清华大学出版社,2014:3.

态下的媒介"独白"或"单口相声"般的媒介话语模式及其所形成的话语体系不同的是，此"信息模具"的媒介话语模式是"媒介大合唱"，媒介话语体系将以"媒介合唱团"的形式显示出来。大合唱的声势自然威武雄壮，其威力或达无边。

媒介技术不仅能缔造"信息模具"以决定思想的物流形式，更是拓展信息运动的时空维度的重要力量。与以往的信息传播效果测评标准一致，信息运动的最终成果评价往往从两个维度展开，一为空间维度，二为时间维度。"一个媒介域组织了一个特殊的空间—时间组合，也就是说，它的特点表现为技术上被决定但在社会上和知识上有决定作用的一个速度体制。"①"信息模具"的速度体制说明的是在单位时间内信息运动的空间范围。"中央厨房"式的媒介融合不仅要求信息运动的高度"统一"，也欲使其传播效力在最短的时间限度内达到最广泛意义的空间维度。此外，从真正意义上信息运动的时间维度而言，媒介融合讲求的不仅仅是传播，更有传递，即"其中不仅包含着基于技术平台的物质性流动过程，而且强调思维主体和物质客体的平衡关系。同时，在这个过程中，具体的传播主体和传播客体的界面差异意味着一个独立的信息再生产"。② 媒介融合所代表的"媒介大合唱"话语模式和话语体系也将会在差异的时间流程中产生出累积性效果。

这样就关系到媒介的高社会功能，即媒介在相对长时间范围内所有形式的活动，以及在人们使用媒介的过程中所带来的潜移默化的精神行为等方面的影响。与新闻学或传播学提及的媒介功能相区别的是，媒介学视域下的媒介功能在于考察信息传递中的高社会功能，即思考媒介如何运载信息，特别是一定社会中的宗教、政治、意识形态和思想态度等和技术结构的关系。就现阶段的媒介融合形态而言，其技术结构无论在信息的记录与呈现方式，信息接收的各种解码方式，

---

①雷吉斯·德布雷.普通媒介学教程[M].陈卫星,王杨,译.北京:清华大学出版社,2014:272-273.
②雷吉斯·德布雷.普通媒介学教程[M].陈卫星,王杨,译.北京:清华大学出版社,2014:7.

用于信息扩散手段的设施与实物等技术配置方面,还是在信息运动的制度、语言以及仪式创建与运用等有机配置方面都可以说是"顶级配置"。 以此来考量媒介的高社会功能,媒介融合将会是象征性效力流布的强有力的物质性力量。

即便如此,人们更倾向于将"中央厨房"式的信息模具视为一个"媒介平台",属于媒介融合的初级阶段,与海外科技公司进军新闻传媒业并重构新闻传媒生态相比,简直就是小儿科。 2015 年以来,海外互联网公司如谷歌、推特、脸谱、苹果等在新闻信息传播等方面有不少创新之举,如重视用户体验、实现个性化阅读、强化内容整合、增进报道深度等。 由此可以推断"媒介平台"正在进行华丽转身,成为"平台媒介",显示了科技公司向媒体平台升级,传媒融合转型展现了新路径。[①] 媒介平台的转化,媒介业态的升级,媒介生态的重构,这一切可谓破茧成蝶。 在一连串"化蝶"的过程中,留下的是科技公司冲锋陷阵的身影。 如果"平台媒介"真如其所言,信息可随意索取、随意加工、随意整合、随意传播、随意交换、随意互动的话,技术才能在真正意义上实现"赋权"。 这样,至少在以下三个层面体现媒介用户的价值:一是媒介使用者能够建构自己的"信息模具",真正掌控其思想流动的物流形式;二是媒介的使用者相互间的有效互动决定其"信息模具"的速度体制与时空范围;三是媒介使用者主动促使其媒介实现高社会功能。

至此,似乎真正理解了洛根对媒介与技术的看法。 这位媒介环境学派的第二代重要人物,在谈到技术与媒介的关系时认为:"媒介、技术和工具都是近义词。 在某种程度上,一种媒介就是一种技术或工具。 技术不仅包括硬件,如机器,而且包括一切形式的传播和信息处理,包括言语、文字、数学、计算和互联网语言。 所以,媒介、语言和技术的区分是人为区分。"[②]的确如此。 从媒介发展的漫长历史中可以发现,媒介与技术的关系不是如影相随,而是犹如洛根所

[①] 张志安,曾子瑾. 从"媒体平台"到"平台媒体"——海外互联网巨头的新闻创新及启示[J]. 新闻记者, 2016(1):21.
[②] 罗伯特·洛根. 理解新媒介——延伸麦克卢汉[M]. 何道宽,译. 上海:复旦大学出版社,2016:9.

言，是近义词。区分媒介及其表征系统与技术，纯粹是人的行为。那么，这是否又是技术决定论的老腔调呢？并无此意！媒介技术不是一切，它由其使用主体所指令、所掌控，它的使用方向、使用深度、使用意义均由使用主体的认识来把控。故而，建构何种信息模具，信息与思想以何种物流方式运行仍然是人的实践行动及其结果。不能忽略的是，技术自有其运行的逻辑，或显于媒介，或隐于媒介，始终是信息模具建构和思想物流形式的重要手段。

第五章　作为人类实践理性"象征"的媒介文化

自古及今，媒介总是以自己特有的方式自洽于当时的社会历史文化发展水平。对于媒介的发展演化过程及其历史分期，媒介史学家们自是众议滔滔，但被普通接受的说法是"四期说"，即麦克卢汉所提出的媒介发展的口语时代、文字时代、印刷时代和电子时代。这也是媒介环境学派早期成员们在追随麦氏观点并逐步达成的共识。及至尼尔·波兹曼，他以媒介本身尤其是媒介技术反观人类文化，并将其划分为工具使用文化、技术统治文化和技术垄断文化三个阶段，此三阶段又分别对应三种人类文化类型之工具使用文化类型、技术统治文化类型和技术垄断文化类型。[①] 1997 年，波兹曼的学生保罗·莱文森出版了被誉为媒介革命史巨著的《软利器：信息革命的自然历史与未来》，在描绘和论述媒介演化史的同时，细致描述、深刻阐发并发扬光大了其先辈诸人的媒介史分期思想，考察了口语、录制文字、拼音文字、印刷媒介、电报、电话、电光灯等光化学媒介，广播、电影、电视等电子媒介以及写作文字、在线作者、超文本作者等

---
① 马歇尔·麦克卢汉,特伦斯·戈登. 余韵无穷的麦克卢汉[M]. 何道宽,译. 北京:机械工业出版社, 2016:237.

与互联网技术发展相关的媒介产品的生产主体,同时也论及纸张的未来、电子水印、新世纪的屏幕以及开放的网络等媒介未来的发展。面对如此波澜壮阔的媒介演化史,就促使人们在一定程度上将注意力从物质生产与经济组织形式的革命,社会的政治革命转移到传播革命上。传播学家的研究相比于人类学家、历史学家而言,自然会将关注的焦点问题转移到传播领域,不仅仅看到了传播革命的问题,而且也带来了研究范式的革命。由此,人们应尽其可能地关注并思考另一个与元媒介相关的问题,即何为媒介文化? 对于这个问题,研究者曾在20世纪90年代以来文化转型大背景的基础上提出过,所谓媒介文化,从本体论而言就是媒介及其表征系统。① 更进一步说,作为媒介及其表征系统的媒介文化是人类实践理性的象征。

媒介文化总是以某种具体而显在的媒介及其表征体系来呈现的。一个时代具体到不同的媒介文化形态,展现出的有差异性的媒介文化现象,总是由其时的媒介结构来决定的,即主导性媒介与辅助性媒介按照自身的功能与作用所形成的有序的、合理的媒介配置。在媒介结构的规范与限定之下,才会形成相应的媒介文化形态、媒介文化现象及其运行规律。

一、作为社会实践的劳动及其独特性

美国社会生物学家爱德华·威尔逊认为,人类的独特性体现在诸多方向,从哲学思考、法律制定到历史认识、艺术创作,所有这些都是对人类独特性的间接描述,这说明了人类在无止境的历史进程中的进化和发展。但从生物学角度来看,人类具有的高级社会行为的生物学起源与动物群体在其他地方产生的社会行为的起源是相似的。而且,在所有可进化的历程中,可以确定的"真社会性"的动物只有19种,分散于昆虫、海洋甲壳类动物和地下啮齿类动物中。如果将人

---

①鲍海波.媒介文化的阐释与批判[M].北京:中国社会科学出版社,2009:78.

类加于其中,"真社会性"动物总数为 20 种。① 人类作为万物的灵长被还原为"真社会性"动物的二十分之一,彻彻底底地被打回了原形。 那么,人类的独特性是如何产生的? 威尔逊给出如下答案:随着捕猎和筑巢行为的出现,人类的智力发育随之开始,为了适应成员之间的竞争与合作,人际关系中出现了奖赏与惩罚行为;最具有决定意义的是人们需要构想并在内心预演在将来可能出现的竞争场面。② 从中可以看出,人类所具有的独特性是在漫长的合作与竞争中逐步形成的,在关涉人类生存与发展的每一项具体实践活动中,合作与竞争从广度与深度两方面同时展开。 人类要从自然界获得生活、生产资料就要与自然界合作并形成相应的"间"性关系,同时也将自然看作客观的、被控制、被改造的人为的对象,还渴望在人与自然的竞争中绝对胜出。 合作与竞争的关系准则从自然界推及于人类社会。 数千年来,人类上演了若干场战争与和平的大戏,甚至把自然界通行的"物竞天择,适者生存"的规则照搬至人类社会,演绎为社会达尔文主义,将人类社会的治理视为一项社会工程。 另一方面,在漫长的合作与竞争的历史过程中,人类也时刻向内自问自省,即以自身及行为为思考对象,思考知识、意志和情感,即真、善、美的问题,更愿将自身修炼成真善美的化身。

事实上,在以合作与竞争为过程的漫长的人类实践活动中,人类的实践理性不仅仅体现于"合作与竞争"所导致的大起大落的社会历史运动,即世纪更替以及世代轮换,更表现在社会实践主体对物质材料的生产和利用、工具的改造、语言的发明与使用、社会组织的创造、社会规章制度的建立、文艺产品的创造与欣赏、理想的彼岸世界的设想与设计等。 由此可见,人类实践理性既体现于对此生此世生活中所面临的一切问题寻求解决之道,也体现于对来生来世何去何从的问题予以终极关怀。 可见,作为社会生物之一的人,他的独特性是在漫长的社会实践过程中形成的,正是广泛而深刻的社会实践将人的生物性大幅度降低,将

---

① 爱德华·威尔逊. 人类存在的意义[M]. 钱静,魏薇,译. 杭州:浙江人民出版社,2018:13-15.
② 爱德华·威尔逊. 人类存在的意义[M]. 钱静,魏薇,译. 杭州:浙江人民出版社,2018:17-18.

人的独特性在社会层面大幅度抬升，从而创造出属人的物质世界与精神世界。

在此，还可以回望马克思主义实践唯物论关于人的本质的解释，以便在普遍的终极意义上获得对人的理解。马克思把人的本质放在人与对象、主体与客体的现实实践关系中来理解，并把劳动规定为人的最基本的、感性的社会活动。由于劳动及其社会性，使那种"直接同别人一起共同实现的活动等，成了我的生命表现的器官和获得人的生活的一种方式"。① 而且，在劳动中，人形成了自我意识并使其得到了充分发展，从而使自身的活动成为有意识的生命活动。还有，在以劳动为标识的社会实践活动中，"人不仅像在意识中所发生的那样在精神上把自己划分为二，而且在实践中、在现实中把自己划分为二，并且在他所创造的世界中直观自身"。② 尤其是"当站在牢固平稳的地球上吸入并呼出一切自然力的、现实的、有形体的人通过自己的外化而把自己的现实的、对象性的本质力量作为异己的对象创造出来时，这种创立并不是主体，它是对象性的本质力量的主体性，因而这些本质力量的作用也必然是对象性的。对象性的存在物对象性地活动着，而只要它的本质规定性中没有包含对象性的东西，那么它就不能对象性地活动，它所以能创造或创立对象，只是因为它本身是为对象所创立的，因为它本来就是自然界"。③ 从马克思的论述中可以简化出三个要点：其一，人是有生命的自然存在物；其二，人是社会性的存在物，社会性是人的本质属性；其三，劳动是人与动物之间的首要区别，并使人在根本上超越动物。以上三点逐次将人之所以为人，或者是将属人的本质剥离出来，使人们认识并理解人作为"类"的存在物是在自然生命的基础上，按照其社会属性从事着一定的社会实践活动，并在其创造或创立的对象世界中关照到人的本质力量。由此可以逻辑地推出：人的任何社会实践行为及其结果所形成的对象化世界是人的实践活动的表征，它作为现实的、理想的结果标志着、象征着人的社会实践活动的广度与高度。

---

① 马克思.1844年经济学——哲学手稿[M].刘丕坤,译.北京:人民出版社,1979:78.
② 马克思.1844年经济学——哲学手稿[M].刘丕坤,译.北京:人民出版社,1979:51.
③ 马克思.1844年经济学——哲学手稿[M].刘丕坤,译.北京:人民出版社,1979:120.

既如此，作为人类社会实践活动之一的信息传播活动，或广义上的媒介文化活动，无论是何种何类，何时兴起，何种发展，何时衰落，何时消亡，均是人类实践理性的象征之物。换言之，在媒介及其表征体系上深刻地体现了人的本质力量，它的任何变化与发展无不是人的本质力量对象化的结果。

二、作为对象化结果而存在的媒介种类与形态

媒介的种类与形态的起落消涨是人类实践理性不同发展阶段的自觉回应。在人类社会发展的初级阶段，实践主体以人体自身的发声器官、肢体等为媒介，以声音、手势等为代码，将特定的信息物化、固化在这些代码当中，在一定的群体范围内进行传播，以达到预期目的。人类社会早期的传播媒介、传播方式、传播范围、传播效果综合起来被传播史学家称为口语传播，与之相对应的社会形态也被称为部落时代。随着社会的发展，语言文字的发明和使用引起又一次信息传播革命，人们首先将信息抽象化并通过文字予以承载，画、刻、写、印于便于书写镌刻的物质材料之上，如石、泥、骨、竹、木、帛、布、纸等。接受信息之人只要具有断"文"识字的能力，就可以将其所承载的信息还原并接收。文字传播的革命意义，首先在于人类思维方式的转变，即将信息抽象并转化成文字；其次在于文字传播对时间与空间同一性的要求降至于无，信息传播可以在时空隔绝的情境下予以传播，并使得传播时间与传播范围得以拉伸和拓展。正因为此，加拿大经济史学家哈罗德·伊尼斯在研究媒介时提出偏向时间的媒介与偏向空间的媒介，并据此提出"传播的偏向"。[1] 文字媒介的革命性还在于，它使人类社会的信息传播活动超越了口语传播这一方式，挣脱了传播的时空限制，人类社会相应地步入了脱离部落化时代。

由人类社会早期的媒介发展与变革可以看出，它与当时的人类社会实践及其

---

[1] 哈罗德·伊尼斯.传播的偏向[M].何道宽,译.北京:中国人民大学出版社,2003:27.

社会形态的转型是相互伴随的,呼应的,谁为表里? 何为因果? 很难剥离清楚。 但是,口语、文字等作为物化了的人类实践活动的凝结物和标识物,不仅仅印证着,更象征着人类社会实践活动以及人类社会形态进入了一个崭新的发展阶段。

对于印刷媒介,保罗·莱文森直接赞美道:于公元 6 世纪中国人发明的印刷术对近代欧洲产生了巨大的贡献,媒介催生了近代社会。① 莱文森所说的这一重大历史文化事件,指的是 1450 年古登堡等人将榨油机原理和中国印刷机结合起来,天才地发明了可大量印制印刷品的印刷机,并于 1455 年在德国美因兹印制了第一部拉丁文《圣经》,史称《古登堡圣经》或《迈扎尔圣经》。 这部机印圣经被当时教会保守人士讥评为手稿的堕落,因为印刷机未能像手指那样受到灵魂的指引。 随后发生的事果然在灵魂界引起巨大的地震和海啸。 据估计,从古登堡圣经出版到 15 世纪结束的四十余年间,该书在欧洲印制超过 2 亿册。 在 1500 年至 1600 年间,书籍生产的数量达到 1.5 亿册至 2 亿册之间。② 机印《圣经》的普及,马丁·路德呼吁"自己读《圣经》"。 自此时起,那些识字通文的教民通过对机印《圣经》的释阅,直接与上帝对话,上帝直接进驻信众心中,不需再像以往那样到教堂聆听教士的训导,凭借教士阐释、布道等间接途径来信奉他们的上帝。 "在路德的异教及其引发的宗教改革里,印刷机的社会功能犹如锋利的刀刃,一劳永逸地把教会的霸权削弱了……印刷机是一种转化器,其产品是不断射向教会的子弹,其摧毁传统的后果就无以复加了。"③摧毁宗教传统的后果包括削弱教权,为世俗权力的崛起与增强荡平了道路。 也因此,公共教育的兴起与知识权力的获得及由此产生的科学革命以及信息革命等达到前所未有的地步。

---

①保罗·莱文森.软利器:信息革命的自然历史与未来[M].何道宽,译.上海:复旦大学出版社,2011:17.
②本尼迪克特·安德森.想象的共同体:民族主义的起源与散布[M].吴叡人,译.上海:上海人民出版社,2005:31.
③保罗·莱文森.软利器:信息革命的自然历史与未来[M].何道宽,译.上海:复旦大学出版社,2011:19.

从 1455 年福斯特和萧佛经营标准化的印刷厂起,之后 20 年间,全欧洲到处都是大型印刷厂。书籍成了最早的现代式的可大量生产的工业商品,报纸作为书籍的一种极端的形式——一种短暂流行、大规模出售的书,或是单日畅销书被大量生产和大量消费。据里格尔观察,报纸是现代人"早祷"的代用品。安德森也认为这种最早大量生产的商品之一——报纸的消费,"创造了一个超乎寻常的群众仪式","报纸的读者们在看到和他自己那份一模一样的报纸同样在地铁、理发厅或者邻居处被消费时,更是持续地确信那个想象的世界就根植于日常生活之中,清晰可见……虚构静止而持续地渗透到现实之中,创造出人们对一个匿名的共同体不寻常的信心,而这就是现代民族的正字商标"。① 在印刷资本主义的生产条件之下,作为早期资本主义企业的形态,印刷业将书籍、报纸等印刷品的生产视为在富有的资本家控制下的伟大产业。商品是否畅销与能否获得满意的利润是印刷商最为关心的问题,所以那些尽可能引起当代人兴趣的作品颇得青睐。从事印刷业的获利动机,当时人的阅读兴趣,资本的投入,既营造了 1500 年至 1550 年欧洲出版业的繁荣景象,同时也将印刷业的早期市场——欧洲的识字圈拉大到广大民众中间。于是,新教和印刷资本主义的代理界,通过廉价的普及版书籍,迅速地创造出为数众多的阅读群众,并且对他们进行宗教或政治的动员,创造了欧洲第一个重要的、既非王朝也非城邦国家的荷兰共和国和清教徒共和国。② 安德森阐释了印刷资本主义与现代民族,民族主义的散布及民族国家兴起之间的内在勾连,并将其视为其中的重要因素之一。保罗·莱文森也认为印刷业是知识引擎,促进了社会的公共教育,推动了信息资本化以及向公众敞开瞭望世界风云变幻的窗口等,催生了近代社会。如果回到印刷业本身,对其发展要素予以分析,就不能忽视技术、资本、效益这些关键性问题。公元 600

---

① 本尼迪克特·安德森.想象的共同体——民族主义的起源与散布[M].吴叡人,译.上海:上海人民出版社,2005:31-32.
② 本尼迪克特·安德森.想象的共同体——民族主义的起源与散布[M].吴叡人,译.上海:上海人民出版社,2005:40-41.

年，中国发明的印刷术，到1450年得到欧洲天才们的创造性使用，印刷了当时社会精英阶层阅读与阐释的《圣经》，随即将印刷内容扩大至广受读者欢迎的其他作品以及报纸等，目的在于获取相应的利润。资本的嗜血本性逐利而来，使得近代欧洲印刷业繁荣昌盛了相当长一段时间，及至1550年达到那个时代的高峰。第二个高峰阶段出现在17世纪40年代。1641年7月，英国议会通过法令，要求废除星室法庭，管控新闻的机制倏然消失，政治和讽刺性的小册子开始从伦敦的印刷厂中倾泻而出，印刷商"使国家充斥各种书籍，给民众的头脑灌输互相冲突的思想，这些纸弹成了和子弹同样危险的东西"。① 这一年各种出版物由17世纪30年代间平均每年出版624种，瞬间飙升到每年2000种，1642年更是达到4000种以上，到1660年出版物总数约为4万种。② 可见，印刷媒介的兴起与繁荣，是人类实践理性在此社会实践活动领域的体现，印刷媒介以"物"的形式彰显了近代社会人类理性实践的高度，是当时人类理性重要的象征物之一。

15世纪中叶发明的机制印刷术，带来了欧洲近代社会近百年出版业的繁荣和知识大范围传播的繁荣景象，也为18世纪的启蒙运动准备了客观条件。18世纪，知识空前广阔地在知识界狭小圈子以外传播，传播知识的媒介包括百科全书、期刊和普通书籍。

在18世纪出版的著作中，最有影响的是法国的《百科全书》。在狄德罗和达朗贝尔的主持下，第一卷于1751年问世，在随后的26年之内，共出版33卷。后经大大扩充和改编，以《方法百科全书》为名于1788年至1832年重新发行。此外，在18世纪百科全书的出版矩阵中，策特勒的64卷本的《大型科学和艺术百科辞典》于1732年至1750年出版；三卷本的《英国百科全书》于1771年出版；意大利百科全书《新科学和宗教——世俗奇闻辞典》10卷本于1746年至1751年出版；德国百科全书之一的布罗克豪斯的《会话百科全书》6卷本于1796年至1808年

---

① 汤姆·斯丹迪奇. 从莎草纸到互联网:社交媒体2000年[M]. 林华, 译. 北京:中信出版社, 2015:140.
② 汤姆·斯丹迪奇. 从莎草纸到互联网:社交媒体2000年[M]. 林华, 译. 北京:中信出版社, 2015:141.

出版。除了这些大部头的百科全书之外，还有许多篇幅较小，价格低廉的"小"百科全书，如1704年约翰·哈里斯的《技术百科全书》；1721年J·T·雅布隆斯基的《艺术和科学百科全书》；1738年出版的本杰明·马丁的《技术文库》；罗伯特·多兹利的《导师》；1774年出版的皮瓦提的《百科辞典》。

除了百科全书的出版之外，18世纪定期文献在17世纪各个学术会社的出版的基础上出现了流行更广的期刊，位于领先地位的英文期刊有1709年开始出版的《闲谈者》；1710年的《救助者》；1711年的《旁观者》；1712年的《检查者》；另外，1718年《自由思想家》问世。《法国旁观者》于1722年出版，《百科全书杂志》在1756年出版；1765年专业刊物《农业商业金融杂志》出版，同年《农民人事记》问世。

这个时期出版的各类定期文献，具有鲜明的时代特征——启蒙。艾迪生在《旁观者》Vol.1，IVO，10中著文说："据说苏格拉底把哲学从天上降到人间；我有一个奢宝，让人们说我把哲学从书房和图书馆、大学和学院带进俱乐部和集会，带到菜桌上和咖啡馆里。"[1]《哲学杂志》的编辑亚历山大·蒂洛赫在阐述其期刊定位与编辑宗旨时指出：在每个"社会阶级"中传播"哲学（科学）知识"，及时向"公众"报道"国内"和"大陆"科学界一切新奇的东西。[2] 由此可以看出，在这个时代，为部分人获利的知识被传播到当时传播能力所能达到的最大范围内，而且还应用到每一个可能的方面，如科学、技术、农业、商业、金融、文学、宗教、哲学等领域，并朝着这些方向大大地向前推进了。18世纪之所以被冠以"理性时代""启蒙时代""批判时代""哲学世纪"等桂冠，是对当时在许多人类所能涉及的领域内进行了艰苦卓绝的探求，以及所取得的巨大成就的荣誉奖赏。面对这样一个伟大的世纪，英国史学家亚·沃尔夫这样赞美

---

[1] 亚·沃尔夫.十八世纪科学、技术和哲学史[M].周昌忠,苗以顺,毛荣运,译.北京:商务印书馆,1997：18.
[2] 亚·沃尔夫.十八世纪科学、技术和哲学史[M].周昌忠,苗以顺,毛荣运,译.北京:商务印书馆,1997：19.

到:"这个时代的一切理智和道德的力量都被套到人类进步的战车上,这是前所未有的。"①

经过启蒙运动的洗礼,人类进步的战车沿着时间的轴线驶入下个世纪。"在文化生活表述的历史上,19世纪的意义却是超乎寻常的,甚至与18世纪相比也迥然两样。 其表述的形式与机制大多源自19世纪自身的发明:博物馆、国家档案馆、国家图书馆、社会统计学、电影等。 19世纪是一个系统化记忆的时代,同时也是一个自我观察升化的时代。"②在德国史学家于尔根·奥斯特哈默看来,相邻两个世纪关于人类文化生活的表述方式如此不同,如果说18世纪及其之前的17世纪是以出版印刷物来记录和保存人类的文化记忆,那么19世纪的记忆方式则要系统很多。 一是在视与听的方面,欧洲大城市豪华的歌剧院上演着多种剧目,歌剧明星漂洋过海,"走穴"演出,1875年在日本东京的舞台上也能看到意大利歌手的演出,为歌剧的全球化上演了震撼的一幕。 二是作为"记忆场所"或"记忆藏所"的各种档案馆、博物馆、图书馆和世界博览会,不仅收录、收藏、展览文化意义上的"过去"与"现在",还在此时被附加了一重因对大众开放而形成的公共性。 1896年到1897年,中国革命家孙中山在大英博物馆拟订了推翻清王朝的计划。③ 之前,同样也是在这里,马克思为反对资本主义制度的斗争完成了科学论证。 大英博物馆的地板上留下了马克思深磨而出的足印。 三是百科全书的出版。 作为展示人类已知和未知的知识圣殿,在世纪之交,所有欧洲国家和美国都拥有至少一套类似的多卷本的"实用百科全书"。 这些百科全书的意义绝不仅仅是用于查询的工具,或为丰富市民的谈资,或为应付学业提供些许帮助,而如提鲁斯那样,他编写厚达24 146页的百科全书的目的,

---

①亚·沃尔夫.十八世纪科学、技术和哲学史[M].周昌忠,苗以顺,毛荣运,译.北京:商务印书馆,1997:17.
②于尔根·奥斯特哈默.世界的演变:19世纪史[M].强朝晖,刘风,译.北京:社会科学文献出版社,2016:18.
③于尔根·奥斯特哈默.世界的演变:19世纪史[M].强朝晖,刘风,译.北京:社会科学文献出版社,2016:29.

不是为了教育公民，而是要以此帮助"民众"为民主人权做好准备。① 四是以非虚构和虚构的广义上的文学文本，全景式展现人们的社会观察与思考。1782年至1788年，塞巴斯蒂安·梅西亚以"剖析式工作"的方式完成长达12卷的《巴黎画卷》，使巴黎的城市生活以社会宇宙的形态展现于世人面前；1825年，亚历山大·冯·洪堡出版了自己两次古巴之行之后对这座奴隶之岛的批判，所用的法则是"让事实说话"；1807年，弗朗西斯·布坎南出版了殖民地南印度农业社会的著作；1845年恩格斯出版了《英国工人阶级的状况——根据亲身观察和可靠资料》一书，这部描述英帝国无产者现实处境的著作至今仍被奉为经典。还有当时的记者、采矿工程师、商人、船主在自己的职业生涯中观察、记录了许多当时社会生活中普通民众的真实生活状态，付梓时常常是鸿篇巨制，如船主查尔斯·布恩的《伦敦人民的生活和劳动》在第三版发行时，规模已达到17卷。与这些可称为"社会报道"的非虚构类文本相比，现实主义小说这种19世纪欧洲典型的文学形态，以文学化的表达全方位地展示了当时欧洲社会的表里。巴尔扎克的《人间喜剧》由91部长篇小说和中篇小说构成；简·奥斯汀、托马斯·曼、亨利·詹姆斯、查尔斯·狄更斯、乔治·艾略特、福楼拜、左拉、屠格涅夫、托尔斯泰等文坛巨匠们，以文学的形式展现了19世纪欧洲社会史、社会交往史和人性史。在属东方世界的中国，曹雪芹的《红楼梦》首次印刷，为人类社会呈现了一段富有社会历史学意义的家族史；1894年韩邦庆的《海上花列传》将上海这座十里洋场的风貌描述得纤毫毕露。在此，对东西方世界的文学文本和类文学文本的产出无法进行简单的类比排列，它们作为人类共同的精神文化产品，既呈现了19世纪人类社会文明发展的总体情势，更在于这些文本作为具体的精神物化物标识出人类精神及其生产的崭新高度。五是以新闻业开创的新空间作为社会反思的新平台。19世纪初期，"活页小册子"这种印量较少的文字出版物普遍

---

① 于尔根·奥斯特哈默.世界的演变:19世纪史[M].强朝晖,刘风,译.北京:社会科学文献出版社，2016:39.

盛行欧洲，因其便于躲避严厉的新闻审查，往往比书籍或当时的报纸所刊载的内容更受世人青睐。与欧洲大陆在新闻制度上的探索不同，1855年英国印花税彻底废除；在1861年这个"美丽年代"，法国颁布堪称自由典范的新闻法；新大陆的美国新闻业在实践领域一路凯歌，从19世纪30年代到60年代，大众化报刊逐步登顶：1855年，《纽约论坛报》创刊，到1860年其周末版读者数量一度达到20万；1860年，《纽约先驱报》开办，因日销7.7万份成为当时全球发行量较大的报纸之一；1896年，《每日邮报》诞生，在1900年布尔战争时期创下了98.9万份的销售业绩；1898年，《纽约世界报》创下了150万份的销售纪录。报刊业在社会生活中的重要性还可以通过其他数字得到体现：1870年，美国日均销售报刊260万份，至1900年已超过1500万份。[①] 为服务于蓬勃发展的新闻业，通讯社在新的通信技术支持下亮相登台：1851年，朱利亚斯·路透在伦敦设立了自己的"路透社"办公室；夏尔·哈瓦斯在巴黎，伯恩哈德·沃尔夫在柏林也创办了各自的"通讯社"或"电报局"；早两年的1848年，"联合通讯社"在美国成立。

报刊业、通讯社等媒体之外，摄影特别是1895年电影的诞生，紧随法国工厂主之子卢米埃尔的步伐，从1896年起，"在各大洲，人们纷纷开始用电影的形式记录王室活动、军事演习和日常生活。西班牙斗牛、尼亚加拉瀑布、日本艺伎以及形形色色的市民生活，成为最早的电影题材。从此，电影化身为一种报道的媒介"。[②] 19世纪，这个在时代结构上似乎处于尴尬的、属于历史形态之间漫长的、过渡期的、无名的、断章式的世纪，却是媒介发展史上又一个辉煌的时期。传统的印刷媒介继续保持强劲的发展势头，并在19世纪中叶新闻管制放松之后，无论在古老的欧洲大陆，还是在新开发的美洲大陆，以及东方国家都创下了辉煌业绩，也使得通讯社作为信息收集、加工、传播的专业机构，成为巨大的信

---

① 于尔根·奥斯特哈默.世界的演变：19世纪史[M].强朝晖，刘风，译.北京：社会科学文献出版社，2016：75.
② 于尔根·奥斯特哈默.世界的演变：19世纪史[M].强朝晖，刘风，译.北京：社会科学文献出版社，2016：86.

息集散地和供应商；歌剧院、咖啡馆、图书馆、博物馆等泛媒介意义上的空间媒介，既保留、贮存了人类社会文化的历史踪迹，也展示当下和预告着未来；印刷、通讯，特别是摄影、电影等物质材料和技术手段的创新，使静止的或移动的影像成为另一个"真实"世界，远距离地、不受限于时间与空间阻隔地呈现于世人面前；在媒介产品的生产方式上，无论是纪实类还是虚构类媒介产品都以客观呈现现实世界为己任，小至婚姻、家庭、日常生活，大至社会运动、人类战争，都能在19世纪的作品中找到相对客观的反映；在新闻业制度建设和推进方面，英、法、美等国家先后取消印花税和出台新闻法等，客观上为新闻业的发展松绑解套，在更深层次的意义上是将新闻自由视为人类不可或缺、不可侵犯的权利之一。由此可见，媒介在19世纪是成系统的、一体化的发展的，无论从物质材料、技术手段等基础层面，还是从媒介产品等精神性生产层面，乃至于媒介制度逐步完善层面，都在人类社会历史上书写下重彩华章，从物质、精神到制度等方面较为全面地标识出人类实践理性发展的新高度。

在媒介发展史上，无线电广播的发明被称为技术上的一大奇迹。从1864年爱尔兰人詹姆斯·克拉克·麦克斯韦参照光波理论提出电磁波理论，到1887年德国人海因里希·赫兹发现并证明了这种波的存在，再到1890年，法国人爱德华·布朗利发明第一台金属检波器，直到1894年第一个无线电广播台创立，及至1899年马可尼成功实现芒什海峡上的通信以及于1901年建立大西洋两岸的电磁波联系，广播结束了它第一个发展阶段的光荣使命。

20世纪初，拥有一台无线电等于打开了一个通向外界的新窗口。当然，也有可能在偶然的状况下堵塞生命的通道。1912年，泰坦尼克号在海上航行时撞击冰山沉没。事后调查结果发现，由于"泰坦尼克号"的乘客发出的电报数量太多，船上的报务员没有理会附近航行的"苏格兰号"发来的问候兼警告说该海域有冰山的电文，反而告知"苏格兰号"的报务员关机，不要阻碍他发送电报。于是，"苏格兰号"关闭了雷达，无法接收到"泰坦尼克号"的求救信号。此次灾难过后，美国于1912年通过了《无线电法》，规定对业余无线电台的严格限制，并在无线电的业务用户、商业用户和军方用户之间第一次划出了清清楚楚的分界线。 从 1919 年起，大西洋两岸都试着做音乐会和演讲的广播；1920 年 6 月，女高音歌唱家内利·栖尔巴夫人在英国举行的演唱会从艾塞克斯的切姆斯福德播出后，欧洲各地的业余无线电台都收到了。① 1920 年 11 月 20 日，美国西屋电器公司创办了第一个代号为 KDKA 的广播电台，标志着广播的正式诞生。 仅用两年，"1922 年存在 200 家广播电台，1925 年 578 家，1938 年 650 家。 世界大战前夕，70% 的美国人定时收听 TSF，无线电广播已经渗透到日常生活中"。 与此同时，"1921 年，美国有 5 万台收音机，1925 年 400 万台，1927 年 650 万台，1929 年 1000 万台，1938 年 2600 万台，1939 年 3100 万台"。② 因为插上了技术的翅膀，广播在 20 世纪初期飞速发展，并在短短的 20 年之间占领传媒业的优势地位，结束了之前文字信息的统治地位。 随着广播技术日趋改进，接收设备的生产量大幅度提升，广播内容的逐渐丰富以及受众对新媒体的普通接纳，广播的威力也在许多方面显现出来。 一是广播的政治动员作用。 1932 年，美国总统选举竞争在两个候选人——罗斯福和胡佛之间展开，因罗斯福的声音更具"放射性"而赢得选民的喜爱。 竞选成功后，罗斯福总统创建了"围炉叙话"这一形式，以亲切的语气对公众讲话，不仅收获了民心，而且用戴高乐所说的以"超越中间人之外"的方式确立其领导地位。 二是广播的娱乐作用。 1938 年 10 月 3 日，23 岁的戏剧演员奥逊·威尔斯为了提高他的月收入，每周在 CBS 播出广播"戏"剧。 一次，他在这个拥有 1000 万忠实听众的节目里播出《星球大战》，书中有一段设想火星人到达美国。 为了使之更像一次真正的广播节目，威尔斯邀请了一位冒充内务部部长的人，恳请大家不要慌乱，并称最有效的办法是向上帝祈祷。 虚构的故事引发了戏剧化的场景——恐慌散播开来，人们成群结队驾车离开纽约，紧接着一连串的诉讼指向 CBS，威尔斯万般欣喜地接到广告以及以他

---

① 汤姆·斯丹迪奇. 从莎草纸到互联网:社交媒体 2000 年[M]. 林华,译. 北京:中信出版社,2015:289.
② 让-诺埃尔·让纳内. 西方媒介史[M]. 段慧敏,译. 桂林:广西师范大学出版社,2005:137-138.

名字命名的产品。三是广播战争"武器"的作用。1933年初，德国魏玛政府在巴伐利亚州首府慕尼黑建立了一个强有力的广播电台，能够全面覆盖地势多山的奥地利的主要地区。戈培尔利用这家电台对奥地利进行大量广播，为奥地利并入德国作舆论准备。在第二次世界大战开始时，德国约有1000万台收音机，是欧洲最多的，约为法国的两倍。而且，戈培尔还鼓动制造商们向市场推出一种大众化接收机——Volksemfanger，这种被称作"戈培尔嘴脸"的东西，只适于收听德国电台。位于柏林的短波广播中心是世界上组织最好的，最完善的，能用53种语言进行广播，创下了当时纪录的绝对值。20世纪30年代末，苏联政府开始实施针对德国强有力的广播，主要以揭露德意志帝国领导人荒淫无耻的生活事实或虚构故事为传播内容，但于1939年8月苏德条约签订后突然中止。1941年6月纳粹军队入侵苏联之后，苏联广播开始了新颖的战斗方式——在进攻期间安装相当于传统战鼓的扬声器，在对敌前线进行广播。同时，也对德军士兵的亲人进行广播，尤其是宣布战俘名单，使德意志的德方家庭开始收听用德语广播的苏联广播。在英国，丘吉尔政府改变了在1939年只能用短波传递6种语言的节目，从1940年初开始用16种语言对外广播51种截然不同的，适应各种听众口味的新闻简报。尤为可贵的是，BBC在最艰难的时刻仍然选择了一条保持真实性原则，"正是在这种最黑暗的日子里，在整个被占领的欧洲地区以及更远的地方仍有一批特殊的听众，最终这条原则还是有益于BBC电台的。有利的情况是，灵活性与道德性通过一种明显的方式结合了"。① 同时期的美国也信守与BBC一样的广播原则，美国之音的雏形战争情报局于1942年创立，它于2月24日用德语广播的第一句话是："从今天开始，我们每天在同一时间谈论美国以及这场战争。无论消息是好是坏，我们会一直对您讲真相。"上述几例，仅为第二次世界大战中"广播战"的精彩案例。实际上，广播"武器"在二战期间被广泛运用，在被卷入战争的国家中，广播一方面被作为侵略武器，同时也作为抵抗武器

---

① 让-诺埃尔·让纳内.西方媒介史[M].段慧敏,译.桂林:广西师范大学出版社,2005:166.

有出色的表现。"从那时起,广播便处于战斗的中心了。我们知道空投中暗含意义信息的重要性。""不是广播赢得了胜利,但它起到了非常重要的作用,在自由方面,为战士们的团结一致服务。"①

广播的故事开始于光波理论对科学家的启发,在20世纪40年代至50年代上演了如此精彩绝伦的一幕幕大戏。及至当下时代,广播的巨大光环有渐退之势,但仍然在适应新的传播形势下有出色的表现,它的媒介链依然在拉伸。对此,加拿大媒介学家罗伯特·洛根是这样说明的:"从口语词到麦克风,或录制音乐到喇叭,然后从无线电发射机到无线电再到耳朵。至于网络广播或卫星广播,信号是从播音员传播到网络或卫星。"②媒介学家不仅看到了媒介链的前半段,更加强调的是正在延伸的后半段。在新媒介对广播的冲击之下,卫星广播、网络广播特别是通过ipod等播放器来生产广播节目的叫作"播客"的广播正在兴起且趋热。借助于一定的软件,播报自己的播客时,播客人不用电波,只需用一个网站,听众可在网站上将节目下载到ipod播放器上,从广播节目生产者到消费者的传输过程就这样完成了。播客的时间移位功能,不仅使听众能在自己方便的时间和地点捕捉自己喜欢的广播节目,不再死守传统广播强加于听众的节目时间表,而且还帮助音乐人、诗人、广播剧演播家、"读"书人等为自己的作品找到拥趸的fans,使他们据此获取二次创作作品的长尾效应。如音频分享类APP新媒介势必有新功能使人着迷,也有新定律被媒介学家发现。在罗伯特·洛根看来,播客的媒介定律是:播客提升广播节目的生产,使主流的广播过时,使昔日小镇上的叫卖人和部落说书人得到再现,逆转为情境广播。③位于广播媒介链尾端的情境广播,只是暂时的,阶段性的,就如传统意义上的主流广播一样,也许会很快过时。只要使用它的主体认为它已时过境迁,就自然会在物质、技术

---

① 让-诺埃尔·让纳内.西方媒介史[M].段慧敏,译.桂林:广西师范大学出版社,2005:179-180.
② 罗伯特·洛根.理解新媒介——延伸麦克卢汉[M].何道宽,译.上海:复旦大学出版社,2016:166.
③ 罗伯特·洛根.理解新媒介——延伸麦克卢汉[M].何道宽,译.上海:复旦大学出版社,2016:170.

以及精神内容生产方面对其进行理性的调适，或使它有渐进的改良与改进，或使它革命性地"逆转"为另一情境的媒介。

在媒介史学家看来，与广播同属于电子媒介阵营的是电视，它首先是作为广播微不足道的附属物而产生的。因为第二次世界大战，广播的辉煌历史被人为延长。与这种战时王者的媒介——广播相比，电视因战时技术人才的流失和此种技术还不能满足战争之需的局限，未能及时亮相媒介大舞台。其实，电视的史前史与广播相差无几，也是在19世纪50年代至60年代，即1856年意大利人卡塞利发明了"传真电报机"。这种"点与点"的交接技术，在20世纪30年代的BBC的技术实验中取得了一定的进展。1936年柏林奥运会被拍成电视，并且传送至五六个德国城市，其中公共场所的接收机拥有16万名电视观众。1945年后，电视有了真正的发展开端。1947年，美国统计出有3万台接收机，1950年有400万，1952年有1500万台，1961年有3500万台；同时期的英国也不甘落后，1948年有4.5万台接收机，1949年有25万台，1952年有150万台，1957年有700万台，1958年1000万台，1962年有1180万台；战后的德国在电视媒介的发展上进步很快，1957年联邦德国有120万台接收机，1960年便有460万台；莱茵河岸的法国稍显落后，1949年有3700台接收机，1953年有6万台；横跨欧亚两洲的国家苏联，莫斯科从1948年开始播送电视节目；[1]中国则于1951年5月1日，正式开始电视节目播送。这种带画面的广播使20世纪40年代末电影的观影人数从高峰开始下滑。人们接触媒介的空间从其他地方转移至有电视的起居室，也让马戏和在热闹的公共场所举办民众娱乐活动的衰落。当然，电视所代表的媒介革新并不仅仅指其有声的画面，作为广播媒介的补偿，也不在于与声画装置相配的其他技术性装备和装置，如遥控器、刻录机、录像带、碟带播放器等，也不在于其庞大的"家族"组成成员，如有线电视、卫星电视、高清电视、

---

[1] 让-诺埃尔·让纳内. 西方媒介史[M]. 段慧敏, 译. 桂林：广西师范大学出版社, 2005: 252-256.

数字电视、互动电视、移动电视等，而在于有声有色的动态画面装置，如家人一般与人们"生活"在一起，融入人们的日常生活空间中。电视那种特有的节目构成方式所呈现出的片段的、局部的映像，使得电视视听相对容易成为一种散漫的行为。人们集中于片段和局部的影像材料，就会对日常生活空间中的自然环境与人工环境混淆莫辨，在一定程度上减少了视听人社会体验的贴切感与复杂性。还有，电视这种天然具有娱乐性的媒体，即使是电视"新闻"，也是社会性的建构之物，它常常通过一些可以利用的手段来暗示"建构之物"的现实性，导致现实与娱乐文化的高度重构。这扇开在人们日常生活空间中的"奇异之窗"，远距离地提升了马赛克图像，使广播和电影过时，再现远方的事件、表演或电影，但将视听人的媒介行为逆转为昏睡状态。

媒介学家对于电视这一媒介的功能与作用并不看好，时时会有斥责之声。20世纪70年代，芒福德就提出时下的电子媒介情境使人们囿于当下的时间囚笼，与过去和未来脱离，这是一种"群体精神病"；曼德尔也认为电视的即时性相当于洗脑的工具，使人失去方向，感到迷惘；[1]尼尔·波兹曼在1985年出版的《娱乐至死》一书中，警示时人不要受困于对娱乐的痴迷，使世界成为阿尔都斯·赫胥黎所描绘的"美丽新世界"一般；汤姆·斯丹迪奇认为电视是"国民的麻醉药"；保罗·莱文森也认为电视是一种补偿性媒介；罗伯特·洛根在总结电视的媒介定律时，称其可"逆转为昏睡状态"。[2]即使如此，电视以特有的传播技术与技艺将社会现实按照自然节奏输入千家万户的方式仍然让媒介使用者们欲罢不能：美国政客用"电视辩论"来赢得选票，在电视上直播新年讲话进行政治布道；中国社会的基层管理者在电视上被"电视问政"，以扩大公众对社会管理的积极参与；西方知识分子如福柯、彼埃尔·布尔迪厄等人，虽然不喜欢电视，

---

[1]保罗·莱文森.软利器:信息革命的自然历史与未来[M].何道宽,译.上海:复旦大学出版社,2011:92.
[2]罗伯特·洛根.理解新媒介——延伸麦克卢汉[M].何道宽,译.北京:复旦大学出版社,2016:172.

但经常在电视镜头前声明自己的学术见解，或声斥媒介知识分子和电视玩互搭梯子的把戏：在屏幕前充当各类专家，指导观众的日常生活；名流们借电视露脸，频频制造各种时髦话题；不一而足。此外，还有各种大型电视活动，如政要活动，重要赛事，世纪婚礼，大型工程项目的直播等，借此制造"媒介事件"，阻断普通民众的日常生活时间流并引其围观，为被媒介关注的事件举行盛大的媒介加冕礼。此类媒介事件，一是让事件仪式与媒介议程融合并互为接济——事件借媒介获取自身的媒介映象和媒介记忆，媒介借经媒介选择、加工后的"事件"将自己认为最重要的，以及公众应该关注的问题设置议程以引领观众议程；二是产生围观效应以取得相应的社会效益和经济利益。

电视作为广播的补偿性媒介在人们日常生活空间中开设了一扇"奇异之窗"，也在 20 世纪 50 年代至 90 年代这段较长时段度过了它的黄金时期，曾一度登上媒介巅峰并有一览众山小之势。这一切取决于媒介历史的发展与媒介逻辑运行的合规律性，也取决于人类实践理性的合目的性，只有二者相谐互洽，才能造就某一形态或某种类型的媒介在一定的历史阶段发出最耀眼的光彩。

20 世纪 90 年代初，媒介家族的各成员各安其位，各司其职。其时，互联网的商业化民用在传媒界的介入便构成了一个有重要影响力的经济—文化事件。一种新媒介的诞生所经历的过程都是一样的，从无到有，由幼及长。媒介史记载，奠基于"曼哈顿计划"的互联网发展的主要起点是美国国防部的一次创举性服务，即 1969 年 ARPA——高级研究计划局，它着手把各个研究信息学的大学实验室联系起来，协调这些实验室中庞大的个人计算机，以限制其重复性工作。最初的目的实现了从"网"中得益，研究人员即时讨论工作进展，交换并保存信息。及至 1982 年，互联网发展至可以免费使用，并由国家科学基金支持，由几十所美国大学以及 3 所欧洲大学的 5000 位用户共同使用。1987 年，3000 多个研究中心以及 10 万台计算机被连接起来。①

互联网技术的发展让身处其时的人们感同身受。时至目前,麦克卢汉所预言的"地球村"时代已经到来,人们都是其"村民"。"如今,在电子技术发明已经过了一个多世纪以后,我们把自己的中枢神经系统扩展到了地球的各个角落,在我们的这个地球上,已经不存在空间和时间。"在马歇尔·麦克卢汉声称的这个"重新部落化"时代,"村民"们渐次感受到并制造着有关计算机的神话。 日本媒介史学家左藤卓己也认为,计算机在信息处理、信息储存和信息通讯三个层面,依次产生了不同的神话。 在为技术人员所垄断利用的时代,产生了"宏大的计算"——原子弹研究的神话;在个人计算机出现后产生了"宏大的记忆"——电子图书馆的神话,到互联网普及开来时,开始形成"宏大的共同生存"——网民的第三种神话。② 网民,即网络公民,在第三次神话时代享受着知识的理想化的共有。 由此,网民必为智民并推进着网络领域的诸多革命。 以我国腾讯微信开发为例:微信,是腾讯公司于 2011 年 1 月 21 日推出的一个为智能终端提供即时通信服务的免费应用程序,它支持跨通信运营商、跨操作系统平台,通过网络快速发送免费语音短信、视频、图片和文字。 在这家互联网大厂的"大事记"里,较为详细地记录了微信及其功能开发的若干阶段,到 2018 年 5 月,IOS 端新版本为 6.6.2,其功能由原来的即时通信、分享图片和更换头像等简单功能,逐步开发了语音对讲、查看附近的人、陌生人交友、摇一摇、相册分享、视频聊天、语音搜索、扫一扫(扫街、扫二维码、扫单词翻译、扫封面)、表情商店、绑定邮箱和银行卡、滴滴打车、微信支付、聊天记录备份、送收赞、微信转账、微信指数、看一看、搜一搜、跳一跳以及其他小程序。 在备受争议中,使用微信正在形成一种全新的、智慧型的"生活方式",微信购物、微信出

---

① 让-诺埃尔·让纳内.西方媒介史[M].段慧敏,译.桂林:广西师范大学出版社,2005:320.
② 左藤卓己.现代传媒史[M].诸葛蔚东,译.北京:北京大学出版社,2004:232-233.

行、微信医疗以及社会交往、公共问题讨论、舆论形成与引导等，"程序"全面地介入我们的政治、经济和文化生活当中。尤其是从2020年到2023年，三年抗疫期间腾讯会议室里生机勃然，会议、授课、讨论等在线上展开，"云"中世界，依然精彩。

此外，智民的技术革命仍在进行，VR、AR、CR这些集缩略语概括了智民技术革命的挺进路径之一。智民们不仅要缩短与现实之间的距离，还要尽最大努力加强人与世界之间的真实感，虚拟现实、增强现实，力争将未曾远离人们的现实拉得更近。AI则是在人类大脑之外开疆拓土，制造一个类似于人类智能的新的智能领域而且小有成就，从"深蓝"在围棋比赛中打败人类高手一样，AlphaGo战胜围棋大师柯洁，智能机器的学习能力，运算能力不可小视。与机器人化的努力方向相反，人的机器化在一些科技亚文化中体现出来。美国有一个自称为Grinder的群体，其成员在体内植入磁体或无线射频识别芯片——RFID。有人在耳朵中植入磁体当耳机，有人在手背上植入LED装置，还有人在拇指下植入可以开门的芯片。这些用科技操控自己身体的亚文化爱好者，被人们称为"医学朋克"。更为引起业界震动的是，2018年11月7日，新华社记者报道：全球首个AI合成主播在新华社上岗。报道称，这位新华社的"新员工"业务能力过硬，不仅可以使用中文实力"上岗"，同时还可以"连接中外，沟通世界，使用英文播报新闻。""AI合成主播"用最新的人工智能技术，提取真人主播新闻播报视频中的声音、唇形、表情动作等特征，运用合成以及深度学习技术联合建模训练，"克隆"出与真人主播拥有同样播报能力的"分身"。这是在AI机器人进行新闻编辑基础上取得的又一惊人的成绩。①

漫长的媒介演变史展现了媒介发展的不同面相，其中有媒介技术层面、媒介

---

① 陈倩，程昊，朱涵. 全球首个"AI合成主播"在新华社上岗[EB/OL]. (2018-11-07)[2023-09-22] https://baijiahao.baidu.com/s? id=1616462542645226522&wfr=spider&for=pc.

载体层面、符号编码与解码层面、规章制度建构层面等，它们的发展进程与发展高度也未必具有高度贴合的时空同一性，往往是为了彼此之间相互适应而进行较长时间不间断地调整与磨合。与此同时，它也说明了一个问题，即人们只有从时间的纵深度出发才能准确地理解当下的媒体。因为从表面而言，"媒体只不过是一种特别的、膨胀的变量，一个总体的、永久的原则性问题的衍生"。①作为变量的媒介，在雷吉斯·德布雷看来，媒介可以有四种既不自相矛盾也不互相混淆的含义在信息传播过程中被揭示出来：一是符号化行为的普通方法，如言语、书写、模拟图像、数字计算等；二是传播的社会编码，如发出信息所使用的各种不同的源语言；三是记录和存储信息的物质载体，如黏土、莎草纸、羊皮纸、纸、磁带、屏幕等；四是与某种传播网络相对应的记录设备，如手抄本、印刷物、相片、电视、电脑等。② 如果从普遍的、原则性问题出发，可将以上四者浓缩为设备—载体—方法系统。

三、理性导引下一体化与系统化的媒介革命

在漫长的人类媒介实践活动中，以人的本质力量对象化及其结果而存在的各种媒介种类与形态，在雷吉斯·德布雷看来完全可以浓缩为一个系统：设备—载体—方法。这是一个从根本上受到媒介学革命震动的系统。它的革命性，一是从前文提到的三种类型的"媒介域"次序可以体现出来，每一种媒介域在从过去到现在的时间序列上，前承后继的顺序不可颠倒。换而言之，人类的思想活动不可能脱离特定历史时期的媒介技术的记录、存储和传递，当时的媒介技术、时空组合、游戏规制的统一性与其时人类的思想实践活动高度一体化和系统化。每当此类媒介域与人类的思想实践活动的发展产生严重的冲突时，即不能满足对

---

①雷吉斯·德布雷.媒介学宣言[M].黄春柳,译.南京:南京大学出版社,2016:18.
②雷吉斯·德布雷.媒介学宣言[M].黄春柳,译.南京:南京大学出版社,2016:18.

其思想成果的记录、存储与传播时，就必然促使原有的媒介域进行系统性的变革，更新媒介技术，转化时空组合，改变游戏规则。以电话为例，声波在电波的输送之下，使人的声音在保真度较高的情况下，突破距离的限制传递给听筒那边的对话者。在这看似简单的过程中，线路铺设、电力输送、音频转化、同时而异地、非面对面交谈得以实现等就是一个庞大的系统性工程。还有，为了实现跨地域的远距离声波传输，大西洋海底电缆的铺设成为茨维格笔下人类群星灿烂时的华彩重章。二是系统性的媒介革命，不只是体现在技术的新与旧、时空的分与合、游戏规制的变与不变，而是以系统性的方式重新解构了社会力量的组合方式。媒介学告诉人们："占统治地位的传媒系统是一个时代的社会组织中心"，"每个时代的传媒方式的主旨就是对其时代进行定义或制造信任"。[1] 当前，占主导地位的数字媒介，系统地更新以往的媒介技术，信息被全方位全时空地贯通一气，各种协议也在制造着普遍同意，由多种代码编码而成的媒介文本承载着信息重负。故而，乡村应建设成为"智慧社区"，城市一定要发展为智慧城市，社会的联结以及各项服务必须是智慧的，国家的发展也将以高新技术为引擎。可见，高科技时代、网络时代、信息时代、数字时代、后工业时代等，这些林林总总的时代命名，所强调的正是这个时代真正的社会组织中心。

从19世纪以来，媒介的设备—载体—游戏规则这个三位一体的系统组合，单从变革性来讲似乎有些不平衡。技术革命提供的基础设施建设快速推进，使得作为媒介产品生产、传输、接受等环节的媒介载体变化成为可能，此二者在资本的推动下往往能协同发展。反倒是游戏规则有保守之态，如对媒介系统的控制总是在松与紧之间弹性变动；媒介符号的代码无非是文字、图像、色彩、声音等；媒介产品形态也总是文字文本、图像与影像文本、声音文本，或综合性文本；媒介产品内容依旧是虚构类和纪实类。尽管如此，仍不能小觑其系统性的

---

[1] 雷吉斯·德布雷.普通媒介学教程[M].陈卫星,王杨,译.北京:清华大学出版社,2014:18.

威力。在数字时代,数字技术改变了媒介产品的生产方式、文本形态、接受解码方式,在整个系统内流动的是"0"和"1"这样的比特字节,万花筒般的媒介产品世界就是由这两个字节有序组合而成,在产品算法推送中已经实现"按需分配",并且在不断地为"你"制造需求。

从以上所述就可以看出,媒介及其表征体系作为人类在这一社会实践活动中的本质力量对象化,始终以人的理性为导引,在人的理性自持之下得以有序地、成系统地向前发展,这也正是媒介文化是人类实践理性的象征本该有的题中之义。在此,还需强调,作为人类实践理性象征的媒介文化,在其内在的总体的媒介实践活动过程中要具有如下特征:一是其目的性。任何媒介实践活动都有自己显在的或潜在的目的。媒介及其实践活动要么传播信息、要么引导舆论,还有延续文化以及提供娱乐等,或者在特殊社会历史阶段按照媒介掌控者所要求的那样发挥自身的特殊功能以完成自己的特殊使命。二是其方向性。在一般情况下,媒介实践活动总是在宏观的社会历史情境中展开,并朝满足公众的媒介物质以及精神需求的方向发展。还有,为了其承载的观念体系有强大的竞争力,时常会调整其思想的物质装置系统。三是其反思性。媒介实践活动与其他社会实践活动不同,无论就其社会地位、实践方式还是其实践结果,对其时社会影响力不能小视。尤其是当下深度媒介化时代,现实与社会世界的建构往往通过中介化才能完成。[①]所以,在社会世界涌动的媒介化浪潮中,理性自持的媒介实践主体,将自身及其媒介实践活动置于其对象世界,省察其合理合法性,以人类自身以及每一个社会成员的未来生存与发展为价值尺度,按照人所需求的遵照的美的规律来思考这些实践活动的真与善。唯有如此,内在于媒介实践活动中的媒介及其表征体系才能成为人类理性实践的象征之一。

[①] 尼克·库尔德利,安德烈亚斯·赫普. 现实的中介化建构[M]. 刘泱育,译. 上海:复旦大学出版社,2023:35 – 36.

第六章　数字时代的媒介文化领导权及其构成

媒介之于人类生存与发展的重要性是不言而喻的，尤其是现代社会以来，"媒介决定了我们的境况"，①德国媒介哲学家弗里德里希·基特勒在其所著的《留声机·电影·打字机》一文的开篇如此写道。基特勒的断言并非言过其实，实为对18世纪以来媒介在其自身发展过程中针对个体维度和社会维度不断拓展其功能的准确概括：18世纪对造纸的投入，是因为纸质印刷的年鉴、小册子、杂志、报纸等是信息传播与社会交往的媒介，并在19世纪晚期成为主导性媒介；19世纪电的发明，使其为摄影与摄像等作为奇观的媒介称雄世界提供最基本的技术支撑；20世纪后半叶，互联网在联通世界的同时也逐渐构建了一个新的硕大无朋的平台媒介。但是，将媒介单纯地理解为某些技术实体或系统就显得有些狭隘。这是因为，在媒介明确指向某种具体的技术调节形式之前，或与某种媒介物相连之前，媒介首先指明的是人类的一种本体论境况，即专属人的建构性的创造发明和外化行为。在此基础上，媒介及其表征体系才能以媒介文化的方式更

---

① 弗里德里希·基特勒.留声机·电影·打字机[M]//《文化研究》第13辑.北京:社会科学文献出版社,2013:269-284.

进一步地实现人的本质力量对象化，并以此决定人自身的生存和生活环境。现如今，在数字媒介时代的狂飙与激浪中，如何看待媒介文化领导权，以及在此境遇之中又如何在日常生活中作出理性选择，是人们必须面对的又一现实问题。

一、作为时代命题的文化领导权

1937年，意大利共产党重要创始人安东尼·葛兰西从狱中获释不久后去世。随后，对这位世界公认的伟大的革命家、政治家、理论家的研究逐步展开。20世纪40年代，葛兰西的著作陆续在意大利等国出版；1971年，葛兰西在狱中写就的32本札记经整理选编后以《狱中札记》为题公开出版。此著作甫一面世，旋即引起世界范围内人们的高度关注。尤其是他关于文化领导权等重要理论观念经文化研究理论家的吸收与改造，在文化研究及其相关领域产生了巨大影响，乃至形成了文化研究中的"葛兰西转向"。这一理论转向的重要性，按照托尼·本尼特的说法"是一个情况完全不同的事件。它超越了其他领域的理论联合，结果证明了它为一个重要工程提供了思想基础，这个工程对英国文化研究的未来发展道路有着长期的重要影响"。① 简而言之，就是在葛兰西思想的影响和启发下，文化研究领域中的文化主义与结构主义的单一视角被超越，并尝试把"大众文化"领域当作一个权力与反权力的斗争场域，欲以在此清楚地看出权力与反权力斗争的动态过程。从此，文化研究中的阶级本质主义被解构，文化研究的领域得以拓展，文化研究的深度得到加强，文化研究新的范式也逐步形成。

在所有这一切当中，葛兰西提出的文化领导权问题，不仅会在当时的社会情境之下引发人们的深入思考，即便在当下，其理论光芒依旧绚烂夺目，理论阐释力依然强劲。葛兰西认为，文化对每一个人具有启蒙和塑造的作用。在整体的革命过程中，文化的功能不仅仅是通过文化启蒙将大众从常识状态提升至有见识

---

① 托尼·本尼特.本尼特:文化与社会[M].王杰,强东红,等译.桂林:广西师范大学出版社,2007:19.

的高度,从而在看清自己之后也认识和理解世界,并为未来的社会革命奠定坚实的基础;文化自有其更为强大的功能,它能保证革命者树立远大的目标并确保革命方向的正确,即革命并非为了夺权等一些简单的、功利性的目标,革命应该作为手段将文化启蒙予以扩展,并在最高层次上教育大众,使大众成为真正的人。 正因为文化如此重要,葛兰西才格外重视文化领导权以及如何获得文化领导权。 葛兰西深刻认识到,19 世纪中期工业革命的完成,导致了 20 世纪以来资本主义社会的革命以及在未来的进程中,重点方位早已不是曾经的经济领域和政治领域。 因为,这些领域随着资本主义社会的向前发展已经发生重大改变,如工业革命的完成使社会生产力大幅度提升,与经济领域的空前繁荣相伴随的是丰裕社会的到来;随着选举权的扩大,资本主义社会的民主化程度逐步加深;经济的、政治的诸多矛盾和冲突不像之前的现代社会前期那样激烈。 以西欧国家为代表的新的社会革命已进入崭新阶段,即争夺文化领域的领导权的归属,以及如何夺得、如何巩固文化领导权是当时以及未来社会最重要的革命目标和任务。 为此,葛兰西深刻分析了资本主义社会发展到崭新阶段的文化问题。 他认为,资本主义社会极力倡导和发展大众文化,意在制造一种歌舞升平的繁荣景象,使之粉饰诸种阶级、阶层之间的文化差异,并软化与钝化以工人阶级为代表的新型无产阶级的斗志。 而且,大众文化及其承载的意识形态在由教育机构、宗教团体、文化组织、传媒企业等组成的"市民社会"中构筑起一道道精神防线,要突破或从这些防线中突围就必须经过"阵地战""运动战"等方式,"夺"得文化领导权。 当然,在"夺"以及"权"的问题上,葛兰西更倾向于后者,即领导权是否被接受、是否能够合法化或者是否具有合法性等问题。 葛兰西特别强调,一个社会集团能够也必须在赢得政权之前就开始行使"领导权";当他行使政权的时候就最终成了统治者,但即使他牢牢地掌握住了政权,也必须继续以往的"领导"。[①] 为此,他还提出争取和培养有机知识分子以进行意识形态斗争等诸多

[①] 安东尼奥・葛兰西.狱中札记[M].曹雷雨,姜丽,张跣,译.北京:中国社会科学出版社,2000:38.

建议。

葛兰西提出的文化领导权理论，其理论贡献既在研究范式的转换上，也在思维导向上启发甚至引领了后来者。如阿尔都塞在其《意识形态国家机器》一文中，将国家机器划分为强制性国家机器和意识形态国家机器，后者几乎直接从葛兰西所言的"市民社会"转化而来，同时也更加明确了意识形态的物质载体及其统领范围，以及在社会结构中的重要地位。换言之，在葛兰西思想的启发下，阿尔都塞充分认识到意识形态国家机器在社会整合乃至社会集团统治的极端重要性——掌握意识形态国家机器，就能拥有并巩固意识形态或文化领导权。也可以说，控制了思想的物流形式，就可紧握意识形态或文化的领导权。

20世纪90年代以来，以媒介及其表征体系为核心的媒介文化似乎已自成系统，自成格局，并开始自我运行，与传统媒介时代的差异可以说是全局性的。因此，要获得并巩固葛兰西所言的文化领导权，或者要掌握阿尔都塞宣称的意识形态国家机器，其策略、方法、路径、过程等都很重要，但对其中的重要构件之一，也就是媒介及其表征体系中出现的一些新的现象分析，或者对文化"领导权"问题有一定程度的新的研判与反思，无疑将会对如何获"权"、固"权"等问题有重要的进益。

二、媒介文化领导权的构成

前文曾提到过，人类社会漫长的媒介发展历史，表明了每一个能够以"代"为标识的"长时段"意义上的媒介时代都有其主导性媒介并以此形成当时媒介文化的基本形态以及"媒介域"。如按法国哲学家雷吉斯·德布雷的说法，所谓"媒介域（média sphères）"指的是"一个信息和人的传递和运输环境，包括与其相适应的知识加工方法和扩散方法"。[1] 进而言之，也是指信息传播的媒体化

---

[1] 雷吉斯·德布雷.普通媒介学教程[M].陈卫星,王杨,译.北京:清华大学出版社,2014:261.

配置——包括技术平台、时空组合、游戏规制等形成的包含社会制度和政治权力的一个文明史分期。① 以这种关于媒介的史学观念对技术装置与文化之间关系的界定,人类文明史可以被划分为三个不同的媒介域:文字——逻各斯域、印刷——书写域、视听——图像域。 如 15 世纪中叶,古登堡印刷术的发明及其大规模的推广应用,使人类文明步入印刷——书写域;20 世纪初期,在电子媒介广泛使用的同时,视听——图像域就成为人类文明史分界的重要标识;在移动互联时代,网络新媒介则迅速成为当下时代的媒介英雄,迎来了自己的高光时刻。所以,媒介文化及其领导权问题,是否可以从"谁",即作为葛兰西委以重任的新人或有机知识分子等领导主体转移到真正的"权"的问题上来?

其实,媒介文化领导权从来就不是单一的领导主体能决定的,它是由不同要素按照一定的秩序有机组合而成,是以媒介为核心的"媒体化配置"。 其中,技术支撑、平台装置、信息实时实地或者跨越时空传播等组合形式、社会制度中政治权力所决定的媒介制度及其游戏规则等,都是媒介文化领导权所必须深入探析的主要问题。 特别是在社会发展呈现出多元复杂态势的当下时代,媒介文化领导权在实际运行过程中显得更为重要且变化万端。 但总的说来,媒介文化领导权也是由一系列权力要素按照其权重有机组合而成——权力要素的权重是由其本身所具有的力量以及其在这个组合中所起到的决定性作用来权衡的。 就当下的媒介文化领导权而言,其权力的主要构成要素包括:技术、平台、符号,或可分而称之为技术领导权、平台领导权、符号领导权,它们在特定的时空范围之内,权力大小此消彼长并在动态中形成平衡,共同建构起一体化的媒介化配置。

(一)媒介技术领导权

作为媒介文化领导权中的重要构成性要素,科学技术不仅仅是第一生产力,而且是第一引导力,新的媒介配置通常是由新的技术变革所引发。 从科学技术

---

① 雷吉斯·德布雷.普通媒介学教程[M].陈卫星,王杨,译.北京:清华大学出版社,2014:18.

史和知识社会史发展的几个关键节点就可以看出,技术进步对当时的媒介配置以及社会运动起到何等重要的作用。 以印刷术为例,中国在公元 9 世纪已发明印刷术,日本在 11 世纪印刷了佛经,欧洲的印刷业于 1440 年至 1450 年间业已形成规模。 据统计,欧洲 1500 年之前所印刷的"古本"总量为 2000 万册。 到了 16 世纪,巴黎就有 2.5 万种出版物,里昂有 1.3 万种,德意志有 4.5 万种,威尼斯有 1.5 万种,英格兰有 1 万种,尼德兰有 8000 种。 每种出版物平均印数 1000 册,14 万至 20 万种书共印 1 亿 4000 万至 2 亿册。[1]可见,此时的印刷技术已达到相当发达的程度。 发达的印刷技术再与交通运输技术等配伍,为马丁·路德所号召的宗教改革运动提供了大范围的信息传播与广泛的社会动员。 在宗教改革运动期间所使用到的信息传播方式既有张贴布告、抄写往来书信、公开参与辩论、相互翻译文献等,也有印制传单、出版发行书籍与小册子等,仅 1523 年就出版 400 个版本的小册子;从 1517 年到 1527 年,十年间共出版 600 万本小册子。[2] 此后,印刷媒介的巨大威力在 1789 年法国大革命期间再次爆发。 大革命期间的媒介形式包括期刊、年鉴、小册子、书籍、通告、漫画、连环画、招贴、游行等。 1782 年至 1784 年三年间,有一书商曾申购过 120 种,共计 1528 册图书,其中包括 314 册讽刺与政治类小册子,206 册淫秽书籍,178 册丑闻纪事等"禁书";[3]1789 年,巴黎出版了 149 至 190 种期刊,23 种日报;而且,这些印刷媒介广泛散布在沙龙、咖啡馆、剧院、学院、协会、阅览室等公共空间供人们阅读,其传播效果与影响力不可估量。 对于 19 世纪媒介技术的发展,德国历史学家于尔根·奥斯特哈默认为,在社会文化生活的表述史上,19 世纪的意义是超乎

---

[1] 费尔南·布罗代尔. 十五至十八世纪的物质文明、经济和资本主义. 第一卷, 日常生活的结构:可能和不可能[M]. 顾良, 施康强, 译. 北京:商务印书馆,2017:486-489.
[2] 彼得·伯克. 知识社会史(上卷):从古登堡到狄德罗. 陈志宏, 王婉旎, 译. 杭州:浙江大学出版社, 2016.
[3] 罗杰·夏蒂埃. 法国大革命的文化起源[M]. 洪庆明, 译. 北京:译林出版社,2015:70.

寻常的。①

及至当今时代，技术称雄又一次让世人不可小觑：2019 年 11 月 16 日，中国移动 5G 联合创新中心在广州举办 5G 合作创新峰会。此次峰会以 5G+、新网络、新能力、新应用、新设施为核心，倡导 5G 融百业。② 据介绍，随着 5G 技术的诞生，用智能终端分享 3D 电影、游戏以及超高画质（UHD）节目的时代正在到来。在这样的技术背景之下，新华社、人民日报、中央广播电视总台在媒介配置的技术问题上新动作不断。2019 年 8 月 26 日，新华智云率先发布了自主研发的 25 款媒体机器人，向外界展示了 AI 技术在媒体领域应用的无限可能。③ 人民智作平台也于 2019 年 9 月 10 日正式上线，平台依托自有的智媒聚发、智能创作、全媒体池和商业运营等功能系统，为流量平台、智能手机及各类智能终端提供精准的精品内容分发服务。据媒体报道，此平台用技术拓展了智媒体的边界，表明了技术对媒体赋能不仅是内容生产赋能，智媒体的发展还有着更多探索空间。④ 中央广播电视总台"人工智能编辑部"也在 2019 年 9 月 26 日启动并宣布中央广播电视总台全面启动高质量发展改版，突出"台网并重、先网后台、移动优先"的理念，努力在"5G+4K/8K+AI"全新战略布局下推进内容供给侧结构性改革。⑤ 广播端将积极拓展传播渠道，努力形成"全场景"传播。央视网、央广网、国际在线共建"人工智能编辑部"，统筹新闻网站、手机电视、互联网电视、IPTV、各类智慧屏等全终端业态，从而为受众提供全新的视听体验，并向外界展示了央媒拥抱智媒体的全新姿态，智媒体由此迎来了"国家队"。几大权

---

① 于尔根·奥斯特哈默. 世界的演变：19 世纪史（I）[M]. 强朝晖, 刘风, 译. 北京：社会科学文献出版社, 2016: 18.
② C114 通信网. 破解"三高"难题, BSN 让 5G+区块链加速"照进现实"[EB/OL]. (2019-11-21) [2023-09-22] https://tech.sina.com.cn/roll/2019-11-21/doc-iihnzahi2438475.shtml.
③ 姜继葆. 新华智云推出 25 款媒体机器人解决媒体人痛点[EB/OL]. (2019-08-28) [2023-09-22] http://media.people.com.cn/n1/2019/0828/c40606-31321184.html.
④ 赵竹青. 人民网发布内容聚合分发业务战略暨人民智作平台上线[EB/OL]. (2019-09-11) [2023-09-22] http://media.people.com.cn/n1/2019/0911/c40606-31347551.html.
⑤ 吴晓东. 中央广播电视总台全面启动高质量发展改版[EB/OL]. (2019-09-26) [2023-09-22] http://news.cnr.cn/native/gd/20190926/t20190926_524795167.shtml.

威媒体在短时间内集体亮相，既显示出媒体拥抱新技术的积极姿态，也完全可以预见技术赋能智媒体，未来大有可期的新动态。紧随其后，科技部于 2019 年 11 月印发了《科技部关于批准建设媒体融合与传播等 4 个国家重点实验室的通知》。① 从通知中可获悉：在 4 个全新获批的国家重点实验室中，"媒体融合与传播国家重点实验室"由教育部主管，依托单位为中国传媒大学；"传播内容认知国家重点实验室"由人民日报社主管，依托单位为人民日报社人民网；"媒体融合生产技术与系统国家重点实验室"由新华通讯社主管，依托单位为新华通讯社新媒体中心；"超高清视音频制播呈现国家重点实验室"由中央广播电视总台主管，依托单位为中央广播电视总台。这种技术研发、技术应用、技术产出一体化的设计，既为媒体技术进一步发展奠定牢固的基础，同时也给予媒介与技术之间的深度融合以较大提升空间。

由此可见，从顶层设计到具体落实，媒介机构与组织对技术的重视到了何等程度，在媒介设置中技术要素不只是以含量多少而论，而是从发动力、生产力、牵引力、影响力、决胜力等角度来看。所以，在媒介文化领导权的构成要素中，技术要素的权重随着时代的进步也在日益增加。或可预言：不断地掌握更加先进的媒介技术就等于赢得媒介的未来。

（二）媒介平台领导权

作为工程学最基本的概念之一，平台概念广泛移植并化用于许多学科的不同研究领域。在 2010 年前后，此概念也被引入新闻传播学研究领域。有学者在研究当时将要推出的新一代广电网络时，敏感地意识到这不只是一个技术概念，而且是一个平台概念，并认为平台是一种实现双方或多方主体互融互通的"通用介质"，如标准、技术、载体、空间等，它能够有效实现需求力规模经济和供给力规

---

①科技部. 科技部关于批准建设媒体融合与传播等 4 个国家重点实验室的通知[EB/OL]. (2019 – 11 – 13)[2023 – 09 – 22] http://www.gov.cn/xinwen/2019 – 11/13/content_5451486.htm.

模经济的对接。同时还预见,数字技术、网络技术和现代通信技术是"裂变型"的技术(Disruptive Technology),它们不仅打破了传媒业和通信业的产业边界,带来了媒体形态的革新和演进,更催生了新的业务领域、商业模式和用户市场。① 简言之,由整合而形成的媒介平台既是一个资源的聚合器,也是一个关系的转换器。具体表现在这样一个或存在于现实世界,或存在于虚拟网络世界中的标准、技术、载体、空间等通用介质,通过其自身的组织原则、协调原则等使得平台本身运行稳定,并让在此平台上所交换的一切的资源实现其效益最大化。

媒介平台领导权首先取决于其规模。对于媒介平台规模的测度有许多指标,如所涉及与统辖领域的宽广度、所获经营利润的丰厚度以及对社会发展产生的影响力的深广度等,也往往是由这些具体指标一体化后所形成的综合效应或强大威力。以维基百科为例,2001年1月13日,吉米·威尔士与拉里·桑格两人在互联网上推出知识服务系统,由此奠定维基百科的最早基础;两日后的1月15日,正式展开网络百科全书计划,以桑格提出新词"Wikipedia"来命名网站。15年后,即2015年12月的维基百科已发展为共有280种语言版本,数百万条目的超级数字百科全书平台。其中英语条目超过500万;瑞典语、德语、荷兰语、法语、俄语、意大利语、越南语和波兰语等11个语言版本已逾100万条目;日语接近100万条目;中文将近86万条目;另外维基百科上还有40多个语言版本的超过10万篇文章和超过120个语言版本的10 000多个条目。如此规模的超大知识媒介平台,其影响辐射力在2018年得到强有力的回应:同年12月,世界品牌实验室编制的《2018世界品牌500强》揭晓,维基百科入围2018世界品牌500强,位列第90位。② 2020年1月24日,有消息报道,"世界最大百科类网站维基百科今日突破了一个全新的里程碑——文章数量突破600万篇"。这是维基百科英文版的文章数量。英文版维基百科也是维基访问量最大的网页,日均浏览量为

---

①黄升民,谷虹.数字媒体时代的平台建构与竞争[J].现代传播,2009(5):22-27.
②世界品牌实验室.2018年(第十五届)《世界品牌500强》揭晓[EB/OL].www.worldbrandlab.com/world/2018/.

2.55 亿次，在世界网站中排名第八。① 又如腾讯，创办于 1998 年 11 月的深圳市腾讯计算机系统有限公司，目前已成长为多元化服务的巨型互联网平台。据公开资料显示，该平台主要包括社交和通信服务 QQ 及微信（WeChat）、社交网络平台 QQ 空间、腾讯游戏旗下 QQ 游戏平台、门户网站腾讯网、腾讯新闻客户端和网络视频服务腾讯视频等。2018 年 9 月 30 日，腾讯进一步调整了组织架构方案：在原有七大事业群（BG）的基础上，保留原有的企业发展事业群（CDG）、互动娱乐事业群（IEG）、技术工程事业群（TEG）、微信事业群（WXG）；新成立云与智慧产业事业群（CSIG）、平台与内容事业群（PCG）。其中，云与智慧产业事业群的主要功能是推进云与产业互联网战略，依托云、安全、人工智能等技术创新，打造智慧产业升级方案，并探索用户与产业的创新互动，从而打通产业上下游的不同企业，联动线上线下的场景与资源，助力零售、医疗、教育、交通等产业数字化升级，同时协助企业更智能地服务用户，构建起连接用户与商业的智慧产业新生态。平台与内容事业群（PCG）的主要功能是推进互联网平台和内容文化生态融合发展，整合 QQ、QQ 空间等社交平台和应用宝、浏览器等流量平台，以及新闻资讯、视频、体育、直播、动漫、影业等内容平台，为内容生态创造更好的环境。与此同时，以技术驱动，推动 IP 跨平台多形态发展，为更多用户创造多样化的优质数字内容体验。从上述两例可看出其共同特点：一是媒介平台从创立到发展为目前的超大规模仅用时 20 年左右；二是媒介平台充分发挥了其资源聚合器与关系转换器的基本功能；三是在发挥其基本功能的基础上以已经产生联通作用为手段，更大限度地促进连接作用的发挥。特别是其连接作用，可以从平台所实现的社会效益与经济价值显现出来，作为非营利性媒介平台的维基百科（Wikipedia.org），全球月活量为 22.23 亿次，全美月活量为 10.32

---

① 小淳.维基百科实现全新里程碑:英文版文章突破 600 万篇[EB/OL].(2020 – 01 – 24)[2023 – 09 – 22]https://news.mydrivers.com/1/669/669073.htm.

亿次,在全美排名第2位。① 2021年1月31日,由英国知名品牌价值咨询公司"品牌金融"(Brand Finance)发布的《2021年全球最具价值品牌500强报告》显示,腾讯(Tencent)媒体的品牌价值为564.32亿美元,排名第14位。②

媒介平台的领导权还体现在对算法的多维协同。再大规模的平台,在其技术构成和产品服务上,不外乎软件、硬件和提供服务。对此,何塞·范·迪克解释说"有助于将社交活动编码到计算机架构中;它们通过算法和格式化协议处理元数据,然后以用户友好界面的形式呈现其解释逻辑,默认设置反映了平台所有者的策略选择"。③在这段话中可以摘选出五个关键概念:数据、算法、协议、界面和系统默认值。数据可以是适用于计算机的任何类型的信息,如文字、声音、图像、视频、影像、数字等,也可以是由其中任意两项或多项组合而成的不同形态的文本,还可以是用于描述、解释和定为信息资源的,使其更易于检索、使用和管理的结构化信息,如时间戳和地理空间等可随信息上传并输送的自动派生的数据。

有了数据,还要拥有处理数据的能力,即算法。在计算机科学中,"一种算法是用于计算函数的一组有限定义的明确指令,是一种用于处理或自动推理的分布指令,命令机器从给定的输入中产生特定的输出"。④如在当当网选购书目,它的推荐系统会不停地告知你"浏览此商品的顾客也同时浏览""买过同样商品的人还买了""经常一起购买的商品""推广商品""为您推荐"等;豆瓣读书更是将能搜索到的不同版本书籍集中呈现,另外还附带读书体会;还有,无论在阅读新闻、浏览视频、点外卖、打卡网红,还是在何种类型的网络平台上从事任

---

① 雨果跨境.外媒:2020人气爆表的网站数据盘点![EB/OL].(2020-10-06)[2023-09-22] https://www.cifnews.com/article/79249.
② 全球企业动态.2021年全球最具价值500大品牌榜[EB/OL].(2021-01-31)[2023-09-22] https://www.sohu.com/a/448017457_275750.
③ 何塞·范·迪克.连接:社交媒体批评史[M].晏青,陈光凤,译.北京:中国人民大学出版社,2021:32.
④ 何塞·范·迪克.连接:社交媒体批评史[M].晏青,陈光凤,译.北京:中国人民大学出版社,2021:33-34.

何数字实践行为,行为者都会留下或多或少的数字踪迹。这些在数字输入时留下的任何蛛丝马迹将一定会根据算法所需,或被分类,或被标签,或被排序,或被排除等,并在算法的指令下产生特定的输出。当然,作为专利或享有知识产权并予以保护的算法在通常情况下被视为商业秘密,秘而不宣。但算法所产生的结果广泛地渗透到现实生活之中,特别是在万物互联的现实环境下,算法成为整理、调度、组合和分配资源的"操盘手",①决定了人与人、人与物,甚至是人与整个世界是否连接以及以何种方式连接。正是由于算法具有此种媒介属性,且将人的思维逻辑通过机器学习形成算法的自身逻辑来代替人类发号施令,最终将会深刻地影响到整个人类社会的运行逻辑。

从严格意义上来讲,算法本身并非新生事物。从古至今,作为特殊工具的算法绵延不绝:岩壁上刻画的点数、陶制的计数用的筹子、记事的多彩绳结、运算时噼里啪啦作响的每一粒珠子所代表的数字及其运算规则的算盘……乃至图灵机等,都是古代先民或现代科学家头脑中算法的物质外显,它们从可见的物本身复现了不可见的算法,证实作为类的存在物的人与动物判然有别且其头脑高度复杂。现如今,算法似乎变得不可捉摸,甚至变得人为不可控制,变得强大到开始控制人的行为。算法的各种"反噬"行为及其结果,让世人出现惶恐和焦虑,古老的算法似乎已进化为能吸入一切数据并演化出无数幻境,让人们自陷其中,欲罢不能。据美国80后互联网观察家伊莱·帕里泽研究结果显示,从2009年12月4日起,新互联网的基本核心程序有了根本性变化。从这一天起,互联网巨头企业谷歌公司开始使用57种"信号",如登录网页的地理位置、使用的浏览器、以往搜索过的内容等来猜测用户的身份,揣摩用户的喜好,预测用户的需求,显示用户最有可能点击的页面。这一切都意味着谷歌开始为每个个体用户量身定制搜索结果,也标志着人类信息的消费正经历着重大而隐形的革命——个性化信

---

① 程思琪,喻国明. 人工智能的技术路线的洞察与人际传播新范式的建构[J]. 全球传媒学刊,2021(1): 19-34.

息服务拉开了序幕。①事实上,新互联网的基本核心程序并不复杂,就是新一代互联网过滤器通过观察每一个个体用户在其网络新闻行动过程中留下的数字踪迹来推断其好恶。 此时,搜索引擎化身为预测引擎,独断地完善和创造一整套关于"你"的理论:"你是谁?""你从哪里来?""你下一步会做什么?""你想要什么?"等。 "这些引擎一起为我们每一个人打造了一个独特的信息世界——我称之为'过滤泡'——这从根本上改变了我们接触观念和信息的方式。"②因为,"过滤泡"引入了三种前所未有的动态力量:一是用户被孤立和隔绝;二是过滤泡是不可见的;三是过滤泡是强制的。 被这三种动态力量围困在其中的个体用户,在不知不觉中,乃至于主动地、心甘情愿地戴着有色眼镜,独自品味着经过算法为其精心准备的信息大餐。

有此清醒认识之后,就应理智地考虑从此困境突围而出的必要性。 但是,可能性又在何处? 据谷歌首席执行官埃里克·施密特测算,从远古至新世纪初年,所有人类交流的信息数据总量大约有 50 亿 GB,这也只是当下时代的人们每两天就能创建的数据量。 在海量信息澎湃而至的时代,人们不仅被信息之海所淹没,也出现了互联网公司最不愿意看到,也最为担心的注意力崩溃现象。 为了打捞有用、有益且有效的注意力,个性化信息过滤器被互联网信息平台视为定海神针;为了不被信息洪流冲刷到找不到具体信息方位,当个性化信息过滤器伸出援手之时,就被用户视为信息之海上的救命稻草一样,或乐于接受,或紧抓不放,甚至于产生依赖。 还有,个性化过滤器的服务周到且贴心,一切都是量身定做,契合用户个人的爱好,满足用户个体化需求,完美体现用户个人的兴趣和愿望,不仅让个体用户置身于熟悉而温暖的信息环境之中,似乎自己就是整个世界的中心,周围的一切都在温情地围绕自己。 可见,网络信息个性化服务的拉力

---

① 伊莱·帕里泽.过滤泡:互联网对我们的隐秘操纵[M].方师师,杨媛,译.北京:中国人民大学出版社,2020:2-3.
② 伊莱·帕里泽.过滤泡:互联网对我们的隐秘操纵[M].方师师,杨媛,译.北京:中国人民大学出版社,2020:8-9.

是何等之巨！不止如此，"个性化技术在将来只会变得越来越强大。传感器能接受新的个人信号和数据流，更加深入地嵌入日常生活的表面，而且，计算能力将被释放出来，对我们的偏好甚至我们的内部生活做出越来越精确的猜测"。①更为奇特并值得关注的是，美国国防部高等研究计划署早在2002年就开始推进一项"增强认知"的研究，该研究结合认知神经科学和大脑成像，致力于寻找将重要信息传递到大脑中的最有效的方法。通过监控大脑中与记忆、决策等相关区域的活动，以及联系精神疲惫、新奇感、厌倦感、压力感等情绪性因素在不同环境下的波动与变化，增强认知设备可以确保找出并强调所需要的重要的信息。

可以肯定的是，当信息推送变得更加个性化以及认知被增强之时，这种以预制自我为中心的信息消费，其总体所付出的代价一定不小：其一是如果长久处于一个自我信息高度同质化的信息环境之中，个性化发展必然会达到一定的极致状态，阻碍了个体对未知领域的探索，新知产生的途径也会在一定程度上受阻；其二，囿于个性化信息服务的引导，个体有可能会动态地卷入自我循环之中，就像高速旋转的陀螺，在外力的连续抽击之下，其旋转行进的路线可能会有所改变，但旋转的方向不会发生偏移；其三，置身于过滤泡之中，若无强有力的突破能力，天长日久，身处其中的人们就会成为真正意义上的信息决定论者，或可称之为个性化信息服务下的信息囚徒。

当然，从表面上看，这几种代价是由信息消费者个体来承担的，也是个性化信息服务所造成的必然结果。但从另一个层面检视，这将会是一个产生更广泛后果的社会文化问题。在个性化信息服务之前，出身军用的互联网在民用化过程中，其蓝图的初始描绘者所希冀的是，"互联网将开启一个文化民主的新时代，自主的消费者将要发号施令，旧的媒体寡头将要腐烂和死亡。互联网将振兴民主。在世界各地，弱者和边缘人群将被赋予力量，迫使独裁者下台，并使权

---

① 伊莱·帕里泽.过滤泡：互联网对我们的隐秘操纵[M].方师师，杨媛，译.北京：中国人民大学出版社，2020：141.

利关系重组。互联网将会使宇宙收缩，促进国家间的对话和全球理解"。① 现如今，这种地球村里信息的互联互通以及人类信息共同体的构建，并在其上附着的信息公开、信息民主、信息共享等美好愿景远未实现。政治逻辑与商业逻辑双管齐下，规制了互联网事业的发展，或为政治利益摇旗呐喊；或为商业利益鸣锣开道；或二者兼为倚重，成为富可敌国的商业巨贾和一言九鼎的政治家的讲坛。时下通行的通过算法实现的个体化信息服务，其目的就是为了实现上述两个兼而有之的目的，只不过在讲法上更为巧妙，在做法上更为隐蔽，在结果上看似客观中立。

为此，就不能只是从个体信息消费选择方面来思考问题。因为在信息时代，基于互联网平台的信息供给与个体化信息消费之间已经建立起良好的关系，海量信息的收集、储存、加工、传输等高度技术化与智能化，信息大餐、信息盛宴时时刻刻在等候享用者的到来，并给予其可选择、可围观、可抓取、可编辑、可转化、可生成、可传输等信息消费的空前自由权。更何况，在此庞大的信息平台之上，信息生产者与信息消费者可互相转化身份到难分彼此的程度。此时，就应将算法推荐类的个体化信息服务视为互联网信息平台的根本性运作机制，它的有效运行会不断转化为强大的结构性力量，广泛而深入地渗透到社会的政治、经济等领域，介入人们的日常生活之中，并以特有的生活方式呈现出一个时代的社会文化形态。诚如智能家居、智能出行、智慧社区、智慧城市、数字土著、数字文盲、数字残疾、数字时代等一系列文化标签所标出的那样，未贴此标签者甚至会成为被甩出时代界限之外的需要进行数字精准扶贫的特殊对象。

实际上，算法的威力一是来源于机器的深度学习。当人类开启第四次工业革命之时，计算机技术已经发展到拥有强大的数据存储、数据分析、数据运算、数据传输能力，这些深度学习能力显然只有机器能胜任，人力是望尘莫及的。

---

① 南希·K.拜厄姆.交往在云端：数字时代的人际关系[M].董晨宇，唐悦哲，译.北京：中国人民大学出版社，2020：5.

当这些能力达到人力无法控制甚至无法理解之时，失控所造成的无力感就会侵袭人类的思想乃至情感领域。其二，算法的威力在于能偷窥人类的欲望。在谈及属人的人格构成时，弗洛伊德从心理学角度提出本我、自我与超我的著名论断。所谓"本我"即深不可见、无法为人的意识所捕捉的、以力比多为基本构成的"原欲"。这种对人格予以层级结构的划分在理论层面具有划时代意义。可否这样认为，19世纪弗洛伊德提出的理论命题，在21世纪的大数据时代通过算法得到现实的印证：无论你怎么想、怎么做，还是不那么想、不那么做，只要你触碰到随处与收集数据有关的按钮，你的数字踪迹就会被记录、被储存、被分析、被计算、被应用、被传输、被追踪、被锁定、被打包、被定制、被推送等。紧随行为人的数字踪迹而至的数字服务，是根据其数字行踪所计算出的，为满足行为人的欲望而专属提供的。在大数据时代，算法作为偷窥利器，时刻觊觎和窥视着哪怕最深层次的欲望。其三，算法的威力还在于为数字庸众布设欲望陷阱。在通常情况下，媒介平台启用算法并仰仗算法的目的，是为了更深入地了解用户，为用户精准画像，并为用户提供更为个性化优质服务的同时增加用户黏性。细究之下，就会发现媒介平台运行的深层逻辑是政治逻辑与商业逻辑征用技术逻辑的前提下以实现自身的目的。换言之，强大的技术支撑，最后实现的是平台掌控者的政治的、商业的目的。算法，作为彰显平台技术的软实力，不仅能服从平台运行的双重逻辑，还能为此双重逻辑的运行结果提供一定程度的保障。它不仅可以精准地描绘出数字行为人的行为轨迹，还能计算出其中的有机联系，更能推算出在未来某些情境之下，数字行为人可能会发生的特定行为，并据此设计出一个又一个堪称完美的行动方案。这些预制好的行动方案，或描绘出的行动路线图，其实就是算法根据数字行为人通过数字踪迹无意识中透露的欲望而重新布置的欲望陷阱。舍此，行动路线图似乎失去一定程度的科学性，行为逻辑似乎偏离了本该具有的科学性。由此看来，算法给予的欲望陷阱不仅披着科学的外衣，也增加了其科学的内核。算法给出的方案因具有科学的外观和内核遂替代了行为人的决策，并为其行为提供合理性基础，从而保证其在行为秩序中的优先性与正确性。

算法之外，在平台编码架构中还须有协议。这是一组技术规则，是对数字信息格式的正式描述，其可用性取决于如何被编程，以及他们如何被所有者控制和管理。它往往隐藏在可见或不可见的界面之后，如可见用户界面通常以按钮、滚动条、图标等技术特征和管理特征来引导用户与内容之间的连接。在此，必须提醒的是平台的内部界面和可见界面都是控制区域，其中的编码信息的含义被转换为特定用户的操作指令。而且，界面通常是默认的，并且是自动分配给软件应用程序以某种方式引导用户的设置，从而有意识地将用户诱骗到某个特定程序中。①

由此可见，数字平台的算法并不是一个单一的、有某种特定目的的计算指令，而是与数据、协议、默认、界面协同运作的一体化系统。舍其一，就不能体现算法的完美，更无法向用户植入这种"技术无意识"。

最后，平台领导权体现为用户自主地遁入"技术无意识"之境。韩裔德籍哲学家韩炳哲曾断言："数字的时代是后出生和后死亡的时代。"②在这个时代，数字机器和资本机器组成一个庞大的联盟，联手将人们牵引到"技术无意识"的境遇之中——那种在日常生活中隐晦的、只有部分可见的且能产生强大影响力的信息设备及其所构建的技术环境。在此间，许多人使用数字设备在当下过着未来的非物质生活。敲敲键盘、摁摁按钮、点点屏幕等只动手指而不见手的活动太过平常，"未来的人类将不需要手。不再有任何事需要他们动手和加工，因为他们处理的不是物质的东西，而只剩非物质的信息"。③没有物的负重感，没有从事物质生产时的压迫感，没有改变物质形态时遭遇到的否定与反抗，数字世界里只有手指的轻捷与感官的漂流。与现代、前现代那些劳动的人相比较，浸泡

---

① 何塞·范·迪克.连接:社交媒体批评史[M].晏青,陈光凤,译.北京:中国人民大学出版社,2021:34-35.
② 韩炳哲.在群中:数字媒体时代的大众心理学[M].程巍,译.北京:中信出版社,2019:48.
③ 韩炳哲.在群中:数字媒体时代的大众心理学[M].程巍,译.北京:中信出版社,2019:49.

在数字世界中的人只能称为数字人、游戏人。还有，一般情况下，数字人或游戏人被平台所有者与维护者尊称为"用户"，千方百计、挖空心思地增强用户体验，增加用户黏性，维护平台粉丝的日活量、月活量等。在此双重引力的牵引之下，很难有用户不被吸引到这些平台之中，并自觉地甚至沉迷于由"技术无意识"所带来的幻境之中。

综上所述，在数字技术的引领时代，媒介平台的领导权无论在平台规模、对平台算法的协同，还是用户在平台使用过程中形成的自主性的、沉迷式的遁入，都显示出平台引力的强大和用户的拥趸，也正是在双方合力绞合的过程中，不断深化平台所有者、维护者与用户的文化实践，深刻地塑造着媒介平台上人们的文化体验，并呈现出万花筒般的崭新的媒介文化景观。

（三）符号领导权

在赋权赋能与获权获能的数字媒介时代，媒介文化产品的生产与消费变得愈加便捷，人们通过媒介平台接口就可上传语音、文字、图片、视频，甚至情绪、记忆等一切被视为信息产品的东西，也可以主动或被动地从消费平台上获得消费的一切。也就是说，人们与储存、计算和传输海量信息的硕大无朋的媒介平台遇到之时，通常只是把它当作数字时代的基础设施之一，并通过平台界面给定的航线，只需"点击""划动"等少许不费力气的手指动作就进入了数字海洋遨游航行，反而对数据标准、文件格式、代码发行版本、补丁、端口等数字文本的构成要素不甚了了。在此过程中，无论是信息产品的生产者还是消费者，可能不会考虑构成信息产品的符号及其物化形式，而事实上，它已经成为当下时代媒介文化领导权的重要结构性要素之一。

自古及今，人作为创造符号和使用符号的动物，寻找意义是其作为人存在于世的基本方式。在此种意义层面上，当人在存在过程中主动寻求意义时，或者将自然的物理世界以及人的经验世界转化为人化世界的时候，人才具有存在的本体性质。也就是说，在给包括自身在内的物与事命名等符号行为以及不断符号化的过程中，人才得以成为意义主体。基于此，人常常是通过符号化来对自己的感知予以解释，并借此成为表达自身经验的基本方式。可见，符号是人在自身的社会实践活动中创造的，以携带某种实践意义的可供感知的事与物。按理说，对一定程度的社会实践活动及其结果的意义感知必有某种相应的符号化过程，并通过某种符号或符号系统予以恰切表征才是较为理想的状态，但与此理想化的情形相悖的是，二者之间少有耦合，即符号化及其结果往往失之偏颇，表征不足或表征过度时有出现。如何来衡量表征不足或表征过度并无确切的标准，但总体上感觉从 20 世纪晚期的语言转向以来，尤其是经过 20 世纪后半期的媒介变革的加持，当代社会的文化领域迅速迈进一个高度符号化时期。

对当下时期媒介文化产品的符号构成进行仔细分析后就可发现，无论是虚构的与非虚构的、非实用性的以及实用性的媒介文化产品，其符号组合与构成都大为讲究。如《侏罗纪公园》《阿凡达》《长城》等中外大成本制作的电影，场景之宏大、色彩之瑰丽、画面之唯美、造型之奇特等无不令人称奇，但其符号所携带的具体物、具体行为等意义层面的东西却使人难以感知；又如时下时髦的微信公众号推文，在简短的文字陈述中插入图片、动图、表情包、漫画、截屏图、统计图表等图像类符号，也会插入对话、独白、拟音、音乐等声音类符号，还会有广告等综合类符号等待点开，在如此繁杂的符号堆积与叠砌中，真实的符号指称又如何感知？再如讲求科学与实用表意的天气预报类信息，在符号使用中也是极尽其能：地形图、气流气压图、云层分布图、云朵图、雨滴图、风向标、地面温度表、体感温度表、穿衣指数、感冒指数、表情包、风声、雨声等悉数尽有，符号及其组合使天气信息服务达到如此专业、精准的地步，使受众倏忽间变身成为气象学家而不自知。从上述几例中，不仅可以检析出符号及其组合的使用，还可以看出部分媒介文化产品生产者的符号使用方式与原则，如"拿来"讲究的是有用即可随手取用；"混搭"提倡能"搭"就好；"拼贴"不考虑符号是否有秩序、能否统一，而是将其无秩序、杂乱地集中或分置于文本之中。如此强劲的

"后"风,往往忽视了文本符号的本来意蕴,且最大可能是只取其手法,难成其格调。

对于这些现象与结果的评判,符号学家赵毅衡明确指出:当代文化的一个重要特点是"符号泛滥",各种符号-物现在都在剧烈地朝符号化方向移动。第一种表现是绝大部分原本与人无关的自然物,在人们征服自然的过程中硬被拉入人化世界;二是在绝大部分符号-使用体中,表意的成分越来越大,大到使用性越来越可以忽略不计的地步;三是纯符号物越来越多,即只为表达意义而出现的物品多到没有使用物的程度;四是人工符号的使用表意部分越来越小,艺术部分越来越大并出现"泛艺术化"。① 诚哉斯言! 这也恰恰进一步确证了符号的表意性随着文明的进程而增加这一历史规律。

对此,法国哲学家让·鲍德里亚有过深刻的阐述。他笃定地认为,在资本主义社会存在的场景中,人与世界的关系单从生产领域来看可具体划界为三个不同阶段,一是从"文艺复兴到工业革命的'古典'时期"。此时,人与世界的关系具体表现为人与外部自然界的关系,主要是人向自然学习,人依从自然规律、模仿自然存在方式并依据自然为参照制造物品。此时的生产本质为"仿造",也就是"在意象的基础上建立起来的,它们与仿造对象的关系是和谐的、乐观的,而且,它的存在性是要去重建出那个以上帝为意象的自然之理想结构"。② 二是"工业时代"。在这个时期,生产不再仅仅是仿造自然,而是在物质性存在中制造出人的有用性外部世界。此时的生产具有生产主义性质,就是有"一个普罗米修斯式的目标,想要造成永不间断的全球性扩张,以及某种能量的无限解放"。③ 三是受代码支配的阶段。这一阶段的拟像是在信息、模型,以及赛伯操控的游戏

---

① 赵毅衡.符号学:原理与推演.南京:南京大学出版社,2016;32-33.
② 鲍德里亚.拟像与拟真[M].洪凌,译.台北:台湾时报文化出版企业有限公司,1998;233.
③ 鲍德里亚.拟像与拟真[M].洪凌,译.台北:台湾时报文化出版企业有限公司,1998;233.

之上建立起来的,它具有完全的操作性,超级现实,它的目标就是总体控制。① 这是一个崭新的时代,人不再直接与外部世界产生关系,而是借助于拟真建构世界,即通过超级真实投射所建构出来的伪世界。 鲍德里亚所说的生产的三个阶段也是生产的"三重秩序",按此秩序人建构着与世界最基本的联系,布设着自身的存在环境。

可见,从现代社会工业生产的拟像正在转化为后现代社会的拟真,从对物质性实存世界的模仿到对无根由拷贝的拷贝,相匹配的话语逻辑也从"与工业机器相对应的是理性的、参照的、功能的、历史的意识机器",转化为"与代码机制相吻合的是无参照的、移情的、不确定的、浮动的无意识随机机制"。 在此情形之下,"控制论操作、遗传密码、随机的突变秩序、测不准原理等,这一切接替了一种确定的、客观主义的科学,接替了一种辩证的历史观和认识观"。②

还有,在当今的数字时代,任何媒介平台在最广泛意义上的"信息"通过装置、设备等新型技术手段被客体化,即数字公民越来越多地将信息委托给号称服务行业的数字平台设备。 此服务行业将信息予以分类、标签并将之网络化。 在对信息进行控制的同时,也是信息的形式化、模式化,甚至还有可能会摧毁信息。 正如贝尔纳·施蒂格勒所担心的那样:某些技术专门针对某些形式的知识,这些知识形式超越了我们的能力。 就此而言,他们使"人类显得过时"。 面对他们的霸权,我们发现自己越来越茫然,内心越来越空虚 。③

贝尔纳·施蒂格勒担心和抱怨的是计算机及其运算与处理日益成为基础设施,并限定着我们在当今世界里获得所有经验时必然出现的症候之一罢了,这并不妨碍新技术在个体维度和社会维度发挥其功能。 如在媒介平台上,利用网络

---

① 鲍德里亚.拟像与拟真[M].洪凌,译.台北:台湾时报文化出版企业有限公司,1998:233 − 234.
② 鲍德里亚.象征交换与死亡[M].车槿山,译.南京:译林出版社,2006:4.
③ 贝尔纳·施蒂格勒.记忆[M]//W. J. T. 米歇尔,马克·B. N. 汉森.媒介研究批评术语集.肖腊梅,胡晓华,译.南京:南京大学出版社,2019:62.

提供方的多对多连接，网络用户引发了数字内容的爆炸——语音、文字、图片、视频、论坛、博客等，这种一定程度的信息拓展行为，就是将信息储存转化并扩大为信息生产，即从上传个人经历中的一些信息，完成个人生存体验的数字化铭写；在这些具有独特印记的个人经验的数字化铭写的同时，不知不觉间已生成虚拟世界的集体在场以及连接本身，即通过内容上传本身就与志趣相投的用户实现连接。此种看似简单的能力，实为数字时代个体人的必备生产能力之一。

三、一体化的媒介文化领导权及其权重

对媒介文化领导权及其构成性的分析，完全是对现实问题在理论阐释过程中的逻辑展开。在现实情况之下，媒介文化领导权的构成性要素是高度集约的、一体化的，即媒介技术、媒介平台、媒介符号之间的相互配套、相互接榫是在高度同一性的原则下配伍的。试想，若无先进的技术力量作支撑，庞大的媒介平台就没有搭建和有效运行的可能性，纷繁复杂的符号及其构成的各种文本就没有承载和传输的载体与渠道。所以，媒介文化领导权是一种庞大的、一体化的、符号装置式的文化"霸权"。但是，思想的物流装置之所以重要，是因为它能够看似全方位、一揽子，并方便、快捷地满足媒介内容生产者和消费者的各种现实的与精神上的需求，使得这种符号装置的使用者对此形成一定程度的依赖，或心甘情愿，或无可奈何地接受它、热爱它，甚至依恋它。

在此，还需分析的另一个重要问题是由此构成的媒介文化领导权是否真有"权力"？乌尔里希·贝克曾论证过，民族国家权力正在因全球化对国家主权的限制而受到的影响。在全球化时代，放松管制的市场压力降低了国家的干预能力，国家对公民影响力的减弱使其公共合法性也有所下降。在此种情况下，进入现代社会以来一直被视为权力主体的国家是否仍然在垄断信息？卡斯特的研究结果推翻了这个以国家为中心来理解权力的传统思路。他赞同兰斯·本尼特

所提出的媒介是一个连接紧密的系统的媒介观念——在这个系统中，通常是印刷媒介记者生产原始的信息和报道突发信息，电视媒介记者负责为广大受众传播信息，而广播负责定制新闻内容并提供某种互动。这种相互的、紧密连接的媒介系统虽然是20世纪90年代媒介系统的典型特征，但也启发了卡斯特对信息掌控的理解。因此，卡斯特得出自己的研究结论：在全球化的流动空间中，国家不再真正地垄断信息，大量的经济、政治和文化权力实际上已从国家转向媒介系统，进而使信息成了限定当代社会的一个重要的新源泉。在这种情境之下，"若干强大的新结构，即网络的出现，支持了社会互动的特殊形式、独一无二的权威模式和特定的权力源泉。控制信息的权力不再属于国家机构，它存在于媒介网络之中"。[1] 还有，"网络建构了我们社会的新社会形态，而网络化逻辑的扩散实质性地改变了生产、经验、权力与文化过程中的操作和结果"。[2] 这些都说明，网络社会的权力主要由传播结构所限定，也通过传播结构得以限定。换而言之，网络权力既有能力将权力投射到现存的网络之上，也有能力建构新的网络。前者被卡斯特描述为"开关权"，是一种将思想、资源或人员引入子网络中的能力；后者是一种选择思想、资源或人员并设计它们之间的链接的能力，可称之为"编辑权"；在网络社会，这两种形式的网络权力已经渗透到社会生活的各个方面，成为规制社会存在与运行的基本逻辑。

从媒介文化领导权的构成性分析到网络社会中权力中心的转移，以及网络权力所关乎的"开关权"与"编辑权"等一系列问题的阐述，就可看出，当下数字时代的媒介文化较之于传统媒介时代所形成的媒介文化有明显不同。其中的差别既在于媒介技术的科技含量，也在于媒介文化的生产方式、构成产品的符码以及产品的传送、消费方式等多个方面，更在于媒介文化领导权之下所形成的社会

---

[1] 菲利普·N.霍华德.卡斯特论媒介[M].殷晓蓉，译.北京：中国传媒大学出版社，2019：20-21.
[2] 曼纽尔·卡斯特.网络社会的崛起[M].夏铸九，王志弘，等译.北京：社会科学文献出版社，2006：434.

结构及其对社会个体成员日常生活所产生的深刻影响。

综上所述,作为媒介及其表征体系的媒介文化在一定社会历史条件下均有其特殊形态及其组合方式。在数字媒介时代,媒介文化有诸多新的变化,尤其是作为媒介文化领导权,它既由媒介技术、媒介平台、媒介符号等构成性要素集束而成,更是各要素之间的相互配套、紧密接榫且在高度同一性的原则下所配伍,并形成以技术内化于物质装置来承载符号体系的一种意识形态机器。在当前情境下,媒介文化领导权综合影响力真可谓空前,也完全可以预见,这种影响将会以辩证的方式持续不断地继续进行下去。

第七章　变革时代媒介文化的焦虑与人的理性自持

　　从"长时段"的历史发展而言，每一个媒介变革时代都有属于那个时代的主导性媒介及其媒介结构，其时的媒介文化形态也会铸上鲜明的时代烙印。这些烙印既是人类在此类社会实践中本质力量对象化的确证，也是其实践理性的象征。在汹涌澎湃且一浪高于一浪的媒介化浪潮中，每一种"新"媒介的出现都会对社会与文化产生某种可识别的影响。当下时代，在媒介效应广泛而强大的推动之下，人们关于媒介文化的焦虑在所难免。

　　事实上，这是一个古老的问题。古希腊时期，柏拉图曾担心文字书写技能的掌握会导致人的记忆技能的衰退；中世纪，文字识读与书写作为一种重要智识技能与传播上帝的声音这样的神圣使命联系在一起，以阅读、书写、计算等为核心的基础教育的普及就会打破教士阶层为代表的知识分子对神权代理的垄断；15世纪，古登堡发明的机械印刷术在一定意义上帮助了马丁·路德宗教改革运动的推进及其教义的广泛传播，但也对基督教世界的统一性造成极大的破坏；17世纪，阅读定期印刷的报纸成为当时人们的"早祷"，世俗世界的媒介景观代替了对宗教仪式的奉行；19世纪，铁路的建造、火车等交通运输工具的使用、电报与电话等通信工具的发明、海底电缆的铺设、通讯社的创办、电影的拍摄等，人类社会步入前所未有的具身性和非具身性的空间大拓展时期，但也让传统社会的时空统一性遭到空前破坏；20世纪以来，广播、电视等电子媒介让信息的传播无远弗届，由此也让尼尔·波兹曼等媒介哲学家担心人的童年在消失，人会成为"沙发上的土豆"，人会娱乐至死；20世纪90年代以来，数字媒介一路驰骋，比特字节在构筑世界，人也正走在成为生物电子人的道路上；在万物兼媒、万物兼通的时代，"我"和世界之间的距离只有一个接口。至此，智民和普罗大众是否需要考虑一个普遍性的问题：在众多媒介的包围之中，尤其是在媒介文化领导权的统御之下，人们将会面临何种文化焦虑？的确如此，处于媒介包围圈中的人们，尤其是在媒介文化领导权所统辖、所召唤之下，一定程度上的文化焦虑会以多种方式显现出来，诸如在微观上对媒介种类难以分辨，对媒介形态认知上失调，对媒介运行方式与运行规则难以掌握等；在宏观上对媒介文化变革带来的媒介情境及其碎裂时所遭遇到的适应性过程与非适应性恐惧等，都可视作有关媒介文化的文化焦虑。

一、是否一切皆因技术而定

在媒介文化及其情境遭逢变革之际，普遍存在的文化焦虑首先会相对集中地体现在技术与人类社会发展之间的因果关系问题上。对此问题的讨论有如下几种重要结论：一是技术决定论，此论倾向于将技术视为因果关系的动因，是一种人类几乎无法抵挡的社会变革力量；二是技术的社会建构论，认为人是技术和社会变化的主要推动者；三是技术的社会形成论，致力于技术与社会之间彼此不断地相互影响，强调一个没有单一主导力量的过程；最后一种是技术驯化论，即随着技术及其应用的时间推移，人们最终不再质疑其合理性与合法性，理所当然地视其为现实生活中的重要组成部分，技术不再会被视为社会变迁的动因。

如果对以上诸种有关技术的文化观念进行简单的归类，可参考历史学家大卫·奈伊泽简明而准确的概括。通过追溯19世纪的美国对当时新技术的普遍回应态度，大卫·奈伊泽总结出当时美国人对于新技术的态度通常以两种叙事方式予以表达：乌托邦与反乌托邦。[①] 以乌托邦维度来看待技术及其发展，就是技术被视为社会自然发展的一个重要部分；技术会提高人们日常生活的水准；技术是改变现实的重要力量等，这一系列设想是基于人类世界将会因为技术的发展而变得更加美好。 与之相反，从反乌托邦维度对技术的控诉之声一直不绝于耳，尤其是面对20世纪以来技术及其装置给人类社会造成的现实苦难，诸如对自然资源竭泽而渔式的掠夺与随之而来对环境毁灭式的破坏；大规模的人类现代化战争对生命的吞噬；现代化发展中不可估量与无法补偿的技术风险；等等，使得这种声音愈发响亮，尤其是法兰克福学派对科技意识形态的批判，海德格尔提出的技术座架理论，西蒙栋的技术异化逻辑，斯蒂格勒的现代技术"去根"说等，在相对较短的时间内已从各自独唱合成一曲多声部的足够激进的理论大合唱。 哲学家的哲思所抽象的不只是现代技术发展所造成的严重的矛盾现实，更令人们警觉的是技术主导一切有可能变得失控，从而反噬人类社会的存在。 犹如斯蒂格勒所认为的那样："技术产生了各种各样前所未有的新型装置：机器被应用于流通、交往、视、声、娱乐、计算、工作、'思维'等一切领域，在不久的将来，他还会被应用于感觉、替身（遥控显像、遥感、模拟现实）以及毁灭。"[②]这些已经涌现到眼前的现实，不仅让人们因过度依赖技术而变成"肢截者"，技术的发展还会引发人们产生其他恐惧。 因为，作为人的力量的技术力量已经获得前所未有的、无法计算的，在短期内无法预见的增长。 从业已总体完成的西方世界－技术世界带来的奇怪现象来看，"人类越是强大，世界就越是趋向'非人化'发展。 人类对自然——同时也是对自己的本性——越来越多的干预明显地表示：人类的力量是一种摧毁人类（世界）、使人类自身非自然化的力量"。[③] 在

[①] 南希·K. 拜厄姆. 交往在云端：数字时代的人际关系[M]. 董晨宇,唐悦哲,译. 北京：中国人民大学出版社,2020:33.
[②] 贝尔纳·斯蒂格勒. 技术与时间:1. 爱比米修斯的过失[M]. 裴程,译. 南京：译林出版社,2019:92.
[③] 贝尔纳·斯蒂格勒. 技术与时间:1. 爱比米修斯的过失[M]. 裴程,译. 南京：译林出版社,2019:97 - 98.

诸如此类的担忧中，最为根本的依然是技术被视为精英控制大众的得力工具，即无耻的骗子，也是厄运的象征。

对技术与社会现实之间因果关系的文化焦虑，进一步还可反映在技术给人类赋能与赋权的同时被赋予某种象征意义。正如南希·K.拜厄姆所言："我们传播的有关技术信息是具有自身性的，它在透露我们对技术的使用方式的同时，也透露了我们作为传播者的观念。当我们谈论数字媒体时，我们实则作为个体、群体和社会在谈论我们自身。"[1]所以，此时的技术就不只是为人类设置一个乌托邦或者反乌托邦那样简单，技术本然地就标识了人类自身，技术的走向就是人类自身的命运。这显然是布设了两个可供选择的备选项，即人类与技术，谁能成为未来发展向度的把控者，就等于把握了自己的未来。

二、是否为一种应然的社会现实

在信息时代，由媒介技术、媒介平台、媒介符号按照一定运行逻辑有序建构而成的媒介及其表征体系，以及它在整个社会系统运转中占据的优势地位，是否应该被视为一种属于现时代的社会现实？这是关于媒介文化发展到现如今状况下的又一文化焦虑。

对于社会现实，法国社会学家埃米尔·涂尔干宣称社会学关注的就是"社会事实"，这种事实就像自然科学中的事实那样，可以通过客观的方法得到证实。[2]在《社会学方法的准则》一书中，涂尔干提出，社会事实是指社会层面的"一切行为方式"。以此言之，现存社会各个方面所表现出来的所有的一切都可被视为社会事实，它既构成了现存社会的基本层面，也凝聚着社会共同意识和集体表象，并约束和规范着个人的社会行为。可见，社会事实具有物质的、能触摸

---

[1] 南希·K.拜厄姆.交往在云端：数字时代的人际关系[M].董晨宇，唐悦哲，译.北京：中国人民大学出版社，2020：27.
[2] 安东尼·吉登斯.批判的社会学导论[M].郭忠华，译.上海：上海译文出版社，2007：8.

的事实性，又不受单个个体的控制，其影响作用于任何个体之上，社会成员中每一个个体必然会受到社会事实的限制。如果忽略限制个体的社会事实，就等于把自己置于共同交流的形式之外。足见，社会事实具有强大而强制的力量。

以此来关照数字时代的媒介文化，无论其技术、平台还是符号系统，以及由这些构成性要素所组成的观念性装置或思想的物流装置，它都是具有无可辩驳的物质性、事实性与客观性，它所具有的社会属性是不受任何社会成员个体控制的，其影响却作用于任何个体之上。每一个社会个体可以漠视它的存在，但首要前提是必须将自己"隔离"于此思想的物流装置系统之外；每一个社会个体也可以抗拒它的影响与作用，但须有足够强大的定力以及决绝的姿态才能抵抗其压力，若是做不到上述两点，就得服从这一社会现实的限制。

当然，按照涂尔干强调的重要规则，也可以将媒介文化这样的社会事实视为事物，但丝毫未减弱它的影响作用。因为，此事物以技术系统的形式深入地渗透到社会肌理当中，特别是对人们的日常生活进行全面而又彻底的殖民。仅以多数人持有智能手机为例，它早已不是此产品早期那种即时语音信息交流的单一功能的工具，而是集摄影、摄像、音乐下载与播放、文本处理、电子邮件收发、网络游戏、银行转账和数字支付、互动社交等集多功能为一体的伴随性个人数字设备。不仅如此，小小手机在协调或重新协调着人们的日常生活方方面面的同时，也体现出深刻的社会规则性。如在为期三年多的新冠疫情期间，手机媒介的"特殊"应用——扫码成为人们日常生活的重要组成部分和社会实践活动的常规动作：扫码乘坐公共交通工具、扫码进店用餐与购物、扫码参观、扫码参加线上或线下会议、扫码参加集体活动等。这其中，社会个体成员作为具体行动的行为人必须按照社会管理机构的程序设置及其相应的匹配功能指示，才能采取一定的社会行动。如手机扫码后，个人电子健康码显示为绿码就意味着可在一定的区域范围内通行无阻；绿码上镶了金色的边框则显示出扫码者已完成了国家防疫规定的疫苗接种次数，成为遵照国家统一防疫标准已完成规定预防接种程序的合格的居民；如果显示为红码，扫码者就会由相关部门按照相应的防疫要求强制性地限制通行、限制居住，并立刻将其纳入一定的医疗救济系统。此类媒介应用实践并非孤例，随着社会生活的实际需求，更多的应用程序会相继开发出来，并创新扩散至广大用户。诸如此类的"网络殖民化"虽说是特殊社会阶段的社会现实之一，但并不意味着不存在相对隐形的网络殖民。极有可能随着技术的进步，不断会有更加先进、更加实用的新型媒介化技术与设备来承担此项任务。

可以肯定，按照技术本身的发展逻辑以及其功能与作用的展开，包括网络殖民化在内的其他技术殖民及其程度会逐步加深。但对这是否为一种应然的社会现实，还须在人类自身存在的境况与其理想化存在状态的充分估量之上作出自由人本主义式的反思判断。这也许是媒介文化总体语境之下的文化焦虑的重要原因之一。

三、难道是一套合法化的辩护程序

在此，还需考虑一个更为重要的问题，这就是当一种社会媒介化技术与设备嵌入社会实践时，人们为此建构起一系列相关理由，即支持或反对对它的采用以及采用程度。

在媒介文化成为一种普遍的社会情境之下，对媒介技术与设备的理解，仅仅囿于对其功能和实际作用的接纳，以及对它工具性实用程序的掌握是不够的，同时还需要一套促使其使用合法化的程序，或者对此一系列问题进行辩护。理查德·塞勒·林对手机传播的社会嵌入的研究表明，"是否使用技术的决定在某种程度上是通过参考更为宏观的社会合法化结构而确定的"。因为，"在最宏观层面上，合法化结构或可将意义的广泛领域整合在或多或少统一的整体性之中"。[①] 这就是说，诸如接收终端——手机之类的媒介设备，其技术优点、使用

---

① 理查德·塞勒·林. 习以为常：手机传播的社会嵌入[M]. 刘君，郑奕，译. 上海：复旦大学出版社，2020：28.

价值等不言自明，被广泛使用的意义不仅仅在其信息交流的便捷等为人们的日常生活提供多种便利服务，而在于高效、随时随地地切入社交网络的人是现时代的模范个体。正是因为应该甚至是必须成为模范个体这样的集体叙事，不仅支持了媒介技术与设备的创新扩散，也在合法性论证方面提供足够的证明性材料。

究其根本，以媒介技术与设备为基础构成的庞大的媒介平台，及其综合符号体系等几个不同维度形成的媒介文化样态，不仅仅是现时代所独有的社会现实之一，它还以强大的影响力和作用力渗透到社会肌理的深层，对人们的日常生活进行深度殖民，它的合法性来源于某种宏大的社会合法化结构，即当下时代的社会成员个体必须快速高效、无时无刻地通过非具身化的媒介实践活动切入庞大的社会网络。舍此，就会被甩出社会系统之外，成为社会网络之外的零余之人。而且，这种社会实践将其逻辑施加于社会成员的每一个个体，成了其必须进入的社会协调实践活动的强制性逻辑。

四、个体思想是否会无产化

在 20 世纪媒介发展的历程中，每个关键性的媒介发展阶段都会遇到一个相似的问题，即媒介是否能够决定个体以及大众意识？在法兰克福学派早期领军人物霍克海默和阿道尔诺看来，大众意识都是从制造商们的意识中来的。以当时并不发达的电影工业为例，两位哲学家认为，"整个世界都要通过文化工业的过滤。正因为电影总是想去制造常规观念的世界，所以，常看电影的人也会把外部世界当成他刚刚看过电影的延伸，这些人的过去经验变成了制片人的准则。他复制经验客体的技术越是严谨无误，人们现在就越容易产生错觉，以为外部世界就是银幕上所呈现的世界那样，是直接的和延续的。自从有声电影崛起以后，这种原则通过机械化再生产得到了进一步增强。真实的生活早就与电影分不开了"。① 这段文字看似在谈影像对现实的反映,而实际是在阐述文化工业体制下的电影影像对社会成员个体意识以及大众意识的影响。 简而言之,作为当时文化工业的重要文化产品之一的电影,在对人们关于现实世界的意识的形成起到关键作用。

紧随电影之后的统称为广播电视媒介时代,这种"程序工业——尤其是广播电视信息的媒体工业——制造大量时间物(客)体。 这些时间物(客)体的特征是被上百万,有时上千万、上亿甚至数十亿的'意识'同时收听或收看。 这种宏大规模的同时性促生了与群体意识和群体下意识相符的,形态新颖的新型事件结构"。② 根据斯蒂格勒的分析,之所以会出现某种形态新颖的新型事件结构,就是因为媒体工业生产、传输的产品得到由每个个体组成的规模宏大的群体的关注,其群体意识受到媒介工业控制而改变,并因此对一些事件重新建构。 这当中,最为关键的就是所谓的时间客体,即当某一客体在时间流与以该客体为对象的意识流相互重合之时,该客体即为时间客体。 可见,在同一客体的时间流中因聚集了数以亿计的个体意识,使得群体意识、大众意识得以形成。

在 20 世纪最后十年,以互联网为基础设施的数字媒介开启了崭新的发展时代。 经过 30 多年的突飞猛进,在数字网络终端大大增加的同时,还使得一种新型的时间客体出现。 与广播电视媒体称雄时代的时间客体相比较,那种通过数字网络终端,在时间上与群体意识或下意识合流重合的客体就是新型的时间客体——它是非线性的、可离散的客体。 此种时间客体,是超文本、超视频链接的科技成果,通过将网页上的文字、视频等符号构成的文本,以超链接的方式相互联系从而构成复杂的文本网络。 在网络媒介世界中,由于网络媒体用户与媒介产品之间的连接在时间、空间、连接方式等方面有足够的自由度,时间客体具有

---

① 马克斯·霍克海默,西奥多·阿道尔诺.启蒙辩证法——哲学断片[M].渠敬东,曹卫东,译.上海:上海人民出版社,2003:141.
② 贝尔纳·斯蒂格勒.技术与时间:2.迷失方向[M].赵和平,印螺,译.南京:译林出版社,2010:277 - 278. 此处的"时间物体"在《技术与时间:3.电影的时间与存在之痛的问题》中被译为"时间客体"。

相应的独立性。基于此种情形，新的大众意识似乎就无法产生了。但实际情况是，网络媒介平台还会对已有的大众意识具有一定的影响力。在通常情况下，以广播电视为代表的电子媒体时代，其时间客体是文化工业达到相当高度时的产物，数字媒介时代的时间客体，即主要由网络页面之间超文本链接而形成。尤其值得注意的是，算法推荐技术在制造时间客体过程中的威力不容忽视：若干种算法将网络用户的数字踪迹或留痕捕捉、汇聚、辨识、分类后，按照用户的实际需求或预制需求推荐那些被认为"你"需要的信息产品，从而形成平台媒介的时间客体。

媒介及其符号体系的繁荣，一方面意味着人类文明发展程度从此种标识上得以见证，另一方面因大众媒介以及网络媒介的生产方式与消费方式导致的时间客体的形成，这会使得大众意识长时间占据或充斥着人们的意识空间，独立的、个体的思想空间会有窄化的可能性，社会个体成员的思想面临无产化威胁。

五、现实主体何以存在

在媒介文化的普遍渗透与普遍接受以及普遍内化于社会成员个体的社会情境之下。社会成员个体所具有的人本主义意义的现实主体何以存在，正在成为一个文化焦虑相关的极为重要的现实问题，甚至会转化为一个源问题。

主体以及连带的主体性问题，在哲学史上一直纷争不断。西方近代哲学从笛卡尔到康德奠基的主体性哲学大厦，至今仍高耸屹立，罕见超越。笛卡尔提出的"我思故我在"之所以声如惊雷，是因为他以自我意识的"自我"出发来规定一切存在，即所有存在物要被人认识到，就必须呈现为客观存在的实体人的思维领域中的意识事实，必须以我的"心"、我的意识作为先在的逻辑根据，也就是必须以主观意识的"自我"作为一切关于知识对象的基础或阿基米德支点，这就等于说自我意识所依凭的实体"人"是建构全部存在最不可怀疑的基点。也因此，笛卡尔被黑格尔誉为近代哲学的真正创始人，"他是一个彻底从头做起、带头重建哲学的英雄人物，哲学在奔波了一千年之后，现在才回到这个基础上"。① 笛卡尔之后，康德宏大的批判哲学体系，以一个奠定基础知识的、与历史无关的、永久的模型和范畴系统，回答了人类存在的三大基本命题："真""善""美"何以可能？通过近代及其以来的哲学，这一不断将主观意识的"自我"推向中心化乃至实现中心化，并以"自我"为中心，为一切存在和知识确立永恒基础的过程。由此可以发现，这种以"主体性"观念为核心的主体形而上学，不仅将"主体性"作为所有存在与一切知识的哲学基础，而且它还为近代以来人们确立人与自然、人与社会等价值秩序和价值规范的恒定基础，即为人生意义、道德意志、社会理想等确立不朽的、具有普遍意义的基础。正是这样的主体性原则取代了长达千年的中世纪宗教所发挥的绝对的、神性的一体化力量，从而使现代社会中的"宗教生活、国家和社会，以及科学、道德和艺术等都体现了主体性原则"。② 全面彰显主体性的现代社会，人们自信地认为通过人的主体性的确立以及主体能力的发挥，人类就能挣脱野蛮和蒙昧对人的束缚，实现自身的彻底解放。从此，人的主体性取代了中世纪上帝的地位，成为知识、道德和价值的立法者与终结者。

但是，在现代社会发展进程中凸显的种种"恶变"的现实经验，以及现当代哲学、社会科学、自然科学的反思性成果表明，"主体"并不是如它自诩的那样是一个完整独立、因果自明的实体，或者是一个本源性建构者、一切知识的根据、人与社会规范性源泉。恰恰相反，"主体"可能由某种更为深层的力量所建构，或者是某些知识话语的产物，或者是社会规范规训的结果。如以弗洛伊德为代表的心理学批判就揭示了主体性观念的虚假性；以霍克海默、阿多诺、哈贝马斯等为代表的法兰克福学派几代思想家通过启蒙辩证法对人类中心主义倾向的批判；以维特根斯坦、伽达默尔、福柯等通过语言哲学对主体性观念的剖析；都

---

① 黑格尔.哲学史演讲录·第四卷[M].贺麟,王太庆,译.北京:商务印书馆,1978:59-61.
② 于尔根·哈贝马斯.现代性的哲学话语[M].曹卫东,等译.南京:译林出版社,2004:22.

在一定程度上揭示了主体的非自足性，从而将主体驱逐出启蒙运动以来其所占据的现代社会的中心地位。由此，主体由近现代"我思"的认知与行动主体，到当代"我说"的话语与沟通主体，主体的实体性逐步被掏空，主体性越来越多元。在《我们何以成为后人类》一书中，凯瑟琳·海勒从信息科学和控制论出发研究了虚拟身体的问题，她认为：各种虚拟现实技术及其全身调节的潜力，进一步描绘了一种现象，即凸显有序的模式和无序的随机性，使"有—无"或"在场—缺席"看似无关。[1] 虚拟现实技术已成功地把用户的感知系统置入计算机的反馈系统之中，并由此可以实现一种多维感知交互，为用户创造出一种身处计算机之中的幻想。而且，不同的人机交互界面中的活动交流模式具有不同的功能性，如果用户戴上数据手套，手的动作就构成一种功能性；计算机对声音识别指令作出反应，那么声音就是一种功能性；计算机如能感知身体位置，就意味着空间也有功能性。所以，每当用户戴上立体视觉头盔、关节处装有传感器的身体手套、音效耳机等时，就会创造出一个高度异质、分裂的世界。不只如此，作为虚拟现实技术用来描绘人机交互界面中的交流模式，"功能性"在两个方面起作用，一是描述计算机的性能，一是指示用户的传感装置怎样通过训练来适应计算机的反应；尤其是后者，用户根据计算机能够接受的风格化动作来变化与移动自己的身体器官的同时，用户的大脑体验的神经构造也会随之而改变，其中一些变化可能是持久性的。这种人–机之间的相互塑造更多的是对传统意义上现实主体的含义的改变，即在"基于模式—随机的形态与基于在场—缺席的形态在其中发生激烈的冲撞与竞争"。尤其是那种在西方延续很长历史的鉴于在场和缺席，或者有无占统治地位的传统，现如今不是以他们为基础的形态继续存在，而是在广泛的文化领域，这种形态正在被飞速地取代。[2]

---

[1] 凯瑟琳·海勒. 我们何以成为后人类：文学、信息科学和控制论中的虚拟身体[M]. 刘宇清，译. 北京：北京大学出版社，2017：35.
[2] 凯瑟琳·海勒. 我们何以成为后人类：文学、信息科学和控制论中的虚拟身体[M]. 刘宇清，译. 北京：北京大学出版社，2017：37.

凯瑟琳·海勒的断言正在被虚拟现实技术所证实,从 VR、AR 等增强现实到虚拟现实一路走来。2021 年 10 月 28 日,扎克伯格宣布将其公司大名由 Facebook 改为 Meta,并初步展示了人类在"元宇宙"中基本的生活、工作、社会交往情景。这个命名为"元宇宙"的互联网科技公司,无论是否昭然自己有并吞宇宙八荒之心,但显见的事实是在万物皆可虚拟的技术条件下,客观存在现实世界与虚拟技术制造的虚拟世界之间的界限正在消弭。也由此,人本意义上的现实主体将可能不再以肉身实体为基础,其主体性也将突破其自然生存物的现实基础,在多个维度、多个层面展开。

这的确令人恐慌!近现代社会以来对主体以及主体性的反思,虽有对人本主义现实主体颠覆且力度也在不断加大,但总体上还是承认现实主体与其自然生存物的肉身是有高度统一性的。在科学技术高度发达的今天,技术对人体的全面改造,特别是将技术部件与人体的嫁接,如技术产品对人体的伴随,甚至技术元件对人体的植入等。现实主体构成境况大为改观,电子生物人可谓是当下人类的最好抽象,其主体性也将随着 Cyborg 所焕发的能量展开多元而丰富的层面。未来时代的主体及其主体性,既值得期待,也非常令人担忧。

六、社会个体在日常生活中对媒介文化的理性选择

我们当中的每一个人,首先是以独立的个体存活于世的,同时以社会个体成员之一与其他成员结成各种各样的社会关系,并在社会结构规制之下过着属于自己的日常生活。就普通常识对这种对零星实践活动的琐碎反映而言,它既可以是繁杂的、琐碎的、庸常的,也可以是单一的、规整的、反常的,既可以是丰富多彩的,也可以是单调乏味的。总之,任何一个时代的社会成员都有自己的日常生活!日常生活的内容无非包括衣食住行、吃喝拉撒、柴米油盐、爱恨情仇、喜怒哀乐、生老病死等,这些都是只要活在世上的人就必须遭遇的一切。从理性分析的认知角度来讲,可就日常生活罗列出一系列理论观点,诸如日常生活,

是一种人的"生存"方式;是人类实现自己与否的那个时间和地点;是社会现实的一个层次;是历史和人的另一个层面;是生活卑微和低下的一面;是真正创造性高级活动的源泉……所以,改造日常生活是一个改变道德秩序的计划,也是一个改变审美性质的计划。这些理论观点是亨利·列斐伏尔在后期日常生活批判生涯中为日常生活"清源正本"时提出的。① 在列斐伏尔看来,日常生活之所以重要,是因为现代社会以来特别是在消费社会当中,人的需要与欲望这个无限复杂的辩证运动过程渗透到了日常生活中,使其成为这样一种空间:在这个空间里,辩证运动到达一个中断点,不透明和透明、清晰可见和不可见、决定性和转瞬即逝,不可预料地纠缠在一起。② 还有,专门科学和专业常常与日常生活叠加在一起并技术性地楔入其中。于是,列斐伏尔明确地认识到,在现代社会早期,日常生活还是一个多少有些放任自流的、被忽略的、边缘化的领域;在晚期现代社会,日常生活已被全面地组织和纳入社会的生产和消费的总体环节中,它不再是一个被遗忘的角落,而是成了资本主义统治与竞争的主战场。可以肯定的是,在现代社会整体向前推进的过程中,不只是在发达资本主义社会中能找出上述症候,在部分发展中国家同样会面对这些症候的不同变种。例如,在现代社会中,日常生活被技术理性所入侵,技术及其装置覆盖了日常生活的方方面面:可长期保鲜的预制食品、时刻追逐时尚的衣着与装饰、钢筋水泥灌注的高耸的住宅、纵横交织的覆盖海陆空的高速交通、信息超载下的信息饥渴等,甚至是包括对人自身的生物生命的技术控制等。日常生活还严格遵循甚至臣服于市场交换原则:其中所涉及的产品,其交换价值被人为抬高到无以复加的至尊地位,使用价值反倒降低到可以忽略不计,商品的品牌等符号附加物与人的社会地位与经济地位捆绑在一起,成为人在社会成员中占优势地位的符号象征物;日常生活还被传播媒

---

① 亨利·列斐伏尔.日常生活的批判(第二卷)——日常生活的社会基础[M].叶齐茂,倪晓辉,译.北京:社会科学文献出版社,2018:250-267.
② 亨利·列斐伏尔.日常生活的批判(第二卷)——日常生活的社会基础[M].叶齐茂,倪晓辉,译.北京:社会科学文献出版社,2018:243.

介的符码化体制所统辖,在人们的生活世界周围飘浮着各种符号构成的神话般的世界。在其中,语言作为能指与所指构成的一体的符号系统,其系统性或能指与所指之间的对应性变得松散甚至飘浮无定。特别是在这样一个视觉文化时代,语言似乎变成了纯粹的视觉刺激物,没有相对稳定的或确定性意义对应人文意义的世界。更有甚者,语言或许已不再是呈现与表达现实世界的一种象征符号,而是独立的自我生产和复制的能指系统与符码系统,多种具体的符号与象征被抽象普遍的符码所取代。所以,在传统的前现代社会出现的对人的自然统治、暴力统治的基础上,又增加现代社会的技术理性统治,以及在步入后现代社会的那种无法逃脱的符号化体制以及抽象化、匿名化、功能化的宰制。也因此,人的恐惧既来自自然、来自各种暴力、来自技术,也来自符码,尽管其恐惧的程度会因其所带来的恐惧强度而不同。

在日常生活的内容及其含义发生上述变化的过程中,媒介文化及其所彰显出的领导权已经成为一种日常生活的笃定现实,它不仅仅是紧紧地贴近日常生活世界,而是深深地渗透于其中,是当下社会中普通人仅凭经验与常识就可以感受和理解的一种现实状态。同时,它也是一个各具主观意义的规整的世界。对媒介文化及其领导权深度认同,以及业已构成的现实的日常生活可以从以下几个方面来观测:一是对社会中的普通人来说,现实生活中的媒介情境似乎是给定的,是人们在"技术无意识"状态下必然接受的一种现实。每当人们在此种现实中展开媒介选择、媒介使用等媒介实践活动时,其主动性行为与具有的主观意义就意味着此现实已根植于人们的思想与行动,正是通过不断运行着的客观现实主观化与主观行为的客体化的辩证过程,或是通过这一辩证环节,主体以及主体间的常识世界才得以建构而成。二是媒介文化普遍渗透的日常生活现实,是围绕着人们身体所处的"此地"和当下所在的"此时"被组织起来的。无论是早晨第一时间在迷迷糊糊中摸到手机看一眼时间,在打开推送语音播报的新闻中洗漱,吃早餐时刷刷朋友圈,乘坐地铁时打打游戏、浏览短视频等,直到伴着助眠的手机音乐入眠。这些"此时"与"此地"构成了人们日常生活现实的注意力焦点,也是日常生活以"此时"与"此地"的方式呈现给人们的媒介世界，并构成了人们自我意识中切实可感之物。可见，这是人们的身体可以直接操控的日常生活领域之一，这一领域包含着能够触及的世界，可以通过行动改变其现实世界以及"工作"于其中的世界。"在这个运转的世界中，我的意识是由一种实用动机所支配，也就是说，我对这个世界的注意力是由我正在做什么，做过什么以及想要做什么所决定的。在这个意义上，它就是我所拥有的最显要的世界。"①三是被媒介文化侵入的日常生活早已与传统意义上的日常生活判然有别，即在承受技术统辖、消费拜物、符号神话等异化方式之外，成为一个无时无刻从事着劳动的世界，而且这种劳动有别于传统的劳动内容与劳动方式，即数字劳动。与20世纪90年代之前的电视等电子媒介为主导的媒介时期不同，"沙发上的土豆"已逐渐退出媒介历史的舞台，数字媒介的用户在"过滤泡"中搏击互联网风浪。2023年8月28日，中国互联网络信息中心（CNNIC）在北京发布第52次《中国互联网络发展状况统计报告》。《报告》显示，截至2023年6月，我国网民规模达10.79亿人，较2022年12月增长1109万人，互联网普及率达76.4%。报告认为，庞大的网民规模为推动我国经济高质量发展提供了强大的内生动力。近11亿个人用户跻身互联网，不仅仅说明数字劳工群体的庞大，还意味着"灵工"们生产力的巨大。作为数字劳工的网民，活跃着260万款APP，创造了1423亿GB的流量；他们的数字劳动领域涉及即时通信、网络视频、短视频等实用性与文化娱乐等领域；网约车、在线旅行预定、网络文学阅听等领域增加的数字劳动力分别比2022年2月增加了3492万人、3091万人、3592万人，增长率各自为8.0%、7.3%和7.3%。②继续翻检稍前的数据可知，中国网民规模占全球网民总量的23.4%，位居世界首位，并在结构上呈现出多样化和平衡化的特点：一是网

---

①彼得·L.伯格，托马斯·卢克曼.现实的社会建构：知识社会学论纲[M].吴肃然，译.北京：北京大学出版社，2019：31.
②李政葳.第52次《中国互联网络发展状况统计报告》发布 我国互联网普及率达76.4%[EB/OL].(2023-08-29)[2023-09-22] https://baijiahao.baidu.com/s?id=17755508269175031560&wfr=spider&for=pc.

民男女比例接近平衡，男性网民占比为51.2%，女性网民占比为48.8%；二是网民年龄分布呈现多元化趋势，各年龄段的网民占比分别为：10岁以下为2.1%，10—19岁为12.3%，20—29岁为24.5%，30—39岁为25.6%，40—49岁为18.2%，50—59岁为10.7%，60岁以上为6.6%；三是网民地域分布较为均衡，东部地区为38.4%，中部地区为25.3%，西部地区为23.6%，东北地区为7.4%，港澳台地区为5.3%；四是中国网民教育水平有逐步提高的态势，各教育程度的网民占比分别为：小学及以下为6.4%，初中为15.2%，高中为25.6%，大专为28.3%，本科及以上为24.5%；五是网民行为既多样又活跃，有98.6%的人使用手机、46.8%的人使用电脑、平板使用者为18.4%、12.7%的人仍在使用电视等；六是网民很忙，上网时间见缝插针，主要集中在早、中、晚和深夜时段，其中晚上是最繁忙的时段，占比达到了76.3%，次为中午，占比为62.5%，再次是早上，占比为58.7%，最后是深夜，占比为37.4%；七是网民工作的内容较为丰富，有信息、娱乐、社交、购物、教育等，其中信息是最受欢迎的内容，占比达到了86.2%，其次是娱乐，占比为83.4%，再次是社交，占比为79.8%，最后是购物和教育，占比分别为74.1%和65.3%。① 通过解读这些具体的数字，就可以发现数字劳动的规模何其之大，数字劳动的范围何其之广：从10岁至60岁及以上，性别不分男女，年龄不分老少都在从事数字劳动；数字劳动力所处地域虽城乡有别，但劳动力遍布全国各地；在理论上的8小时工作、8小时睡眠之外，每个劳动者每天有近4小时的时间在从事数字劳作；劳动内容丰富多样，即时通信、观看视频、了解新闻、网上购物，其劳动的总体方式无外乎上网；数字劳动时间较为随意，空间十分分散，但在整体上呈现出全时全域的特征；等等。如果将抽象的统计数字还原为具象的现实经验，它一方面呈现出的是一派盎然的数字社会，但另一方面也可以看出人们原有的日常生活领地被划归其内，原有的日常

---

① 中国互联网络信息中心.第50次《中国互联网络发展状况统计报告》[EB/OL].（2022-08-31）[2023-09-22]https://www.cnnic.net.cn/n4/2022/0914/c88-10226.html.

生活时间被褫夺占用,原有的日常生活节奏被扰乱,原有的日常生活内容被部分替代,原有的日常生活方式被改造。 在此种情形之下,就会出现在数字社会蓬勃的生机背后是数十亿数字劳工以刷屏的方式心甘情愿地从事数字劳动。 当然,此种劳动带来的结果不只是经济方面显现出来的集线上与线下为一体的平台经济,还有数字时代出现的政治、经济、社会与文化等互为交织的复杂现象,可通过如偶像追捧、流量变现、饭圈乱象、直播打赏、网上购物、网红打卡、网络狂欢、网络暴力、网上追凶、网络喷子、网红城市、键盘侠、水军、五毛、粉红、网络爱国主义、网络民族主义、网络民粹主义、网络恐怖主义等术语得到一定程度的概括和说明。

由此可见,媒介及其表征体系既是当下时代的一种基本的社会现实,也是构成人们所处的重要的社会情境之一,更是已深入渗透并改变人们传统意义上日常生活的一种要素,甚至已成为社会结构化过程中极为重要的轴心力量。 尤其是后者,它具有一定的强制性、逻辑先在性、相对稳定性,从社会成员的微观个体行动到社会结构的宏观架构,以及二者之间的逻辑鸿沟的过渡与弥合,都需在此解释变量中找到密钥。 英国社会学家安东尼·吉登斯曾经断言:"各种形式的社会行为不断地经由时空两个维度再生产出来,我们只有在这个意义上才说社会系统存在着机构性特征。"[1]吉登斯所强调的是在微观的个体行动与宏观的社会结构之间,在时间维度上呈现出一定的动态化过程。 稳定的、先于个体的结构是一种时间上的产物,它要在时间的绵延中,通过社会成员个体的社会行为得以逐步形成、变化以及再生产,人们那种循环往复的、例行化的、日复一日的、日常生活的,甚至庸常的社会实践行为,既对打破先在于己的社会结构有一定作用,同时也对形成新的社会结构有积极的建构作用。 所以,对于先在的、固有的社会结构的那种强制性的制约,还得在线性时间的绵延中,通过社会成员的个体

---

[1] 安东尼·吉登斯. 社会的构成:结构化理论纲要[M]. 李康,李猛,译. 北京:中国人民大学出版社, 2016:9.

化实践行为在结构再生产的过程中使其动态化,让它始终处于不断"更新"的过程中。 当然,任何时间中的社会实践行动,都必须在具体的空间中展开,也就是说,社会成员的个体行为本来就发生在一定的场景之中,而且是在时间限定的条件下具体定位于现实的物理空间。 随着时间和空间的转化,日常生活中人们具体经历和体验到的行动,将会在时间和空间中得以延展,构成相对于个体或处在个体理解范围之外的社会制度。 从表面上看,宏观的社会结构来源于微观的社会成员个体的社会行动,二者之间存在着时空上的复杂变化,其稳定性程度也有明显的差异,致使二者之间常常会出现一定程度的割裂,似乎彼此间有难以弥合的鸿沟。 这同时也说明,相对于社会结构的逻辑先在性,社会成员个体的能动性大有作为。

社会成员个体的作为或主观能动性的释放,可在社会存在本身的固有的辩证过程中得以实现。 彼得·L. 伯格与托马斯·卢克曼两位社会学家一致认为,通常情况下,社会同时以主观现实和客观现实的形式存在。 社会可被理解为一个由外化、客体化和内化三个步骤组成的持续性的辩证过程,社会和它的每个子部分同时都包含这三个步骤:社会中的个体成员,他在社会世界中外化自身的存在,同时把社会世界作为客观现实予以内化,进而形成专属于社会成员个体的主观现实。 言下之意是,社会中的所有成员只要存活在现实社会之中就参与了它的辩证过程。 在现实社会持续辩证的建构过程中,主观现实与客观现实之间也建立起一种对称关系。 但是,此种对称并非百分之百的、完美的无缝对称,两种现实虽彼此对应,但不是同延的。 也就是说,客观现实的部分内容无法被社会个体成员所内化,主观现实中总有一些非源自社会化的元素,客观现实与主观现实之间的对称永远都不是静态的、一劳永逸的,而总是实际地被生产和再生产出来。[1] 可见,主观生命并不完全是社会的,个体既可以将自己视为社会之内的,

---

[1] 彼得·L. 伯格,托马斯·卢克曼. 现实的社会建构:知识社会学论纲[M]. 吴肃然,译. 北京:北京大学出版社,2019:161-167.

也可把自己看成社会之外的，在个体与客观世界之间寻找平衡的行为，总是有些行为不那么中规中矩地以求适应客观世界，而是在不完全对称关系的裂隙中为自我的主观现实拓展新的空间。在这个属于自我的地盘上，人的主观能动性可以充分发挥其自由创造、自由驰骋的本性，来营造一个别具一格的主观现实。这就说明了在媒介文化已成为普遍的、客观的社会现实的境况下，社会成员个体具有自我"构境"的各种可能性。

具体的"构境"过程可遵循如下程序：一是文化主体对客观现实的原初必然性的祛魅。在媒介及其表征体系成为当下社会情境的重要构成性要素，以及现实的中介化建构成为一种基本的社会事实的情况下，社会每一个个体成员应该具有一定的警觉性，充分认识和理解自身所处的社会世界。这个充斥着媒介和媒介产品的世界，是不是主体需要以及主体能够适应的世界，或者是不是主体所期冀的应然世界。只有对这些基本问题有自己的理性认知，这个已被充分媒介化的世界才有祛魅的可能。二是文化主体充分发挥自身的主观能动性，在具体的媒介文化实践活动中创造自己的精神领地。这就要求媒介文化生产者和媒介文化接受者，在自己能掌控的媒介文化实践领地，从事自己的文化创造活动以实现自身的、人"类"本质及其对象化。三是文化主体积极构建出适应未来社会发展的媒介文化情境。这种理想化的文化情境的建构必定是建基当前的现实条件之上的，辩证的历史唯物主义立场上的媒介文化实践活动是不二之选。当然，社会个体成员在现有媒介文化情境之中还有很多重新"构境"的方式，但无论如何，为这一切提供保障的是每一个媒介文化实践主体的理性自持。唯有此，才能在每一次、任何规模的媒介文化实践活动中保证实践方向的明确性、实践广度上的延展性和实践深度上的纵深性。也唯有此，媒介文化及其实践活动才会有理想的未来。

第八章　作为媒介的公祭黄帝活动及其认同建构

祭祀这一人类礼仪文明的重要活动普遍存在于古今中外。尤其在我国古代格外讲究"国之大事，在祀与戎"，这是因为祭祀具有"昭孝息民、抚国家、定百姓"的强大社会功能与作用。① 回望历史之后，有学者认为："礼治是治理社会的一种很特别的方法。除了中国以外，从来没有其他国家使用过类似礼治的方法来调整这个社会关系，从而维持社会秩序。"②可见，如能理解"国之大事"的"礼"在中国传统文化中所具有的调节规范与整合社会的核心功能，就能理解中国传统祭祀文化的重要性与独特性。《礼记·祭统》有"凡治人之道，莫急于礼；礼有五经，莫重于祭"的记载；《荀子·礼论篇》认为"礼有三本：天地者，生之本也；先祖者，类之本也；君师者，治之本也。无天地，恶生？无先祖，恶出？无君师，恶治？三者偏亡焉，无安人。故礼上事天，下事地，尊先祖而隆君师，是礼之三本也"。依此，祭天地、祭祖宗与祭先师就构成了古代中国国家层面祭祀的主要实践类型。当然，与此相对应的亦有不胜枚举的民间

---

①左丘明撰，刘向注，李维琦点校.国语[M].岳麓书社,2005:137.
②汪迈德.礼治与法治——中国传统的礼仪制度与西方制度之比较研究[M]//儒学国际学术研讨会论文集.齐鲁书社,1989:21.

祭祀对象与仪式活动。

自"黄帝登仙，其臣有左彻者削木象黄帝，帅诸侯以朝奉之"始，祭祀黄帝的活动绵延至今已有五千年。祭祀黄帝属于古代国家层面祭祀的重要组成，一般有庙祭、陵祭、郊祭、明堂祭等多种形式，包括"圜丘配祭、明堂配祭、五方帝配祭""帝王庙祭、先医庙祭、传心殿祭"等①，以及延续至今的黄帝陵祭等形式。作为祭祀对象的黄帝曾经既是祭祀天地中的神灵，其形象也有从帝王之祖到族群共祖的位移，还有开创文明的圣人先师地位。到了今天，黄帝作为中华民族的人文始祖，是世人众所周知的事情。每年的清明节，在位于陕西黄陵桥山举办的公祭轩辕黄帝构成当代人不可磨灭的共同记忆。

从古代祭祀到现代公祭，人们至少可以在四个层面上来理解与阐释"公祭"黄帝的性质：一是公开的现代性。公开通常与封闭、密藏等概念相对应。因黄帝符号的象征意义古今有别，现代公祭黄帝的崇拜内涵由此不同，古时封建王朝对于祭祀意义的垄断由于现代社会的理性与科学逻辑发生了转换，不仅在仪式活动的过程环节进行了简化与重新设计，还通过视线上的通透和开放实现其公开性。二是公众的参与性。在古代，包括黄帝祭祀在内的国家仪式活动均由皇帝或官吏代理主祭，共同参与者也都是各级政府官员，这个由统治者或者社会精英组成的群体主导把持祭祀活动，基本上将平民百姓排除在外。"一般而言，公祭是指超过某一个人、家族、团体范围的祭祀活动，可由不同的个人、群体或社会组织联合举行。"②现代公祭活动则将各阶层、各界的公众都吸纳其中，从而形成广泛的代表性，并以此熔铸并巩固了民族国家的主体。三是公权力的在场。自古至今，祭祀黄帝的活动多由国家或者政府组织主办，具有显在的政权权力背景，"就祭祀的目的而言，这种活动不是为了追求一己之福，而是政府行使其职

---

① 李学勤,张岂之,曲英杰.炎黄汇典·祭祀卷[M].长春:吉林文史出版社,2002;前言.
② 李向平.中国信仰的现代性问题——以国家公祭圣祖先贤为例[J].河南社会科学,2003(3):1-5+218.

能的方式，本身具有'公的性质'"。① 但古代封建王朝受命于天，不同于现代国家政府受命于民的合法性，现代公祭活动的政府组织、国家领导人出面的形式本身象征着突破"一家一姓之私"的畛域之别，公权力以在场的方式表明了公祭黄帝仪式的政治、意识形态以及相应的社会治理效应，仪式活动既是文化仪式展演，同时也是社会规范实践。四是与民祭相互区别。祭祀黄帝活动既有官方组织的公祭，也有民间自发的或零散的组织祭祀，这源于黄帝在民间社会中医祖、神仙形象的流传延续有着密切的关系。自1988年农历重阳节祭祀黄帝开始，民祭黄帝逐渐固定化与形式化，这也使得公祭黄帝与民祭黄帝在概念上体现出一定程度上的相对性。

祭祀仪式可视为一种绝地通天的文化交流、传承与传播活动，通过连接沟通、开展意义互动，进而塑造价值共识。有关黄帝及其祭祀的研究已然丰富，本章选取媒介与传播的角度试图对此研究展开新的研究视野，也因此，公祭黄帝的仪式活动可以从以下双重意义上加以把握。一种是"媒介"概念泛化后的"中介"意义的理解。所谓中介就是"处于中间介入两者之间的、使两者发生关系的第三者，如果没有这个中介，这种关系就不会存在"。② 中介在这里超越了文、图、影、音等大众传播工具指向。事实上，没有任何东西可以自我传承，总是要通过中介才可以实现。因而，此种视角下举凡建筑、环境、交通、庆典、公祭等物质性存在都具有了媒介的意涵；另一种是从经典视角出发，将媒介视为进行大众传播活动的技术手段与组织机构，它有受制于内在规定的运作生产机制，具有沟通上下左右与普遍联系的桥梁作用，从而实现意义互动与社会规范。本章即是在上述两种视角下对于公祭黄帝活动进行新的阐释，进而以此为基础探讨其仪式传播意义，同时阐明媒体参与公祭仪式活动生发出新的意义向度，媒体传播与仪式活动本身愈加表现出一定程度上的同构性。

---

① 雷闻.郊庙之外——隋唐国家祭祀与宗教[M].北京:生活·读书·新知三联书店,2009:3.
② 雷吉斯·德布雷.媒介学引论[M].刘文玲,译.北京:中国传媒大学出版社,2014:122.

一、作为媒介的公祭活动及其连接价值

祭祀黄帝牵扯到黄帝本身与黄帝崇拜两个相互独立但又紧密相关的问题。历史地看，这两个问题都有一个出现演化论争并逐渐达成共识进而稳定固化的过程，这一变化走向受到特定社会时代背景及其价值表达需要的影响。司马迁在《史记·五帝本纪》为黄帝立传的字里行间颇多疑虑，"学者多称五帝尚矣。然《尚书》独载尧以来；而百家言黄帝，其文不雅驯，荐绅先生难言之"。事实上，"记有黄帝事迹的古代文献，从西周时期的《逸周书·尝麦》到乾隆年间的《日下旧闻考》，超过百种，近20万字，极为丰富。但是因为它们源于远古传说，又多有史实与神话相混，其理性色彩浅淡是不争事实"。[①] 史实的澄清有赖文献的记述与考古的发现，或许还要经历时间的见证，转换研究范式则会打开新的观察视野。从文化人类学关于集体记忆的视角而言，黄帝符号历经岁月流转，在人们的记忆中留下了不可磨灭的印记。作为部落与部落联盟的首领，黄帝"教民造舟车，养蚕桑，造文字，创医学，分男女，别雌雄，等贵贱，分上下，结束了群婚"，具有始祖、帝王、神仙与医祖的不同形象。这些记忆与形象的构筑是千百年来不同社会主体层层累加与共同书写的结果。可以说，集体记忆中的黄帝远远超越史头记载中的黄帝，具有不同凡响的符号象征意义。

为什么是黄帝，也就是说作为上古人物的黄帝，其符号化的特别之处是什么？这就牵扯到黄帝崇拜的内涵嬗变。所谓崇拜是科学尚未昌明前的非理性观念与信仰表达中的一种，当古人面对洪水猛兽、生老病死等难以解释的现象时滋生出一种寻求庇佑与祈求安稳的心理诉求时，需将其转化为一种现实的对应之物，万物因而有灵，黄帝崇拜就成为祖先崇拜中的重要种类；由于黄帝具有开疆拓土统一天下的武功，为华夏民族的形成建立了功勋，黄帝也就具有了英雄崇拜

[①] 何炳武,陈一梅,秦开凤.黄帝祭祀研究[M].陕西人民出版社,2009:3.

的内涵;同时也由于黄帝具有造字、造舟车、开创医学的贡献,也让黄帝崇拜具有了圣人崇拜的渊源。黄帝崇拜的丰富内涵在唐宋以后逐渐被改造为历代庙祭配祀中的一位,成为彰显皇统合法性的象征;近代以来,由"天下"进入"世界"的中国面对亡国灭种的危机挑战,各种救亡图存方案次第出场,黄帝作为构建民族国家认同的重要符号成为祖宗崇拜的对象就发展了起来。

在漫长的历史发展与变迁过程中,"以黄帝为祭祀客体、历代官民为祭祀主体的黄帝祭典仪礼文化"就得以形成。① 架起黄帝与黄帝崇拜之间关联的祭祀黄帝的仪式活动,也逐渐演变成今天的公祭形式。"祭祀活动从本质上说,就是古人把人与人之间的求索酬报关系,推广到人与神之间而产生的活动。"②远古人类充满神秘主义的灵性生活在绝地通天后培育出理性的因素,这就需要在人与天神之间建立起恰当的沟通方式,意义互动的过程以外化的形式展示在世人面前,并以仪式展演的方式传承、维系族群命运的共同体,这正是祭祀仪式活动的价值所在,它以打破日常生活常规的方式将特定族群聚集起来从而完成一次又一次新的整合。

共同体的形成有赖于共同意义的维系,而"人总是在忘却,因此必须一次次地提醒他们。事实上我们可以论证,建立文化的最古老和最重要的先决条件,就是设立这种提醒者的制度,而公祭仪式便是这种提醒过程中的关键手段之一"。③ 仪式活动在此意义上具有了一种进行沟通的中介意涵,并以此为中介实现了社会的普遍连接。

祭祀仪式活动首先把与祭者和祭祀对象连接起来,形成一种相互支持与认同的循环确认,与祭者以诚心和献祭表达"对自然神祇和祖先神灵表示钦慕和祈求",④同时也收获来自祭祀对象的确证与庇佑。封建王朝早期,黄帝作为五帝

---

① 何炳武,王达钦.黄帝祭典的历史及其文化内涵[J].管子学刊,2000(3):58-63.
② 詹娜鑫.神灵与祭祀——中国传统宗教综论[M].江苏古籍出版社,1992:172.
③ 彼得·贝格尔.神圣的帷幕:宗教社会学理论之要素[M].高师宁,译.上海:上海人民出版社,1991:49.
④ 方光华.俎豆馨香——中国祭祀礼俗探索[M].陕西人民教育出版社,2000:2.

之一享有天神的地位；唐宋之后作为皇统的起源受到历代帝王的祭拜；进入 20 世纪初，则逐渐成为中华民族的人文始祖；如果把此看作一连串仪式活动的叠影谱系，那么仪式活动本身首先以周期性举办的方式唤醒人们对于传统的记忆，祭祀仪式活动把此时此地的现在与彼时彼地的过往联系了起来，并以周期性的仪式展演不断赓续传统，建立起"自然而然""从来如此"的合法性体验与认同来源。通过时间向度的连接，把历史与当下、过去与现在连接起来，从而形成连续性、确定感与安全感，并且由于每一次祭祀仪式既相同又不同的形式与程序变化而表现出不变中求变的传承感，"使文化连贯起来，最终把相同点和不同点、和谐处和不和谐处结构在一起"。①

在一个广阔且抽象的社会空间之中，作为媒介的公祭活动实现了个体与个体、个体与群体之间的连接，为一个群落的、集体的、族群的或民族的共同体的形成塑造了共同的历史文化心理基础。实现人群凝聚以及社会意义上的广泛团结是人类社会自古至今始终不变的追求目标，传统社会的机械团结多依赖血缘、亲缘与地缘关系联结而成，祭祀仪式活动在其中发挥着重要的凝聚作用；在现代社会的发展中随着分工的日益细密，人们在摆脱传统约束联系的过程中呈现出个体化状态，人群凝聚、社群聚合以及社会整合因而面临着新的挑战与各种可能，包括公祭黄帝在内的各种仪式活动在实现社会整体的有机团结中发挥更为重要的作用。公祭活动把现场参与者临时性聚合在一起，在共同经历神圣体验的同时也把仪式现场与现场之外的广大的民众连接起来，以区别于日常生活节奏与状态的方式创造精神与意义的交流空间，实现民众或物理共在世界或心理意向世界的普遍连接，这就为现代社会的有机团结创造了重要契机。正如杜威所认为的那样，社会不仅因传递与传播而存在，更确切地说，它就存在于传递与传播中。

公祭活动的社会连接意义不单体现在连接个体与群体的、在场与非在场等关系维度，它还将不同社会层级与领域连接起来，成为交流的中心与意义的源泉所

---

① 简·艾伦·赫丽生.古希腊宗教的社会起源[M].谢世坚,译.桂林：广西师范大学出版社,2004:41.

在。 国家权力、社会空间与民众世界由此实现了多层次、全方位的交流与沟通，"这些具有民族传统信仰深厚底色的仪式，展示了国家权力的神圣性与合法性，从而给冷冰冰的国家机器抹上了一道信仰色彩，拉近了个人与国家之间的精神距离，把松散的个人整合进国家权力的信仰架构"。[1] 尽管仪式活动具有世俗的一面，但是公祭活动带给人们的精神影响与情感是神圣性与权威性的。 更为重要的是政治生活与文化生活以及某种程度上的商业生活领域在此得到了连接，吸纳并卷入更多社会主体参与其中并满足其相应的需求。

二、媒介传播与公祭活动的意义阐释

传统意义上的国家祭祀活动由皇帝或者官吏主祭，平民百姓被排除在仪式活动现场之外，有关祭祀活动的记载以及传播多由方志史书等典籍来完成，统治阶层的意志与观念在祭祀活动的文字文本书写与记载中具有主导性，仪式活动影响的范围主要限于知识精英阶层。 同时，仪式活动传播扩散的范围也在时效上具有一定的滞后性。 在现代社会发展的背景下，包括公祭黄帝在内的仪式活动传播的主渠道变为典籍方志与现代媒体并重，介质媒体的变化带来相应的表达形式、语法规则以及影响方式，其所产生的影响也不只是单纯的量上的扩充，更是质的变化与改观。

媒介传播扩大了公祭黄帝仪式活动的影响面。 相对活动现场所容纳的有限的参与者而言，仪式活动中采用传播媒介与传播方式在相当程度上决定了其影响波及面的范围与效果。 中国自古就有重视历史记录的传统，左史记言、右史记事的史官制度为此建立相应的机制保证，古代典籍方志高度重视对于具有礼乐功能的祭祀活动的记录，留下了较为丰富的仪式活动记忆。 哈罗德·伊尼斯认

---

[1] 李向平.中国信仰的现代性问题——以国家公祭圣祖先贤为例[J].河南社会科学,2003(3):1-5+218.

为，不同媒介的使用会对历史文化进程造成相应的偏向，粗重坚硬的媒介不易损毁，具有时间上的偏向，轻便小巧的媒介具有空间上的偏向，早期的金石以及稍后出现的竹帛、纸张对于仪式活动的记录延续了仪式活动的生命力，但其播散影响空间也因而受限。报刊、广电等现代媒体对于公祭黄帝仪式活动的报道传播以跨越知识阶层的大众化方式扩展其影响力，从而使黄帝象征符号的意义广播人心。同时，大众传媒相对于方志典籍记载所具有的通俗晓畅的特点也有利于公祭活动面向普通公众进行传播，在社会中下层面的播散分享。仪式活动通过媒体传播诉诸笔端或者镜头下，文字画面可以被反复阅读与观研，公祭活动因而具有超脱于仪式现场的生命力。

媒介传播强化了公祭黄帝仪式活动的同步性。历史典籍方志以事后的方式对仪式活动进行记载传播，与传播技术相对落后、社会运行节奏相对较慢的历史背景相符合，使得文献读者的阅读与书写者的记录之间由于一定的时间差形成相应的滞后性，呈现为书写与阅读之间的异步性。包括大众传媒在内的绝大多数现代传媒，对于公祭黄帝仪式的报道极大地强化了活动本身以及影响所及范围的同步性。这种同步性意味着一个社会中多数公众的生活因为某些重大的活动或事件的发生进行着新的校准与安排，在某个时间点上完成了同步，使之成为社会秩序与社会节奏的重新设计，也因此具有了媒介事件的意义，即那些令国人乃至世人屏息驻足的电视直播的历史事件及其意义。公众阅读、视听有关公祭活动的现场报道从而建立起与仪式活动现场的连接，尤其是广电媒介、网络媒介的同步直播则实现了社会公众参与公祭黄帝活动的虚拟同步在场。

媒介传播扩展了公祭黄帝仪式活动的透明度。应该说，现代公祭活动大大降低了传统祭祀活动神秘性的一面，大众传媒对于公祭黄帝的报道以一种敞开的、为众人可见的透明性展示了现代理性与精神的力量。大众媒体相对于典籍方志以其直观、形象和生动性，撤离了公众参与的门槛限制，如果说传统仪式活动是"少数人为少数人所见"的话，现代公祭则以"少数人为多数人所见""多数人为多数人所见"的可视性将仪式活动置于众人的关注目光之下，将公祭活动推至公共领域内。广电媒体对于公祭活动现场的直播，将具有仪式感与神圣化的活动流程全方位地展示在公众面前，一定程度上消解了祭祀活动本身内含的非理性色彩，映射着现代文明透亮敞开的特质。

　　媒介传播提升了公祭黄帝仪式活动的参与感。在传统时代，帝王的葬仪十分隆重，但仅限于畿辅与奉安典礼所经地区，对于全国民众而言，不会有亲临葬仪所具有的体验，毕竟他们不必也不可能广泛参与葬礼或追悼仪式。① 同样，祭祀仪式活动的参与者既由社会权力关系的远近亲疏所决定，也为交通与信息传播条件所限制。媒介传播有效拓宽了公祭黄帝仪式活动的参与面，传统上局限于活动现场的参与者群体扩展至整个社会公众的全部，实现了虚拟的、想象的共同在场。活动参与者的主要身份从官员精英向社会普通公众的扩展既是一种现代开放姿态的展现，也实现了仪式活动影响走向社会纵深。公众经由媒体的广泛参与对于公祭黄帝活动的意义扩散具有重要的作用，构筑起"一个共享的符号意义空间，这个空间的诞生是数百万个体共同进行某些活动的结果"。② 媒体传播连接起公祭仪式现场内外，汇聚共同关注的目光，形塑国民文化心理基础，从而建构区别他者的身份认同。

三、公祭活动仪式传播及其认同建构

　　仪式活动以区别于日常生活的形态来显示自身的独特性，它以广为人知与意义共享为目的，因而也就与传播取得了重叠与等同的含义。包括祭祀在内的各种周期性与指向性的仪式活动，通过标注加以突出的方式进行观念的播散。在此意义上可以说，公祭活动本身与仪式传播同构，无法传播的仪式本身也就丧失了得以存在的意义。从现实角度看，公祭活动仪式效力的发挥既与活动的组织

---

①陈蕴茜.崇拜与记忆：孙中山符号的建构与传播[M].南京：南京大学出版社，2009：96.
②本尼迪克特·安德森.想象的共同体：民族主义的起源与散布[M].吴叡人，译.上海：上海人民出版社，2003：53.

与动员能力相关,也依赖传播网络能力的强大,仪式传播因而具有了两个向度上的阐释意义:公祭黄帝活动一方面以象征符号凸显的传播形态自证仪式本身的重要性,另一方面通过仪式化的传播方式推动意义共享,进而建构社会认同。

在伯克看来,认同的来源有三种相互交叉的方式。物质性认同通常来源于商品、占有物和东西;理想化认同来源于共享的主张、态度、感觉和价值观;形式上的认同来源于交流双方共同参与的事件的组织、安排和形式。① 应该说,公祭黄帝活动在上述三个层面上都有所运作与展开,从而也为社会认同留出了得以循迹而上的路径,其物质性表现在空间场所环境以及器物的设计上,理想化表现为公祭活动昭示宣扬的民族共同体的象征价值,形式则体现为仪式传播本身所具有的吸纳卷入机制,让人们得以齐聚一堂一刻,意义共享与认同建构因而有了具体依托。

社会互动是特定时空环境中围绕特定主题开展的符号交流过程。公祭活动首先通过时间的标准化为认同建构编织意义之网。时间流动既是自然现象,也深具文化意义,映射着权力与观念的表达。"在人性深处,自古以来就有一种对根源感的追求,对特定的族群、文化或宗教的归属感。"②在面对近代中国亡国灭种的危机之际,志士仁人先后抛出保国、保种、保教等不同的救亡图存方案,如横跨政学两界的刘师培在1903年认为"民族者,国民特立之性质也。凡一民族,不得不溯其起源","故欲继黄帝之业,当自用黄帝降生为纪年始"。③ 此一观念所及,"于1904年创刊的《黄帝魂》将该年定为黄帝纪元4614年,而《国民报汇编》则把该年推算为4359年,《二十世纪之支那》④《民报》《洞庭波》《汉帜》则用同一系统,分别把创刊年1905年、1906年、1907年改为黄帝

---

① 斯蒂芬·李特约翰.人类传播理论[M].史安斌,译.北京:清华大学出版社,2004:184.
② 许纪霖.在现代性与民族性之间——民族主义思潮[M]//高瑞泉.中国近代社会思潮.上海:上海人民出版社,2007:318.
③ 无畏(刘师培).黄帝纪年论[M]/张枬,王忍之.辛亥革命前十年间时论选集:第一卷(下册).北京:生活·读书·新知三联书店,1960:721.
④ 《二十世纪之支那》是清末留日学生革命刊物。月刊,由宋教仁、黄兴于1905年在东京创办。

纪元 4603 年、4604 年、4605 年"。① 尽管各个报刊的纪年方式不一,从时间标准角度切入形成新的文化规范却是共同持有的思路。 以时间的政治文化意义重新确立进行民众的动员,这样的思路同样体现在公祭黄帝仪式活动上。 从民国时期到新中国成立后,公祭黄帝的时间逐步确立并稳定在清明节。

清明作为节气对于农耕活动具有重要的提示作用,并逐渐增加寒食扫墓与上巳踏青的意涵,成为清明节气、寒食节、上巳节三者融合而成的节日。② 可以说,把清明节确立为公祭黄帝的固定时间,正是近代以来黄帝作为民族始祖地位的确立过程中承继时间意义的结果。 1935 年,当时的国民政府确定每年清明节为民族扫墓节,公祭黄帝活动开始与传统节庆联系起来。 清明慎终追远、祭奠家族先人的意涵也逐渐推及民族先祖的身上,家国同构的象征意义在此彰显。从 1994 年开始,公祭黄帝仪式活动的开始时间更是精确到当年清明节的九点五十分,取九五至尊之意以显尊崇地位。

时间标记方式的不同意味着相应意义的植入。 公祭活动还将通过空间构造塑造认同。 《史记》明言"黄帝崩,葬桥山",尽管对于桥山的具体位置曾有不同的看法,"汉唐以来陕西黄陵县的桥山黄帝陵成为历代祭陵之地"。③ 自明太祖起,历代帝王君主将黄帝的祭祀场所确定为现今的黄陵县桥山之巅的黄帝陵,而且祭祀活动从未间断。 虽然历史上也有庙祭等场所,但从古至今陵祭在各种祭祀活动中的地位更突出,黄陵桥山因而具有了圣地意味。 相对于时间,黄帝陵的空间环境构造是一个逐步加以完善、精细的过程,特别是在改革开放以及 20 世纪 90 年代以后的多次修缮中加以完善。 如今的黄帝陵整体为前庙后殿格局,轩辕庙前有印池、石桥、台阶与庙门,黄帝衣冠冢位于庙西侧一公里的桥山之巅。 前庙部分属于整修,而后殿区域的轩辕殿与祭祀广场则属新建,使之成为

---

①王春霞."排满"革命与国史重建[EB/OL]. (2024 - 10 - 31) [2023 - 09 - 22] https://www.cuhk.edu.hk/ics/21c/media/online/0408011.pdf.
②黄涛.清明节的起源、变迁与公假建议[M]//中国民俗学会,北京民俗博物馆.节日文化论文集.北京:学苑出版社,2006:44 - 45.
③何炳武,王达钦.黄帝祭典的历史及其文化内涵[J].管子学刊,2000(3):58 - 63.

"弘扬民族文化,增强民族凝聚力的场所"。① 白色花岗石铺设的祭祀广场可同时容纳5000余人,改变了此前祭祀区域相对狭小的空间限制,更显气势恢宏;轩辕殿主体造型为天圆地方,地上由36根直径1.2米的圆形石柱围成40米见方的空间,屋顶中央有直径14米的圆形大孔,殿内轩辕黄帝浮雕像后镌刻黄帝的生平功绩,地面中心用青、红、白、黑与黄等五色彩石铺就。轩辕殿外观整体表现为拙朴形态,又以四面无壁、上露苍穹的通透造型给人以强烈的视觉冲击。设计装饰处处有寓意,整体给人以雄伟、肃穆、庄严、古朴的气氛和圣地感。

"空间从来就不是空洞的:它往往蕴含着某种意义。"② "帝制时代之国家大祀,由帝王官吏主之,一般人民,无从参与"。③ 这种封闭性与排斥性既体现在参与者、流程环节与祭祀环节的各个方面。而轩辕殿与祭祀广场的通透与开放设计恰恰体现出的是对于这种封闭性与排斥性的一种反驳,真正体现出公祭意涵与黄帝作为人文始祖的地位。所谓圣地感是指一种场所意境,通常解释为场所精神,主要是指一种建筑环境具有感人的精神力量,可能会给人一种神圣的感觉。④ 在黄帝陵整修与新建的过程中,着力营造的正是这种"圣地感",场所空间对于仪式传播与认同建构的涵化作用正表现于此。

公祭活动还可以通过仪式展演塑造认同。公祭黄帝仪式是特定时空环境展开的文化展演,通过一整套言语、行动、器物与音响的综合运用,仪式象征所表达的意义世界会引起某种特定的情绪,而这种情绪反过来又能够确证和强化某种特定的价值观,二者具有同构性。⑤ 恭读祭文是公祭活动仪式展演的重要内容,祭文内容叙说黄帝功绩的同时突出表达精神血脉的传承,并在主导意识形态的规范之下根据每年国情的变化会有所差异。仪式流程是公祭仪式展演活动的依据。2004年后,公祭黄帝仪式进行重新修订之后确立为七项:(一)全体肃立,

---

① 陕西省地方志编纂委员会.陕西省志·黄帝陵志[M].西安:陕西人民出版社,200:300-304.
② 包亚明.现代性与空间的生产[M].上海:上海教育出版社,2003:83.
③ 故都孔庙巡礼[N].天津《大公报》,1934年8月28日.
④ 许荣发,周干峙.黄帝陵轩辕庙祭祀大殿建筑创作座谈会[J].建筑学报,2006(6):1-15.
⑤ 闫伊默.仪式传播与认同研究.北京:知识产权出版社,2014:120.

（二）击鼓鸣钟，（三）敬献花篮，（四）恭读祭文，（五）向黄帝像行三鞠躬礼，（六）乐舞高祭，（七）瞻仰祭祀大殿、拜谒黄帝陵。仪式流程合并简化、保持庄重的同时，更加重视乐舞在礼治教化中的重要作用。正是通过公祭活动仪式展演，人们体验到紧密团结的情感联系，建立起有机的联系。

象征符号"对外，它是一面旗帜、一种号召、一种宣誓；对内，它是一条纽带、一种标志、一个传统"，①黄帝象征符号意义的凸显及其确立与近代中国的历史境遇密切相关。公祭黄帝活动架起了黄帝符号与黄帝崇拜之间的关联，作为媒介的公祭活动连接起了官方与民众、个体与群体、在场与场外，以及不同社会层级与领域，促进了人群凝聚与社会团结。媒体传播扩大了公祭黄帝仪式活动的影响，强化了公祭活动的同步性，扩展了公祭活动的透明性，提升了公祭活动的参与感。公祭活动的仪式传播通过特定时空环境中的文化展演，创造了意义主题，"人们通过共享想象性主题形成了修辞性视野，后者把他们聚合到一起，使他们对现实达成共识，从而获得认同感"，②"我们"区别于"他们"的身份认同逐渐被建构了起来。

---

①彭兆荣.人类学仪式的理论与实践[M].北京:民族出版社,2007:95.
②斯蒂芬·李特约翰.人类传播理论[M].史安斌,译.北京:清华大学出版社,2004:187.

第九章 民间文化的选择性传统及媒介表征

袁家村是陕西省礼泉县烟霞镇下辖村，位于关中平原腹地，是一个典型的中国传统村落。[①] 它大力发展乡村旅游，以丰富的业态和优质的服务吸引着大量游客，并且汇集了1000多个创客投资开店，吸纳就业3000多人，带动周边2万多农民增收。2019年，袁家村接待游客600多万人次，旅游总收入超过10亿元。全村62户286个村民，人均年收入超过10万元。[②] 就是这个传统而不普通的关中小村落，从"寂静没落"的"空心村"逐步变身"繁荣蓬勃"的"网红村"，并在其文化经济发展过程中创造了许多个第一，造就了袁家村发展模式，形成了袁家村文化现象，受到多个学科领域研究者的高度关注。

一、袁家村文化现象的多元化呈现

现有研究成果显示，对袁家村文化现象的分析呈多元化态势，主要表现在以

[①] 杨小玲.袁家村：创新实践助推乡村振兴[EB/OL].(2020-10-02)[2023-09-22]https://mp.weixin.99.com/s/HM4g6X0-IY7CsHJQg_e6FA.
[②] 蔡馨逸.小乡村有大时尚——陕西袁家村的乡村振兴密码[EB/OL].(2020-11-13)[2023-09-22]http://www.xinhuanet.com/politics/2020-11/13/c_1126734914.htm.

下几个方面：一是乡村振兴和乡村治理。黄鑫等人通过梳理袁家村旅游乡村治理的演变机理以及成功模式，发现良性的乡村治理模式需要内生动力和外生要素的共同作用，有效的旅游乡村治理需要构建"集体共治"模式和"动态开放"治理系统；①陈水映等人的研究也分析了袁家村向旅游特色小镇转型的驱动因素，即在转型发展的过程中，特色文化地方性建构和价值再生产始终发挥着主导力量；②吴冰的研究通过对袁家村居民的访谈资料和网络资料展开，分析了乡村旅游精英的权力是否会随旅游地生命周期呈现动态变化特征。研究结果表明，乡村旅游精英的"全局掌控权、制度制定权、空间生产权、声誉权、人情权与魅力权"处于动态演变中，这六种权力旅游精英通过复杂的内部机理带动村民致富；③马荟等人的研究在于探究熟人社会在村庄动员中的背景因素及其动员机制，认为乡村熟人社会的"熟人关系网、人情机制、面子观"具有增进信息对称、充当资源传输网络、鼓励先富带后富、维护村庄共识的作用，进而推动乡村内源式发展的实现；④裴璐璐与王会战通过对陕西省袁家村旅游助推乡村振兴的实践探析发现，袁家村已通过"产业融合促进产业兴旺，环境整治带动生态宜居，文化繁荣提升乡风文明，三治结合推动有效治理，发展共享实现生活富裕"的发展路径初步实现了乡村振兴。⑤二是乡村旅游及其可持续发展。崔琰从静态和动态两个方面对袁家村乡村旅游和谐度进行评价，针对不和谐影响因子提出了发展建议，以期促进袁家村乡村旅游的和谐发展；⑥于全涛以关中地区发展乡村旅游

---

① 黄鑫,邹统钎,储德平.旅游乡村治理演变机理及模式研究——陕西袁家村 1949—2019 年纵向案例研究[J].人文地理,2020(3):93-103.
② 陈水映,梁学成,余东丰,等.传统村落向旅游特色小镇转型的驱动因素研究——以陕西袁家村为例[J].旅游学刊,2020(7):73-85.
③ 贾榕榕,吴冰.乡村旅游精英的权力维度及其阶段性呈现特征——以袁家村为例[J].人文地理,2020(2):142-151.
④ 马荟,庞欣,奚云霄,等.熟人社会、村庄动员与内源式发展——以陕西省袁家村为例[J].中国农村观察,2020(3):28-41.
⑤ 裴璐璐,王会战.旅游助推乡村振兴的内源式发展路径研究——以陕西省袁家村为例[A]//2020 中国旅游科学年会论文集 旅游业高质量发展[C].2020:130-138.
⑥ 崔琰.陕西省礼泉县袁家村乡村旅游和谐度评价[J].江苏农业科学,2014,42(2):369-372.

较为成功的袁家村作为范本,分析和研究未来关中平原开展乡村旅游的可行模式和开发思路;①王硕通过分析袁家村旅游规划设计方法的成功之处,总结出当下民俗文化发展的优势、不足及相应的改进措施与发展战略;②李悦等人以袁家村为例探索美食旅游引导乡村振兴实施路径,在明确实施路径的基础上构建"产业发展体系－饮食文化建设体系－乡村治理体系－人才支持体系"四维模型,以此为理论基础总结袁家村美食旅游引导乡村振兴的启示。③三是特色小镇景区环境建设。西安市城市规划设计研究院的一项课题结项研究成果显示,袁家村营造了原汁原味的关中古朴生活,将民俗文化贯穿于景观体系、产业构建、旅游功能之中,形成民俗文化凝聚下的品牌张力;④西安理工大学艺术与设计学院赵新平副教授指导学生通过对袁家村特色小镇景区环境现状和文化资源进行解读及实地调研走访,对袁家村所处的关中地区进行文化特征的解读及符号化元素的提取,在遵循符号学理论应用原则的基础上加入关中地域文化特征,从标识系统设计的更高层面进行系统整合,明晰具有当地特色文化内涵且满足交互体验需求的环境中的传统导视系统设计及与导视内容相结合的智能化媒体界面设计,增强文化传达的功能。⑤四是袁家村的发展现状和品牌特点。刘晓君等人利用网络爬虫获得的1384条有效游客评论,建构了袁家村"产业兴旺、生态宜居、乡风文明、建管结合、品牌理念"五大目标下的影响因素体系,分析认为休闲旅游村镇更注重产业兴旺目标,基础设施建设与生态宜居目标正相关关系较为显著;⑥储德平等人通过对报纸相关报道进行高频特征词分析发现,袁家村作为乡村旅游的示范

---

① 于全涛.关中地区乡村旅游探析——以礼泉袁家村为例[J].现代商业,2013(8):164.
② 王硕.谈民俗文化旅游的开发和利用——以陕西省袁家村为例[J].旅游纵览,2020(19):29-31.
③ 李悦,王新驰,张姣姣,等.美食旅游引导乡村振兴实施路径及启示——以陕西袁家村为例[J].美食研究,2020,37(3):24-29.
④ 和红星,吴淼.自我造血 规划助力——乡村规划在袁家村应用的启示与思考[J].城乡规划,2017(1):77-82.
⑤ 李雨一.袁家村景区导视系统设计研究[D].西安:西安理工大学,2019.
⑥ 刘晓君,孙肖洁,胡伟,等.基于文本挖掘的休闲旅游村镇发展路径研究——以陕西省袁家村为例[J].资源开发与市场,2020,36(12):1421-1427.

地,形成了以"袁家村"为品牌核心的人文资源、"三产"融合、管理模式的旅游地形象;还有学者从经济学、产业发展等角度研究袁家村经济体的发展现状以及特色优势等。①

上述研究成果经综合整理后发现,文化特别是民间文化只是作为其他问题研究中的一个方面,或者仅仅作为必要的论据出现,鲜有对其进行系统性的分析和研究。因此,对袁家村现象的研究,从民间文化的选择性传统及其媒介表征来解析,不仅是一条有差别意义的学术路径,也会为众多袁家村在未来发展中更好地发掘民间文化价值、传承民间文化优良基因、更多地获取文化效益提供点滴思想资源。

二、袁家村的民间文化及其媒介表征

对于袁家村,无论是久居者还是新到者,都会对留存于此的一切抱有某种亲切感。这里有小吃街、村史馆、古庙、寺院、陵墓、祠堂、戏楼、茶馆、酒肆、作坊、医馆,还有书屋、回民街、酒吧街、星巴克咖啡馆、特色客栈、民宿;这里保留着古井辘轳、磨面磨盘、马车牛车、驴拉磨子,还有大梁榨油、地窖酿醋、茶炉风箱、关中土炕;这里上演着秦腔、弦板腔、皮影戏,还有卡拉OK、蹦迪、俄罗斯马戏;等等。关中大地的农耕文化、饮食文化、民居文化、礼仪文化、戏剧文化以及古老的习俗文化等,都在这里有较为完整的保留、演化以及和其他文化的有机融合。所有这一切,在万物皆媒的时代,或以空间为媒介,或以实物为媒介,或以符号本身为媒介,或以人们的日常生活以及社会实践活动为媒介,表征着袁家村人对传统民间文化的选择性留存和选择性创新,以及所形成的一种新的选择性传统。

---

① 王兰兰,刘雯昕,储德平.基于报纸媒体视角下的乡村旅游地形象研究——以陕西省袁家村为例[J].资源开发与市场,2020,36(8):923-928.

（一）以民俗文化街区为空间媒介，表征着文化公共空间的形成

袁家村关中文化街，是由多种不同文化功能区组成的集约型文化街区，每一个组成单元都有其独特的功能和意义。村里的康庄老街、作坊街、小吃街、回民街、书苑街、祠堂文化街、南货街等，重要建筑均以关中传统建筑风格为主，一般采用砖木混合结构，老瓦覆于屋顶、细橼穿插粗梁、雕刻绘画古雅有致，具有十足的关中建筑文化的符号特征；传统小吃、关中茶楼、秦腔戏台、皮影表演、婚礼再现、非物质文化遗产展示、民宿、客栈等，形成了以传统民俗为核心的关中文化符号展示系统；菜籽油加工车间、腐竹作坊、酸奶加工作坊、油泼辣子加工作坊、粉条加工车间、铁器农具加工车间、优质农产品基地等，展示了以农业与文化、旅游融合发展的乡村振兴创新举措；现代化停车场、观光小火车、观光农场、旅行者营地、精品客栈、客运公司等，传达了全要素、全方位、精细化提升公众体验的服务宗旨；艺术长廊、酒吧一条街、蜡像馆、星巴克体验店、小清新奶茶店、陕拾叁网红店；等等，这些共同建构了个性化、高端化、时尚开放的现代化乡村形象。

对于由多种元素、多种功能有机组合而成的袁家村关中文化街，可将其视为系统性和整体性的空间媒介，并由此表征着一个公共文化空间的形成。在此文化空间里，作为文化载体的有物质性的街道、建筑、店铺、陈设以及诸多景观，也有老百姓及其日常的生活方式，以及以民俗文化、民间艺术为代表的社会文化实践活动等，使得此时此地生存的人们那种独有的传统习俗、审美情趣、价值观念，以及在此基础上形成的那种特定的文化心理结构和文化精神都得到充分的展示。所以，经此空间媒介，人们接收到的不只是乡村建筑的躯壳，更多的是它所承载的独特的文化；而且，在此空间里的人与物，或者说在此空间里人的社会实践活动及其所依托的一切都是"活"的文化遗产。

（二）以丰富的传统美食为媒介，表征着文化信码的普遍共享

在袁家村关中民俗文化展示的开放式街区中，各类传统美食应有尽有。这

不仅仅是袁家村文化的典型性代表之一，是记录、承载、传递文化的重要物质形态，同时也是一种具有显著性的标志性符号。在研究者调查走访中了解到，袁家村乡村旅游的初始阶段并没有小吃街，而是三年后为应对客流量剧增、农家乐供给不足以及农家乐同质化严重的问题，才推出"乡村旅游+小吃一条街"模式，五年后在客流量超过百万且加速度增长之后，小吃街从原有的乡村旅游附属品摇身变成主角，成为袁家村旅游消费的热点。

传统美食何以独占C位？就是因为它是最具有社会性的文化品类，具有最广泛意义上的普适价值，文化的共享性也表现得最为突出。换而言之，这里的美食是文化共享的媒介与载体，并于无形中成为一个表征系统，它的核心功能或已不再是为了满足人们果腹等低层次的物质需求，在其中裹藏着丰富的文化的信码，向所有来袁家村的人们传递共同的价值：吃的是"妈妈的味道"，感受的是"家乡的氛围"，看见的是"小时候的场景"，聊的是"记忆中的话语"，同行者是"儿时的玩伴"等。这种融入文化与情感的美食能够引起人们强烈的情感共鸣，品味的是美食，回味的是乡情，寄托的是乡愁。这也正如雷蒙德·威廉斯所强调的，社会性的"文化"是对一种特殊生活方式的描述，这种描述不仅表现艺术和习得中的某些价值和意义，而且也表现制度和日常行为中的某些意义和价值。①

（三）以显性物品为媒介，表征着新旧贯通的文化情感

在袁家村，有许许多多的显性物品和传统美食一样，也是其整体文化系统中的重要组成部分。在村里，人们经常会为一些小物件感到惊讶，如标识、标牌、产品包装、文创产品、特殊指示牌、烟灰缸、垃圾桶、传统秋千、改装马槽、老旧架子车等，这些老物件或由老物件改造之物，在这里也有不凡之意。

---

① 张劲松,唐筱霞.文化是一种整体的生活方式——解读雷蒙德·威廉斯的《文化与社会》[J].内蒙古社会科学,2013,34(4):22-27.

按常例，许多老物件常常被认为是没有任何实用价值的"死文物"，或已丧失自我更新的内在生命动力，或已失去了文化传承的外在活力，顶多在一些地方成为一件可有可无的简单装饰品，未必能够产生多深层次的影响。在袁家村，老物件往往会焕发出新的生命光彩，通过时空延续、功能置换、空间重组、符号提炼等手法，将民俗展示、文化展览、传统再现等功能嫁接，创造性地将旧车轮改装成吊灯，将马槽改装成茶几，将车架改装成桌子等。此种时刻将关中民俗元素铭刻记载的方式和方法，不仅赋予这些老物件以新生命，让老物件扮演起当下生活的新角色，也使人们真真切切地感受到了这些老物件的新活力，并勾起人们内心深处的记忆，加深人们对老乡村与乡村文化的情感投射。

（四）以多种潮流元素为媒介，表征着当下时代的文化特征

袁家村是民间文化、民俗文化的载体，是关中民俗的活化石，更可谓是乡村振兴的典范。它在全面呈现传统特色文化的同时也不乏多元的时代文化色彩，主流文化、时尚文化、网红文化、潮流文化等当下时代文化类型在这里交相辉映。袁家村在其整体文化建构中非常重视富有时代特征的文化建设。在新中国成立70周年之际，袁家村设计制作的庆祝海报别具一格，在祝福祖国盛世华诞的同时也不忘展示袁家村的本土文化特色，如"厉害了我的国 I LOVE CHINA"系列海报、"中秋国庆 举国同庆 国运昌盛生祥瑞"系列海报等。在疫情防控期间，"疫情防控 袁家村一直在你身边"系列海报、"光盘行动"系列海报等，都说明袁家村在中国特色主流文化建设中的角色担当。当然，在袁家村还能看到其他具有当下时代特征的文化符号，像星巴克这样的都市文化符号、像陕拾叁油泼辣子冰激凌这样的网红文化符号、像咪哒唱吧亭这样的非主流文化符号、像西酉酒吧这样具有西方品位的"夜色"文化符号等。

这些文化类型和文化符号似乎与袁家村的传统文化定位有些不相协调。但是，在一个系统性建构的文化街区中，让每一类文化在特有环境中，并在文化共性与共享性的基础上构成类型化的、特色化的、小众化的文化，从而形成一个又

一个亚文化圈,由此汇集成各种文化潮流,传统文化在一股股潮流的裹挟下"搭车"顺载、传输、送达,又何尝不是一种文化繁荣?

(五)以乡村社会实践活动为媒介,表征着乡村文化活动新活力

值得强调的是,各种类型的文化在袁家村不是一种抽象的概念,而是以实实在在的文化产品和文化商品为载体:乡村生活本身就是文化产品,乡村生活体验就是文化消费活动。这样说来,对文化实践活动和文化产品不断地推陈出新,关乎能否持续保持袁家村特色文化的生命力和活力问题。为此,袁家村时常有名头响亮的新概念再造行为并策划形式新颖的文化活动,用以曝光和推广具有创新性的文化产品。例如"胡想大学"概念的提出,"袁家村大学生造物节"活动的策划等。2019年5月5日,袁家村策划举办了"中国街画艺术节",单日吸引了22万的人流量。① 当代艺术遇到关中民俗,不仅将青年化、当代化融入历史悠久的乡村文化,还让袁家村民俗文化增加了新的艺术元素,在为艺术家搭建展示多元文化平台的同时,也为艺术赋能乡村振兴、文化创业以及民俗旅游再升级提供了难得的机遇。

三、感觉结构的文化符号表征

2020年终,在抖音这个数以亿计的公域流量池里,以"袁家村"为话题的视频播放量8057.5万次,以"礼泉袁家村"为话题的视频播放量380.7万次,以"袁家村袁家村"为话题的视频播放量110.7万次。② 2021年"袁家村官方"微信公众号发布的关中年包含"逛庙会、赶大集、看社火、放烟花、游艺会、吃年

---

① 胡想大学.袁家村印象|被22万人海点燃的中国街画艺术节背后,这群共创方都经历了什么![EB/OL].(2019-05-11)[2023-09-22]https://mp.weixin.qq.com/s/nimSe-5gGJNb5mv3IwiGqw.
② 抖音2020年数据报告显示,截至2020年8月,抖音日活跃用户突破6亿,截至2020年12月,抖音日均视频搜索次数则突破4亿。

饭、围篝火"等系列活动，其中《这才是我心里最想过的年》一篇阅读量达 3.6 万，精选留言 100 条。① 在这些网络效应暴涨的症候群背后，更应挖掘的是袁家村独有的文化符号所表征的那种深潜的感觉结构。

英国文化学家雷蒙德·威廉斯认为，文化在最基础的层面上是"一种特殊的生活方式"。为此，文化分析需要把握一个社会的文化在某个特定时期里稳定的结构性存在，即"感觉结构"。② 袁家村是否有这样一种稳定而明确的结构性存在并在其特殊的生活方式中体现出来呢？ 换而言之，在何种感觉结构的框限下才使得袁家村形成如此这般的地域文化、历史文化、民俗文化、农耕文化等。这一切，只能从现有的文化符号表征中去找寻。

(一) 历史记忆的文化表征

历史是文化的沉淀物，文化是历史的活化石。 袁家村民俗文化街区复制甚至复活了历史记忆：青砖灰瓦勾起了人们怀古思幽之情，老物新用展示了传统民俗的独特魅力，手工作坊实现了人们感受尚未远去历史遗风等。 还有，袁家村所有的"关中印象体验地"，将历史遗存在关中民间生活形态中激活，不仅存留其中而且是存活其中，不仅是关中文化的见证者，更是作为关中文化的被体验者而存在。

袁家村村史馆通过文字、图片、图像等方式翔实地记录着"关中文化"的塑造过程。 据村史馆资料记载，袁家村虽然身处关中腹地，但是土地贫瘠，旱涝难收，大多是外来迁徙户聚集之地，在漫长的历史岁月里从事着日出而作、日落而息的农耕生活。 相传在明永乐年间，有袁世臣、袁世官、袁世勋弟兄三人从云南迁至原陈家庵西边落户，定名袁家村。 兵荒马乱的年月，袁家村修筑了围墙，陈家庵没有围墙，受土匪扰乱，陈家庵大部分人投靠亲友，剩余二十来户，于新中

---

① 及物心. 这才是我心里最想过的年[EB/OL]. (2020-12-30)[2023-09-22] https://mp.weixin.qq.com/s/LcPvCrXMe-R_vFEmZ3d_-Q.
② 雷蒙德·威廉斯. 漫长的革命[M]. 倪伟，译. 上海：上海人民出版社，2013.

国成立后并入袁家村。因为地势西北高、东南低，地貌分为南部台塬和北部丘陵沟壑区两大类。袁家村是陕西礼泉最穷的村，特别是农业学大寨时期，袁家村有一段艰苦创业拔穷根的岁月。1970年冬，当24岁的郭裕禄出任第36任队长时，此时的袁家村全部集体财产折合价值只有5000元。穷则思变，郭裕禄带领大伙儿挖坡、填沟、平整土地、打井修渠，把全村503亩靠天吃饭的坡地、小块地整个翻了个儿，使之成为平展整齐、旱涝保收的水浇地，粮、棉产量逐年翻番，村民的基本生活问题得以解决。改革开放以来，袁家村插上了腾飞的翅膀，除了传统水果种植业，又有了工业、商业、旅游业，村经济朝着多元化方向发展。20世纪80年代，乡镇企业时期，袁家村发展的村办企业在最鼎盛时期达20多家，除了在村里发展以外，在西安也搞过房地产、影视公司、制药厂，村民开始走上致富之路。

进入新世纪后，随着经济结构转型，村办企业逐渐遭遇竞争性淘汰，袁家村的经济发展遇到了瓶颈，村里年轻人、有能力者都外出闯天下了，袁家村逐步从一个经济明星村向"三无"空心村退化。也正是在这个时候，当地政府为破解农村空心化、农业边缘化、农民老龄化"三化"症结，提出加快实施"旅游兴县"战略决定，探索民俗游、文化游、乡村游融合发展兴县强村富民新路径，袁家村作为首批试点村之一。袁家村从自己的实际情况出发，以村民的日常生活为抓手，以乡村的传统习俗为支撑，尝试走自己的特色发展之路。2007年，袁家村以留住乡愁，恢复关中民俗，重建乡村生活为切入点，以传统老建筑、老作坊、老物件等物质文化和非物质文化遗产所代表的关中民俗文化为内涵，以当地农民参与经营和乡村生活一体化为特征，开始在原村落基础上进行关中民居建筑的复古改造，打造具有仿古特色的青石板路、青砖灰瓦风格的康庄街、村史馆等集民俗文化、农耕体验、农家休闲为一体的"关中文化印象"体验地。让农民在自己家里办农家乐，让游客在康庄街、村史馆体验关中农耕、农业工艺传统文化，将真实的、活生生的、原汁原味的关中风俗民情展示给游客，形成村是景区，家即景点，村景一体、全民参与的体验式旅游景区，充分满足都市居民和游客寻找乡愁、体验民俗，感受独特乡村生活的需求，迈出了袁家村发展乡村旅游第一步。①

村史展览不仅浓缩回放了袁家村的历史，也犹如文化纽带让历史和未来紧密联系在一起。因为有了文化的再现，袁家村作为关中民俗文化载体，其一砖一瓦、一草一木、一人一事、一言一行都是历史记忆的物质载体。

（二）关中民间生活的文化表征

在某种意义上，袁家村与关中生活已经彼此渗透并互为共享信码。经过袁家村设计者的主观赋义和感受者的长期意指实践，人们只要接触到这两个语言符号的任何一个，都会清晰地解析出另外一个，袁家村的生活就是传统关中生活的真实写照，袁家村的关中印象体验地就是关中生活的场景再现。比如盖房，按传统惯例，关中农村盖房先用土坯垒墙，再用麦草泥糊墙，最后用白土泥水刷墙，经如此几道工序整饬，房屋虽为土墙，但干净整洁，结实耐用。现如今，袁家村仿古民居内饰上依然采用传统的泥水粉刷，就连锅灶也是仿照传统土坯搭建的。这种日常生活设施的设计与建设能够让人设身处地地感受乡村文化的原汁原味。还有，在现代生活中失去基本作用的传统油坊、布坊、醋坊、酒坊、茶坊、面坊、辣子坊、豆腐坊、醪糟坊、腐竹坊等，仍然采用最自然的生产原料，按照古老的生产程序，依照故有的生产节奏，周期性地生产出地地道道的"老"产品。在康庄老街的一面土坡下，一头老黄牛、一个石磨盘，一个农家妇女，将碾好的辣子用滚烫的菜籽油一泼，满街飘香，这既是美食，更是乡愁；农家屋舍摆放着传统的生活用具和农具，轱辘车、架子车、碌碡、碾子、打场用的尖叉，扬场用的手摇风车，这是风景，也是回忆。所有这一切，是惯常的生活，又是传统文化活泼的延续。

袁家村的设计者把乡村的传统习俗和村民的日常生活当资源，以村民为主

---

①袁家村村史馆陈列的宣传资料详细记录了袁家村的历史变迁。

体，以村庄为载体，以恢复关中民俗来重建乡村生活。原汁原味的关中民俗生活化作旅游吸引核，使得"土里土气"的原生态农民生活成为文化旅游产品，形成乡村旅游的独特品牌。袁家村就是景区，生活就是景点，村景一体，全民参与，村民一张张朴实真诚、生动活泼的面孔就是关中文化的最好表现载体。

（三）社会性格的文化表征

在某种意义上，袁家村文化是历史记忆的再现和关中传统生活的传承，更深层次上应该是关中人心性结构和社会性格的文化表征，是关中人在长期的共同生活方式和相同的生活经历基础上形成的为大多数人所共有的性格特征，在"袁家村人"身上所表现出来的典型的、稳定的心理特征。

关中人给人们的实际印象是守土、恋家、务实与本分，这也是其心性结构的重要组成部分，在袁家村体现为村民自治和诚信经营。袁家村在运行上依托村民议事会、村民理事会、村民监事会、实习村主任活动和行业协会组织；以村民为主体，采取农户经营与协会组织相结合的自治管理模式，设定政策宣传岗、环境卫生岗、矛盾调解岗、技术服务岗、维稳巡逻岗、财务监督岗六个岗位；成立小吃街、回民街等六个协会组织，让农户全部自主参与经营管理，村两委、协会组织全程指导、监督和服务，建立"大事一起干，好坏大家判，事事有人管"的村民自治管理机制；全村农户每天轮流自行组织五人的经营巡查小分队，早晚两次对体验地店铺进行检查，形成了"自我管理、自我教育、自我服务、自我监督"的共治共享制度。此外，袁家村树立了命运共同体集体观念，共同打造"诚信做事"的团队文化，让传统的关中"发誓"承诺成为商户诚信经营的自觉行动。小吃街粉汤羊血经营户老板吕伟在店门醒目位置悬挂"如果羊血掺假，甘愿祸及子孙"承诺牌，类似的"老土"标识标牌在袁家村商铺随处可见，既体现袁家村讲求诚信的决心，也是关中人"生、冷、倔、噌"性格的外在体现。

雷蒙德·威廉斯指出，文化是人类完善某些绝对或普遍的价值过程，文化分析在本质上就是对生活中被认为构成一种永恒的秩序，或与普遍的人类状况有永久关联的价值的发现和描写。①在漫长的人类历史发展过程中，尚德就是永恒的精神品质，在人们之中有着绝对的"普世价值"。袁家村文化内涵里也蕴藏着德治成分，把村民所接受、最原始、最有魅力的乡村传统文化赋予新时代道德约束新内容，用这种进化版的民俗乡约培育村民坚持集体观念，在具体实践上每周一坚持举行袁家村例会，村两委及各协会组织将政策理论学习与忆苦思甜感恩结合起来，让村民、商户上台讲述自己的创业史和在袁家村的发展史，公开评议经营中碰到的好人好事和不道德行为，还创办"袁家村美丽乡村建设培训中心""袁家村乡村振兴学院"，开办"袁家村乡村旅游培训学校""袁家村'三农'工作村干部培训学校"，设立明理堂，开辟"新乡贤带头人"示范栏，用身边好人、道德模范、优秀村干部教育引导群众，培育"明理、感恩、自强、诚信"的"袁家村主题文化"。

在特殊地理环境里经过长期的社会文化实践活动所沉淀的关中人的性格特征，在袁家村所建构的文化语境中再次赋义，并形成具有时代感的精神品质和迭代升级版的淳厚民俗，让法律规则潜移默化地转化为公序良俗的法治文化，通过这些文化符号和转播载体的镜像所造，在人们的心目中已经成为乡风文明精神家园的代名词。

（四）开放包容的文化表征

任何一种文化要想得到生存和发展必须是开放的，袁家村所代表的关中民俗文化也一样，在坚持文化特性的基础上随着时代的变化和社会的不断发展，不断进行着自我革新和有效融合，不断地吸收其他文化中的积极因素，并对其批判性的继承。

袁家村的开放包容体现在政治上的高屋建瓴。文化不仅在生活方式和乡村民俗中，而且在国家制度和意识形态中，寻求意义、价值和创造性人类活动记

---

①雷蒙德·威廉斯.漫长的革命[M].倪伟,译.上海：上海人民出版社,2013：67.

载,这既是自我开放的标志,也是永续发展的必然选择。袁家村2020年立足博鳌,放眼全国乡村振兴,参与策划国内最大规模的文旅融合、文创跨界的国际化论坛——博鳌文创周活动,主持"振兴之土"主题论坛,邀请行业内一线"大咖"从产业、人才、内容等维度为乡村振兴助力,邀约乡村实践者们以共创的形式,融合文旅各界观点,打造"振兴之土"的实操解决方案。① 同时,发布了中国首份乡创地图,该地图由SMART、袁家村、中国梁漱溟乡建中心于2018年共同发起,将所有的乡创村子聚集起来,共同助力乡村振兴的中国发展方法与路径,聚合乡创顶级资源,直指乡村资源产业重构,从"内容+人才"层面,全方位赋能乡村振兴落地执行力,助力乡村振兴和"第一产业、第二产业、第三产业"与"小农经济、传统手工业、现代服务业"的多元深度有机结合、农业与金融整合,实现乡村内生发展的集成创新,开创乡村振兴立体循环的新动力。

袁家村的开放包容体现在经营上的推陈出新。袁家村单靠民俗体验,依靠初级版的乡村旅游很难留住游客。从2010年开始,袁家村将发扬传统文化精髓与发展旅游业、打造农民创业平台作为促进乡村旅游全面、协调、可持续发展的重要举措,通过以艺术长廊、书屋客栈、咖啡酒吧、创意工坊等新业态和文创青年、时尚达人参与投资经营的新业态为特征,进一步拓展和延伸农业经济、文化经济,大力弘扬关中传统村落中的建筑、美食、客栈、祠堂等优秀特色文化,增加和丰富景区业态项目和体验功能,借助国家政策搭建农民创业平台,精心设计打造民宿和精品客栈、酒吧街、艺术街、高空漂流、旅者营地、大观园等项目,成立袁家村文创产业联盟、全国百村联盟,举办袁家村振兴之土论坛。袁家村2020年年终总结资料显示,经过一系列开放性的举措成功吸引了1000多名大学生创客、青年创业团队、文化企业、广告公司、建筑设计师在袁家村投资、开店、做生意,2983名"新袁家村人"长期在这里生活工作。② 西安早晨创意工作

---

① 袁家村官方.振兴之土2.0,袁家村来了! 2020博鳌文创周[EB/OL].(2020-10-29)[2023-09-22]https://mp.weixin.qq.com/s/4rRwqYavJuV-8VK-1DIzGw.
② 冯萌.七十年熔旧铸新 看今朝最美乡村[N].咸阳日报,2019-10-15(1-2).

室就是一个典型案例,从最初的 3 个人发展到现在 20 多人的团队。

袁家村的开放包容体现在战略上的进城出省。目前,袁家村在已奠定一定的强盛根基的基础上,正处在活跃性和进取型的发展壮大时期。从 2015 年开始,实施"一村带十村"进城出省战略,以"农民捍卫食品安全"为契机,整合绿色健康食材,进入城市高端商业综合体,让健康美味的关中传统小吃和优质食材融入城市消费市场,在西安、咸阳、宝鸡等城市建设 16 家体验店;以创新运用袁家村发展理念和管理运营模式,整合人才、资本和市场资源,与当地政府和企业合作,输出袁家村品牌和商业模式,通过强强联合,优势互补,先后成功打造青海河湟印象·袁家村、河南同盟古镇·袁家村、山西忻州古城·袁家村、海南博鳌印象·袁家村等具有地方特色的民俗旅游体验地,使"袁家村"品牌走向全国,逐步完成袁家村在全国的战略布局。

从关中腹地到国际化大都市,从偏远乡村一隅到入驻现代商业综合体,从三秦大地到遍布全国,袁家村文化的开放性不仅体现在经营发展理念中,更是关中人精神的体现,诚信本分但不安于现状,思乡怀旧但不沉迷于过往,追求经济效益但不忘恪守文化价值,无论是赋予现代意义的传统文化符号,还是具有时代特征新型文化表征,都是袁家村"关中印象"能指所阐释的文化概念,也是袁家村文化意指作用所要表达的意义,更是袁家村文化的有效传承的内在生命动力。

四、关中民间文化传统的有效选择

关中民间文化之所以能够在袁家村得到持续传承,就是因为赋予了它特殊的生命力,将有历史、有内涵、有特色的文化,在乡村文化旅游的带动下实现了传统文化的刻录、赋义、再造、创新与传输。从纵向来看,它是关中民间文化在线性历史发展中的传承过程;从横向来看,它是不断充实、不断变化、不断发展中的民间文化自身的扩展过程。综合观之,它是特殊时代背景下的"一种特殊生活方式"现实且具体的呈现。所有这一系列过程及其结果,是由袁家村人在有目的的选择性文化传统之中，从关中民俗中选择出具有社会意义、文化价值和市场潜力的文化符号，并加以强调而得来的。

（一）袁家村民间文化传承的自我选择

袁家村现有发展的基本状态就是关中民俗文化在自我选择的过程中呈现出来的样态。它以博大精深的关中民俗文化为依托，通过创新运用"文化＋农业＋旅游"的融合发展模式，将挖掘传统文化精髓与发展旅游业、打造农民创业平台作为促进乡村旅游全面、协调、可持续发展的重要举措，巧妙地把关中传统建筑、作坊、老物件与关中多种民俗文化相结合，深耕农业、文化、旅游的有机融合，形成关中民俗游之"袁家村"品牌，让健康放心的食材、美味的传统小吃、本真的文化体验走遍中国，为新时代建设新农村探索出了"以文化铸魂塑形，引领全面乡村振兴"的共同富裕新路子。

任何民俗文化传承都会有不同程度的变化和发展。在传统民俗文化选择性传承的社会文化实践过程中，常常具有普遍意义和普遍价值的东西会经过选择性改造和创新，存留并运行于新的文化实践活动及其成果之中。作为特定文化实践单位的袁家村，在其社会历史传统中展示的民俗文化所体现出的意义是普遍的，即经过自我淘汰所沉淀下来的"适时文化"能够被人们所理解、所掌握、所享用时，将会在很多情况下获得其充沛的生命力和可延续性。在这一点上，袁家村品牌的接受度和广泛影响力，足以说明它通过一系列文化表征系统所建构出的意义表达体系，与人们心目中形成的共同价值判断体系高度契合。

（二）袁家村民间文化传承的市场选择

在袁家村发展的过程中，市场无疑是其导向之一。如何把袁家村打造成经营场所，如何把村民培养成经营主体，如何把关中传统的生产生活方式转化为旅游资源，如何使得农副产品成了高附加值的旅游产品，如何让特色民俗都成了高利润的文创产品等，都经过市场洪流的涤荡。经济数据表明，凡是袁家村农民做的和本地乡村生活相关的产品市场表现优良,如袁家村的油泼辣子就是一个备受游客青睐的产品。小小一罐油泼辣子既能使人品味到乡村生活的热辣,也能感受到关中民间文化的深层韵味,文化的价值叠加使得该产品具有不俗的市场潜力。为此,袁家村建起加工作坊以扩大油泼辣子的生产能力,使之逐步实现产业化生产,从一开始的年营业额不足十万元到2018年营业收入实现八百多万元。酸奶是袁家村销量最大的明星产品,最初的小作坊难以满足快速增长的袁家村市场需求,便选择和乳品厂家合作走产业化之路,产能和产量不断增加,2018年袁家村酸奶的销售额超过了三千万元。①这些数据和品牌的发展再一次证明了袁家村的价值是乡村生活,袁家村的核心竞争力是民俗文化。

作为"乡村政策实践者和乡村生活方式缔造者",②袁家村人充分认识到文化禀赋、经济刺激、情感加持、政策引领、现代商业等综合作用,使其走上了新的发展之路。为此,在总结现有经验和思路的基础上,在其他省份打造出不同地域文化背景的"袁家村",是其市场导向下让袁家村走向外面世界的又一选择。例如河南袁家村就是袁家村通过深入挖掘当地中原文化,将民俗、文化、生活习惯等地域特色元素整合起来,实现游客只要想看民俗就找袁家村的目标,袁家村就是当地民俗文化的代表符号。

(三)袁家村民间文化传承的受众选择

受众在传播学领域指的是信息传播的接收者,具体到袁家村民间文化传播领域就是到访者或者旅游消费者,他们既是文化产品的消费者,同时也是文化信息的接收者。与一般意义上的文化游览产品不同的是,袁家村人打造的文化产品的内核是乡土情结与乡愁记忆,所引发的是人们的心理感受和情感共鸣。因为,在40多年加速度的城市化进程中,越来越多的人离开祖居之地,四处讨生活

---

① 数字来源于袁家村党支部书记郭占武在2020博鳌文创周袁家村振兴之土主题论坛上的讲话。
② 李彬.解密袁家村 乡村振兴模型的"制造者"[J].当代陕西,2019(11):18-21.

求发展。在巨大的人口迁徙过程中营造的那个"隐形的中国"中,①城市与乡村之间、在想象的故乡与现实的故乡之间形成了一个若即若离的情感共同体,无论在文化上还是心理上,变动中的秩序不时地拷问着人们应该如何安放自己的那份乡愁。故而,像袁家村这样以消解人们乡愁为目标的乡村旅游项目在关中大地四处开花,如马嵬驿、周至水街、永兴坊、白鹿仓、茯茶小镇、诗经里、文安驿、重泉古城、庵岭古城、和仙坊民俗文化村、白鹿原民族文化村等。营销乡愁,既可以不断丰富其文化内涵,也可因追求经济效应忽略掉文化背书,其结果无非就是像袁家村一样越来越多元化,像白鹿原民族文化村一样销声匿迹。因为,经过特殊场景和氛围营造的乡愁既是一种情感,也是一种文化,是人们与过去古旧生活的深情对话,也是对文化传统的继承与守望,没有文化内蕴的单纯消费必然缺乏持续生命力,更无法唤起受众对乡愁的追忆。

袁家村人深入挖掘关中民俗文化的精髓,通过创造性转化并融合现代元素,发挥其强大的吸引力和巨大的影响力。对袁家村微信公众号的文章进行文本分析后发现,它的选题策划和行文表述经常能引起受众的情感共鸣,如 2020 年 12 月 31 日发的文章《这才是我心里最想过的年》,引发网友有关年的回忆,纷纷留言表达心中的年味:@人生如初见:小时候,年的感受是妈妈新买的衣服,爷爷发的压岁钱,姐弟五人放的鞭炮,小叔给孩子们拍的照片,和爸爸一起贴的对联,全家人吃的一顿团圆饺子;长大后,年的体会是奔波在外渴望回家的心,是给亲人祝福的话语,是陪在家人身边的温馨夜晚。年还是年,可是年却不是记忆中的年了。@菜菜饭汤:过年最爱炸麻花,小时候就喜欢炸着麻花,再去准备别的炸物,鱼啊肉啊还有别的,就喜欢油吱吱啦啦响的声音,所以超级喜欢吃袁家村的麻花,每次去必须排队买。@张丽茹:我是 70 后,在我的记忆中,就是希望过年,因为只有过年才能有新衣服,才能去走亲戚和拜年。而且大人总会告诉我们,新衣服要等大年初一的时候才能穿,寓意着在新的一年里,有一个新

---

①李洪兴.还乡笔记里的乡愁共鸣[N].人民日报,2015-02-27(5).

的起点,寓意着在新的一年里天天有新衣服穿。 现在,我已人到中年了,怎么也感觉不到小时候的年味了,在我们那年代,扭秧歌、展花灯、猜灯谜,一直到元宵节才停止。 这就是我小时候过年时的情景,无论何时在心中都是满满的回忆。 @ Myself:袁家村是唯一百去不厌的农家乐,作为地地道道的礼泉人,总爱去袁家村找找儿时的回忆,亲切又美好,乡村又时尚,真不愧我关中之瑰宝。

一篇关于年味的公众号文章,牵出如许款款深情,可被视为袁家村的"议题设置"的成功之作。 细究之,这种认可度来自关中民俗文化的"符号表达",来自不同受众个体之间的"情感共享",更来自深层文化结构影响下的文化共同体的文化心理。

(四)袁家村民间文化传承的时代选择

袁家村输出的关中民俗文化自有其历史性、开放性和创新性,也取得了一定的经济效益和社会效益。 但是,只有这些驱动力还不足以实现广为传播的效应,更不可能成为国家层面的典型和标杆。 袁家村人勇踏时代潮流,践行共同富裕之路的先进性是其在新的时代条件下的必然选择。

共同富裕是中国共产党人最基本的政治主张,也是建设具有中国特色社会主义最基本的目标。 袁家村人认为,一村富不是富,全民富才是真正富。 袁家村2019 年旅游接待总人数为 580 万人次,旅游总收入超 10 亿元,村民年人均收入10 万元。 袁家村还通过统筹周边 10 余个村庄的产业合作,带动周边数万名农民增收,实现了村域经济和社会转型,成为全国乡村旅游和乡村振兴的标杆。① 新时期,袁家村把乡村旅游作为脱贫攻坚的突破口,通过"旅游 + 扶贫"带动了周边 200 户、611 名贫困户脱贫致富,实现了产业兴旺、生态宜居、乡风文明、治理有效、生活富裕,探索出了破解三农难题、实现乡村振兴的新路径。② 因此,袁

---

①吕贵民.袁家村里的人气又旺了[N].陕西日报,2020 - 03 - 26(11).
②杨小玲.袁家村:创新实践助推乡村振兴[N].陕西日报,2020 - 10 - 2(2).

家村先后被评为中国十大美丽乡村、中国十佳小康村、全国文明村镇、国家特色景观旅游名村、中国乡村旅游创客示范基地、全国一村一品示范村和国家4A级景区等。这些成绩和荣誉既是对袁家村发展的肯定与褒奖,也是对其践行新时代乡村发展理念的政治赋义。同时也说明,这种针对民间文化所做出的时代选择的必要性和必然性。

袁家村现象以及袁家村品牌或早已成为一个独特的文化文本。对此文本的分析和解读可以较为清晰地发现,在袁家村物质的和非物质的媒介载体及其表征系统中,历史悠久的关中民间文化呈现出的特殊意义和焕发出的时代光彩。由此,可以使人们深刻地意识到,民间传统文化的选择性传承,既能为现时代的人们建构一种特殊的生活方式,也最终将这种选择性传统动态地适应于当代社会的变革,并为人们的美好生活提供一种建设途径。

第十章 作为"第三空间"的西影电影圈子及其视觉叙事与空间延伸

三维立体思考的模型在空间生产三元组合中实现了思想模型的具化。以此为起点,"结合多年来对城市空间进行的后现代批判研究而取得的理论成果",爱德华·索亚以列斐伏尔的第三空间理论借鉴了蓓尔·胡克斯的边缘差异空间、福柯的异形地质学、空间女权主义以及后殖民主义批判等经典理论,将"他者化-第三化"作为第三理论的关键突破点。[1] 与理论建构不同的是现实的物理空间主要是建立在一定的地理场域之上的,依靠建筑标识物和其他实物组建形成一定范围内的空间叙事,以此为基础的精神空间更多的是通过视觉叙事将思想理念、思维意识,甚至是精神情感等,与历史的、现实的实物相互勾连,从而形成其核心主题。在某种程度上,视觉叙事主要是通过视觉效果在主体位置移动的过程中才能逐步呈现,如果将空间场域中的实物按照不同层次予以展示,就可使公众在参观游览的过程中深度参与其中,具身性地体验时代变迁中遗失的部分以及一直在延续的部分,即在时间变化的历史痕迹中找到集体记忆中属于主体自身的部分。

---

[1] 张志庆,刘佳丽. 爱德华·索亚第三空间理论的渊源与启示[J]. 现代传播,2019(12):14-20.

由西安电影制片厂老旧厂区改造完成的文化街区——电影圈子，依旧置身于繁华都市的内部，在地理位置上有着独特的优势。在中心城市建设于许多层面的政策性倾斜给予的诸多利好中，西影厂的历史发展过程与当下街区内展示的实物有何关系？公众以何种形式参与电影圈子？这个特殊的空间内部所有的实物又是以哪种形式呈现在公众眼前以对公众产生强烈的视觉冲击？本章将以电影圈子的现实业态为主要研究对象，使用"第三空间"的视觉叙事把历史文化与媒介融合在文化和技术层面相互勾连，用以阐释其文化符号与空间延伸等问题。

一、从"西影厂"到"西影电影圈子"

1958年的夏天，大雁塔东边的土地上还种植着大片大片的麦子。同年8月23日，在大雁塔东边500米左右的地方，西安电影制片厂（简称西影厂）新建成立。及至"文革"之前，一套已经相较完备的电影制片体系在西影厂形成，厂里的生产设施也达到了国内先进的水平，并生产制作了19部影片，其中《三滴血》《桃花扇》等影片受到观众的广泛好评。"文革"期间，西影厂的生产也进入停滞状态，用于拍摄电影的设备因无用而闲置，各项欠款高达260余万元。此时，也有许多人离开了电影行业。改革开放之后的1979年，可谓是西影历史上最辉煌的一年，无论在艺术、经济和社会美誉度上均有较大的发展：一是由滕文骥、吴天明执导的电影《生活的颤音》、孙敬导演的《乳燕飞》被列为国庆三十周年展映片；二是《生活的颤音》获得了当年的文化部优秀影片奖，并得到了邓颖超的赞许。1982年，西影厂制作出《西安事变》，开辟了我国重大革命历史题材电影的新时代，荣获当年金鸡奖、百花奖的优秀影片奖等奖项，并于次年创造了在香港七家影院联映、公映时间长达21天、观众达25万人、总收入约360万港元的观影奇迹。1988年，在深圳举办的第十一届"百花奖"和第八届"金鸡奖"颁奖大会上，所有颁奖的25个奖项中，西影一举夺得15枚"金牌"，几乎囊括了所有重要奖项，创"双奖"设立以来，一个厂家在一个年度中获得奖项数的最高纪录。

时至 1989 年，西影厂投产的影片全部超成本，并且仍旧沿用苏联"大而全"的模式，制片厂被办成小社会，各科室、后勤、幼儿园等一应俱全，占用了大量资金，直接造成 1989 年的全面亏损。也是这一年，电视剧市场极具膨胀的同时也使得整个电影市场处处碰壁：电影观众大幅减少，制作成本却激增，电影业普遍亏损，电影界陷入困境。当时的西影厂借贷额超过 2000 万元，到 1990 年时已有 7000 万元的巨额亏损。

从 1990 年到 1995 年，西影厂的《黄河谣》《双旗镇刀客》《筏子客》《大话西游》等 57 部影片荣获国内外大奖，其中《站直啰，别趴下》获奖 13 项，《背靠背，脸对脸》获奖 12 项，《炮打双灯》获奖 15 项。1996 年，西影厂终于化解了全部债务，还留有 800 多万元利润。2000 年 5 月 30 日，西影厂联合上海西城实业有限公司、西安天慧信息有限责任公司等 8 家企业组建了西影股份有限公司。2001 年 8 月 20 日，中央宣传部、国家广电总局、新闻出版总署联合下发了《关于深化新闻出版广播影视业改革的若干意见》，其中在"改革的主线和重点"当中提到："以中影、上影、长影、珠影、峨影、西影为骨干，组建六大电影集团。"[1]2002 年 1 月，中共陕西省委宣传部、省广电局、省新闻出版局出台了《关于贯彻〈关于深化新闻出版广播影视业改革的若干意见〉的实施意见》，其中表明，"西部电影集团属于企业性质，以西安电影制片厂为主体，联合西影股份有限公司、陕西电视台电影频道、陕西省音像出版社、省市两级电影发行放映公司、新组建的影视光盘公司等单位组建"。2001 年到 2009 年期间，西影公司曾一度筹划上市，但是因为当时"电影产业不得注入外资"的政策，西影公司的上市便搁置不议了。

2009 年 5 月 8 日，西部电影集团有限公司隆重挂牌成立，成为规范的市场主

---

[1] 祁涛,姬娴祎.2001 年《关于深化新闻出版广播影视业改革的若干意见》与多媒体兼营、跨地区运营政策空间的形成[EB/OL].(2023-08-09)[2023-09-22]https://www.ccpph.com.cn/bwyc/202308/t20230809_369188.html.

体。2012年,西影集团确定了一个短期内必须达到的目标:中国电影的主力军,西部电影的领航者。2016年,随着"支持西影做强做大"被写进了《陕西经济社会发展"十三五"规划》,①陕西省委全面深化改革委员会文化体制改革专项小组审议通过《西部电影集团有限公司关于进一步深化改革振兴发展的方案》,西影集团进入了机制改革的"换挡期"。②

六十多年的发展历史证明,西安电影制片厂曾经是中国电影史上的一段传奇。最辉煌的时候,它是中国电影走向世界的一张名片,迄今保持着国内获奖数量、影片出口数量位居第一的纪录;在惨淡的时候,负债累累且主业没落。从西安电影制片厂到西部电影集团,西影一直走在改革的路上。2017年6月12日,西影集团发布西影电影、西影传媒、西影文旅、西影资本四大板块战略布局。西影文旅通过打造电影圈子,建设西部地区规模最大的电影产业集聚区,还将搭建多个产业服务平台,构建陕西影视力量优势互补和融合发展的大格局。西影资本布局则通过西部电影投资基金落地,首期规模10亿元,将融合建信信托的项目投资、资金管理优势及西影集团的电影品牌、影视资源和人才优势,积极孵化优质的影视项目、原创IP影视股权项目,并致力于整合产业要素,拓展电影产业链的多层次价值投资。其中"电影圈子"有志于建成中国最美电影主题园区。园区占地146亩,建筑面积20万平方米,对西影老厂区进行保护改造,同时开展艺术空间和产业空间的融合探索。③

---

①2016年1月29日,陕西省第十二届人民代表大会第四次会议批准《陕西省国民经济和社会发展第十三个五年规划纲要》[EB/OL]. http://pj.sxjdzy.cn/__local/D/F2/DD/CDC7D3012143654CC348B5FA54D_94DDEECF_7CBC29.pdf.
②西影视频. 以改革促发展 西影深化改革入选中宣部《新时代文化改革发展案例选编》[EB/OL]. (2022 – 10 – 30)[2023 – 09 – 22] https://baijiahao.baidu.com/s?id=1748105283666085780&wfr=spider&for=pc.
③姜正红. 电影圈子·西影电影产业集聚区斥资7亿预计2018年竣工[EB/OL]. (2017 – 04 – 02)[2023 – 09 – 22] https://baijiahao.baidu.com/s?id=1563532260493029&wfr=spider&for=pc.

二、作为物理空间的西影电影艺术体验中心

哲学意义上的空间概念源出于法国哲学家、社会学家亨利·列斐伏尔。在列斐伏尔空间理论的基础上，美国学者爱德华·索亚提出"第三空间"的理论观念，其中包含空间的现实的物理维度，也覆盖空间的精神维度。美国的社会学家欧登·伯格在《绝好的地方》一书对"第三空间"进行了不同的解读，他认为：家庭居住空间为第一空间，职场为第二空间，城市的酒吧、咖啡店、博物馆、图书馆、公园等不受功利关系限制的公共空间为"第三空间"。根据欧登·伯格的描述，可以将城市中公共的、具有多元功能的空间综合体看作"第三空间"的代表。欧登·伯格还强调"第三空间"具有包容性、平等性、自由性特征，是便于公众来往的、无任何立场的中立性的且以特色的空间文化形式存在的公共空间。交流是"第三空间"最基础的功能，但趣味性与游戏精神也必不可少，它能够给公众带来释放自我的舒适性。

如果以上述空间观念为理论阐释工具，就会发现当下中国以电影为主题的博物馆、文化街区的创新及转型发展，与"第三空间"的公共性、包容性、平等性等特性及展览、服务和精神涵养等功能有着相应的契合之处。电影主题博物馆与大多数博物馆一样，不仅是现实物理空间与精神空间的结合，而且是一个生成性的、具有一定生产性的"第三空间"。对于如电影圈子这样的电影主题博物馆，其作为"第三空间"可以从以下几个方面予以界定：一是此类"第三空间"是大众欣赏与学习、体验与交流、休闲与娱乐的实体化场所。在通常情况下，须通过精准选址，主题化的空间设计来营造独具特色的空间文化氛围，并在物理空间建设层面凸显其便捷性、独特性、中性化与自由化的特征。二是此类"第三空间"往往具有高包容性的社会意义，体现出自由与平等及兼顾个性与多元的价值，可通过跨业态复合型运营模式提高各项社会与文化服务质量，满足大众以交流为基础的多元化实际需求。三是此类"第三空间"具有普遍的人性化和趣味

性，能带给大众一定程度上的心灵抚慰，也可通过深耕主题内涵、组织特色活动、进行文化互动等精神层面建设带给大众某种归属感。

作为"第三空间"的西影电影圈子于 2019 年 8 月 29 日正式对外开放，并于 2020 年 5 月 18 日正式加入博物馆行列。以西影电影艺术体验中心为例，它包含了九大展区，分别为序厅、老爷车博物馆、电影胶片收藏库、大话西游奇妙屋、电影制作技术科普体验区、电影服化道展区、世界电影放映机收藏博物馆、光影互动体验区以及西影厂史馆，在设计上以电影艺术、电影制作技术和西影厂历史为展示重点。从对物理空间的解释与判断的角度来检视此"第三空间"，可以发现有如下特点：

（一）处于可抵达性较强的优越地理位置

"第三空间"理论强调空间的便捷性以及公众的使用率。因此，在物理空间层面，地理位置的优越一定程度将提高公众使用率。在当下，如果这一空间的地理位置毗邻商圈、景区或交通枢纽等基础设施良好、交通便利且环境优美的场地，便能够形成集聚效应，吸引周边以及更大范围内的公众前来体验。西影电影艺术体验中心位于西影电影产业聚集区内。整个西影电影产业聚集区位于原西安电影制片厂所在的西安市雁塔区西影路 508 号，这里以西安电影制片厂为基础，有着六十多年的文艺积淀和电影制作历史。并且，园区地处西安曲江新区核心区，西临大雁塔、南眺曲江，与西安地标大雁塔直线距离 500 米左右，与大唐芙蓉园景区直线距离也是 500 米左右，站在大唐芙蓉园景区内的紫云阁上，看到大雁塔的同时，也能看到西影大厦，在整体上形成巨大的城市景观。西影电影产业聚集区附近的公共交通相当便利，东边距离西安轨道交通 3 号线北池头站 B 口 530 米，西边距离 3 号线与 4 号线换乘站大雁塔站 C 口 600 米。发达的交通便于市民与游客的来往，不仅方便市民游客参观游览，更为整个园区提供了稳定的客源。

（二）由鲜明电影主题而形成的独特的文化空间

由于人们对"第三空间"的现实需求，博物馆也顺应时势作出了改变。第十届国际博物馆协会会议对博物馆进行了重新定义："博物馆主要是为社会和人类发展服务的，具有公共性的和无利益化的永久性机构，它以教育、观赏和研究为目的，对具有见证人类和人类环境的物质进行搜集、储存、维护、研究、传播和展览。"①在《试论行业博物馆的特殊性》一文中也提到行业博物馆，但从本质上来讲，行业博物馆并没有超出一般博物馆的范围，仍属于一般博物馆，"行业"二字显现的特殊性就在于充分表述特定行业自身的历史发展过程，也包含了人类地域、风俗活动、风俗习惯等。②其功能包含承载行业历史的收藏功能、研究功能和教育功能。

相对于奥斯卡电影博物馆、意大利国立电影博物馆等知名的电影博物馆而言，我国以电影为主题的博物馆还相对较少，大多是在新中国成立初期六大电影制片厂的基础上发展而来的。目前，中国电影博物馆、上海电影博物馆等为人熟知。西影电影圈子园区是西部地区唯一以电影为主题的文化街区，西影电影艺术体验中心更是西部唯一以电影为主题的艺术体验场所。西影电影艺术体验中心通过空间设计、场景打造、展示陈设等凸显电影主题文化，核心打造电影主题的文化空间。在整个产业聚集区内，分布着大量电影主题的建筑与街景，如胶片电影工业馆、西影 TIME 影院、西影光影剧场、星光大道等，其中胶片电影工业馆至今还保留着完整的电影胶片洗印生产线，系统展示了传统胶片时代电影从底片到发行拷贝，以及胶转磁、数字化修复等全部工艺流程。"星光大道"贯通园区南北，梧桐掩映两旁，西影1958年老办公楼、西影国际院线综合体、西影123号摄影棚、西影艺术中心、置景车间、电影培训中心、西影产业集聚中心等

---

①国际博物馆协会章程［EB/OL］. https://icom.museum/wp-content/uploads/2018/07/2017_ICOM_Statutes_EN.pd.
②王畅. 试论行业博物馆的特殊性［J］. 中国博物馆，2003（4）：7-10.

分布于两侧。在大道的两侧，西安电影制片厂得过的电影奖杯被制成雕塑，立于两旁，这些奖杯作为物质媒介，传递着西影厂曾经的辉煌与如今的新生。

（三）具有满足多种需求的空间功能

西影电影圈子将教育、娱乐、餐饮、休憩等多个功能融合在一起，构建了一个复合型的文化空间，提供的各类文化产品与服务，满足了市民与游客多元的需要，为市民与游客带来丰富的体验。一是依据不同公众群体的喜好、文化层次、游览需求，西影电影圈子在园区内划分不同的功能区，打造集参观学习、产品展示、休闲交流、文化体验于一体的综合型文化场所。二是积极拓展多元业态，着力于多元业态的增值服务，形成"展览+餐饮+教育+文创+阅读"的跨界组合文化商业经营模式，延伸自身产业链。三是将自身 IP 与主题特色相结合，推出主题影院、电影主题书店、主题咖啡馆、主题酒店等，满足了游客的多元需求。总体而言，在西影电影艺术体验中心内，采用的是"欣赏+娱乐+教育"的多业态融合模式。在整个场馆中，多数展区以展览为主，供游客欣赏学习；而在一些互动体验的场馆，主要是以互动娱乐、拍照"打卡"为主。

（四）线上线下"双线"联动以增强互动效果

西影电影圈子整合线上与线下资源，积极开展各种文化活动，并借助新媒体技术与粉丝形成互动。西影电影艺术体验中心作为西影产业聚集区中的收费部分，自然是线上线下的主要部分。一方面，电影圈子凭借自身丰富的文化属性，开展各种文化活动。仅在 2021 年，"西影电影圈子"微信公众号中推广的线下活动就有"过年来西影""元宵猜灯谜""不负韶华，美在西影"踏春游园摄影大赛等针对游客的活动，还有"端午趣游"、露天观影、帐篷涂鸦等针对少儿的活动，还与其他社会机构联合，共同举办针对博物馆的"博物馆小小讲解员"的比赛等。这些活动不仅加深了市民与游客对电影主题文化的了解，更为市民与游客提供交友、休闲的场所。另一方面，西影电影圈子与互联网深度融合，利用线上社交媒体资源,以当前公众喜闻乐见的形式推广园区内的店铺以及西影电影博物馆,加强与游客和市民的互动。西影电影圈子在微博、微信、抖音等平台日常推送互动信息,包括店铺开张、活动预告、游览参观等,在公众号上还会推送拍照指南和构图技巧,教游客如何利用园区内的元素拍出时尚大片,博物馆的照片主打"民国风"和"电影情绪风"。关于拍照打卡的内容生产在以种草打卡为"主打"内容的小红书更是一片繁荣:如关键词为"拍照打卡圣地""小众博物馆"以及"大话西游"等,在大多数博主的推荐中,西影电影圈子是"溜娃""拍照""休闲"的好去处。为方便内容上线,在线下的场地上,西影电影圈子园区内也设置了众多可以打卡拍照的点,如放置合影板等,在西影电影艺术体验中心内容同样有用于拍照的民国服装租赁。

西影电影圈子充分利用新媒体技术优势,形成了"线上媒体+线下场馆"联动发展模式,实现了资源的双向利用与优势互补,增强了园区与游客的互动。整个街区作为一个物理空间,为精神空间上的延伸提供载体。在这一点上,电影艺术体验中心是整个街区中最典型的代表,因为其博物馆的属性,更是接近人们对于"第三空间"的需要。博物馆一直是承载着人类记忆的地方,馆藏的艺术品揭示了那个时代的文化背景和艺术发展水平,它无形中就勾起了观者与古人穿越时空的对话,而电影博物馆更能引导观者进入艺术生产的后台,为观者提供生产方向的思考,博物馆本身作为"第二空间"也能够给公众带来更高的社会价值。

随着时代变迁,当前的电影艺术体验中心开始在人类需求变化的同时,改变以往单一的空间结构和展示形态,而是通过一流的设施、便捷的交通,为观众提供各种服务,让观众尽情享受艺术的盛宴。但是,无论时代如何变幻,充分挖掘藏品内涵,帮助参观者提升人文和艺术素养,依然是博物馆的核心功能。西影电影圈子园区中,除了西影电影艺术体验中心,还有餐厅、影院、书店、咖啡馆等场所,它们共同构成了一条文化休闲购物街,虽然这样会使人们想到共享空间的利益化,但是这些与博物馆连在一起,为观众提供全方位的服务,这种将各种业态汇聚在博物馆所形成的空间，其实就是"第三空间"的某一形式，借助活动室、咖啡馆、书店、信息咨询中心、坡道、休憩场所以及无障碍设施等物质空间，为参观者打造身体和灵魂的"第三空间"。这些物质空间的打造，也是现在城市生活不断社会化的要求，更是博物馆能够全面发展的基本前提。

电影作为互联网经济体系中的惯常消费品，在公众心中早已彰显着自己的普适性和大众性，以电影为主题的博物馆乃至文化街区，也已剥去其精英化的外表，成为大众了解电影艺术、欣赏电影艺术、体验电影艺术的重要场所。这种主题的物理空间的建造，是整个城市的文化场馆建设的重要环节，也是以当代城市生活为出发点，将满足人们体验电影艺术的文化需求纳入城市空间建设系统，使其成为当代社会备受人们喜爱的"第三空间"。

三、电影博物馆的布局和视觉叙事

2007年8月24日，国际博物馆协会在奥地利维也纳通过并发布《国际博物馆协会章程》。此章程认为：博物馆是一个为社会及其发展服务的、向公众开放的非营利性常设机构，为教育、研究、欣赏的目的征集、保护、研究、展出并传播人类及人类环境的物质及非物质遗产。由此可以看出，征集与收藏、维护与展览、研究与继承、传播与教育等构成博物馆的基本职能，在综合服务的同时也在传播一定意义的符号和文化，展示其背后所蕴含的历史文化价值。另一方面，在当代文化理论中，还将博物馆视为一种具有超越时空意义的"记忆之场"，即通过各种媒介叙事，构建出特定的意义生产空间与文化交流、分享空间。在此过程中，必须通过传承符号、创造符号、创新性地使用符号等人类特有的建构与实践行为，在人类创造和积累资源的基础上来生产、表达、传输和分享意义。在博物馆这一特定的空间内，意义的生产自然离不开符号的使用，同时也需要各种各样的符号进行意义的传递，而意义的传递最直接的方法是通过视觉向参观者进行叙事，即通过人们的视觉性来进行叙事活动。

第十章　作为"第三空间"的西影电影圈子及其视觉叙事与空间延伸　　183

从电影理论家巴拉孜于1931年首先提出"视觉文化"概念开始，就将以电影为代表的文化形式归纳为新的"视觉文化"。随着媒介技术的进步，视觉文化不仅仅是以图像、文字、影像等为代码的传统媒介的专属领地，而是将其扩展至所有媒介以及媒介系统。目前，采用多种媒介，以优化组合的方式完成视觉叙事并能获得完美的传播效果是业界与学界的共同追求。但总体而言，视觉叙事主要包括两条路径：一条是纯粹的时间顺序。从事物的起始状态到发展过程，直至最终结束；另一条是在新媒体技术影响下诞生的后现代视觉叙事方式。主要以新兴的媒介技术为基础，将技术赋权之下的叙事方法重新编码，通过新兴技术的再次解码，最终展现在大众面前。西影电影博物馆将两条路径相互融合，每个区域采用了最佳的统合路径。

（一）传统媒介的视觉叙事

此处所言的传统媒介主要是指与电影相关的实物本身，它以人体感官范围所感受到客观真实之物进行视觉叙事。博物馆的空间功能主要是收储、展示文物，向参观者叙述"关于电影发展的故事"。所以，根据藏品的自身特性进行分门别类的实物陈列就是最合适的叙事方式，往往在观看者那里能够达到最佳的视觉效果。在这种以陈列为主的视觉叙事方式中，色彩是展览空间非常重要的表现元素，实物本身的色彩不断地刺激人们的视觉神经，吸引参观者的注意力。所以，合理色彩的选择与组合搭配对更深一步了解"展品"的历史文化意义有一定的积极作用。然而，单纯的传统的陈列模式也存在不尽如人意之处：形式呆板、单一，提供信息有限，很难承载厚重的文化价值。在西影电影博物馆中，从序厅开始到电影老爷车博物馆、电影胶片收藏馆、世界电影放映机收藏博物馆、西影厂史馆大多是以传统媒介的视觉叙事为主的。

序厅是博物馆入口到正式展厅之间的一个空间，是参观者视觉接触的第一部分，需要具备一定的吸引力和引导力。在西影电影博物馆的序厅，展现了佐罗、魅影、兰陵王、马克西姆斯、比利、无鸾、小丑等22个国内外经典电影角色面具和传统文化面具，以致敬伟大的电影艺术成就。将这两类面具悬挂高空，既有空间装饰性，也使空间的格局得到有效的视觉划分，同时也增加了空间的趣味性。这些面具色彩鲜明，大小不一，极具个性，每个面具是一个符号，代表着不同的电影及其文化内涵。如无脸男面具出自日本动画大师宫崎骏的电影作品《千与千寻》，其所指意味着现实中的人们孤独与寂寞的心境；小丑是美国DC漫画旗下的超级反派，是危险可怕的人物，作为恶的代表的面具背后潜藏着人类内心的扭曲和罪恶。这些面具本身有着人们"扮演"的动作，暗示观者可以选择适合自己的面具，从而对号入座自己所扮演的角色。通过22个面具实物的展示，让观者联想到具体的电影，吸引观众瞬间进入"看电影"的状态，起到了序厅的引导作用，同时可以取得较好的参观效果。

从序厅可直接进入一层的电影老爷车博物馆。此处，古董级老爷车组团亮相，劳斯莱斯、红旗、福特、威利斯、华沙、吉姆等演绎着汽车和电影的故事，两者之间的相辅相成不仅体现了整个时代的进步历程，还承载了一个时代的记忆。如这里展出的多款老爷车，是《西安事变》等众多优秀影片的重要"参演者"，它们记录了当时的时代风貌和文化特色。在一处军事电影场景展区，主要集中展示了《西安事变》《彭大将军》等电影使用过的服装、道具与军用装备，并且还原了当时的拍摄场景，配上军事音乐，以及军事背景墙，整体上十分形象逼真；展区里的默寇利不仅参演了《西安事变》等影片，而且还是杨虎城将军的专车。这些电影老爷车占据了一层展厅的三分之二，是整个展馆的一个重要视觉叙述元素，从这些老爷车可以回想起它们出演的不同电影，从而映射出当时西影厂的繁荣昌盛。

博物馆一层右厅是电影胶片收藏馆。这里存放着西影厂建厂以来的电影胶片素材、拷贝和磁底等，也是胶片存储、保护、修复、调配及综合利用的专业库房。胶片是最能体现西影厂存在的实物载体，一盘盘的电影胶片也是西影厂一段段的历史，这里胶片数量之多，分类之广，体现了原来西影厂制作技术的成熟。现在，随着媒介技术的发展，胶片已经很少出现在广大电影观众的眼前，更多成为一种历史实物符号,彰显历史的沧桑感与厚重感。这里通过展示胶片保存制度、胶片的结构、胶片影像数字化等图像符号,反映了西影厂当时对胶片的重视,可以说没有胶片就没有西影厂。

展馆三层是世界电影放映机收藏博物馆。这里采用了新媒介技术发展的叙事手法,呈现了电影放映设备从手摇到电动、从木质到金属、从无声到有声、从黑白到彩色的发展历程。展馆拥有从19世纪初期到20世纪70年代的300余台珍贵电影放映机,包括中国、英国、法国、德国、美国、日本等十余个国家的重要经典机型。放映机是电影与观众之间的物质技术装置中介,没有放映机,电影无法到达人们的视觉中心。这里的每一台放映机实物,既展现了当时电影技术的发展,也作为电影艺术最后输出的过程,放映机的选择体现了当时人们的大众艺术生活水平。目前,观看电影的方式已经大大改变,放映机也已经成为人们的集体记忆。

西影厂史馆是三层的重点区域。这里采用历史时间顺序,讲述西影厂的创业与改革之路,通过文字、图片、海报、奖杯以及影视资料等展示了"西影荣耀""西影群星""西影经典""西影使命"四大主题。同时,历史的讲述中陕西地域性的元素较多,强调了西北地区的电影制片基地。厂史馆的图像采用的是静态的,既有黑白,也有彩色的展品。比如1985年拍摄的第一部武侠片《大刀王五》采用的是远景黑白照片,具有一定的时代感;1997年拍摄的爱情片《爱情麻辣烫》采用一男一女的彩色照片,其中体现了时代的进步,女性地位的提高以及人们对性别议题的高度包容性;奖杯这一符号体现了西影厂历年来取得的卓越成就。另外,可称为经典符号的是西影电影博物馆的"名片",如电影《老井》《美丽的大脚》《大话西游》及摄影师顾长卫、美术曹久平、编剧芦苇,还有导演张艺谋、陈凯歌、田壮壮等。1988年,影片《红高粱》一举夺得第38届西柏林国际电影节金熊大奖,中国电影第一次轰动了世界影坛;2002年,西影厂拍摄的《美丽的大脚》获金鸡奖最佳故事片等9项大奖,成为中国电影史上获奖最多的影片之一,借助这些有知名度的符号为博物馆赋予不凡的价值。

（二）融合媒介的视觉叙事

随着移动互联网和媒介技术的发展，拓展了视觉叙事的媒介，使其变得多元化。除了传统的以实物和图像为主的传统方式，博物馆将其中的物品加以数字化和智能化，增加了多媒体技术、人工智能、VR 等视觉叙事，使得博物馆成为一个多屏叙事的场所，不仅可以线下真实触摸，也可以结合线上带来多元化的体验。传统的实物叙事与融合媒介的视觉叙述的感染力和震撼力相结合，让博物馆的文化意义的二次生产或创意性的结合踏上新的台阶，赋予博物馆里的每一个藏品以新的活力和生命力。展品变"活"的媒介意义，是更容易传播给受众，提高了受众的参观体验和审美需求，使其完成从陌生到熟悉的过程，并与展品产生共鸣。

融合媒介的视觉叙事具有以下特点：一是动态为主，静态为辅。通过媒介将每一个实物赋予生命力，让其在特定场域内具有话语权，让其自身在历史符号建构下的文化生命力得以彰显。二是重视细节。利用技术放大实物的特征，让受众看到以往荧幕中所见到的不一样的东西，亲身感受不一样的魅力。三是线上与线下的结合。博物馆的空间是有限的，可以将博物馆无法传达的内容转移到线上，如微信扫码听讲解，让参观者对博物馆进行留言评价等。四是 IP 的开发利用。博物馆蕴含丰富的历史文化，同时也拥有丰富而优秀的 IP 资源，在为观众提供教育和娱乐体验的同时，也可以不断向观众讲述相关 IP 的视觉故事。五是带来沉浸式体验。在电影博物馆二层的大话西游奇妙屋、电影制作技术科普体验区、电影服化道展示体验区和光影互动体验区就是以融合媒介的视觉叙事为主的。在这些多种媒介技术的融合形成的体验区，让参观者全身心地置身于文物所处的现实与虚拟环境，切身感受文物的文化气息。

在此需要强调的是，作为一个 IP 沉浸式互动体验馆，大话西游奇妙屋是一个主要的视觉亮点。究其缘起，西影集团在整理素材库时发现了当年《大话西游》长达 10 小时的拍摄素材以及观众未看过的情节，由此萌发了充分挖掘经典 IP 的想法。对此想法的具体落实：一是在 2017 年上映了《大话西游之大圣娶亲》加长纪念版；二是以电影大话西游经典场景为基础，打造了五岳山、客栈、盘丝洞、水帘洞、黑风岭、牛魔王山寨等互动体验区。尤其是体验区，它以简明扼要的故事情节，极具氛围感的背景音乐，丰富多样的道具，重重设置的机关，十分契合当下年轻人对鬼屋和密室逃脱等情景游戏的喜欢。可见，这种多种媒介的融合使用，营造了参观者与电影亲密接触的契机，使其能重温电影的经典桥段，开启电影历险之旅，达到沉浸式体验的效果。

与此类同的还有电影制作技术科普体验区。在此区域内，观者可以更多了解电影拍摄、后期制作等生产流程。为了增加趣味性与互动性，电影制作技术科普体验区基本还原了真实工作场景，来访者可以一一揭秘电影绿幕、吊威亚、拟音、配音、逐帧等常见的电影拍摄与制作手法。如在配音室，人们可以调用电脑里储存的国内外电影和动漫的经典素材，为自己喜欢的角色配音，既可单独配音，也可多人对话，兼顾自主性与随机性。在拟音体验区，观者可了解电影中烘托剧情的各种声响的由来，如"噌"的一声宝剑已出鞘，被打骨折的"咔嚓"声，大火熊熊燃烧的"呼呼"声，电闪雷鸣的"轰隆"声以及枪林弹雨声、坦克驶过的隆隆声、飞机起飞的轰鸣声、轮船的汽笛声等，这些声音多数是专业拟音师用简单的道具模拟出来的。观者也可以在这个区域使用这些道具并加以体会，如开门关门的吱呀声，皮毛扇动来模仿风声，塑料板扇动来模仿雷声，踩在不同材质的地板模仿不同人或动物的走路声，还有啦啦操的手花摇动模仿下雨声等。在威亚区观者可以体验在空中飞行的感觉，化身为演员，满足自身的合理想象。观者可以在逐帧区自行操作，在时间轴的每帧上逐帧绘制不同的内容，使其连续播放成动画，了解动图的产生原理。可见，好的电影离不开制作技术的支撑，在整个电影制作技术科普体验区感受到的是电影制作的大致过程。

电影服化道展示体验区也采用了大致相同的叙事方式。我国素有"衣冠古国"的美誉，服装是文化的表征，也是思想的凝聚，服饰文化沉淀着一定历史时期某个民族的某种特性。历年来，服装不只是作为御寒之物，而且是等级高低、贫富差距的标识之物。 在电影服化道展示体验区，可以欣赏到精美的原版电影服饰，如电影人物钱学森、蒋介石、宋美龄和孙旺泉等人在剧中穿过的服饰均在展示之列。 服饰的大小、款式、图案和色彩等视觉元素，既让人回味经典的电影人物与故事情节，更叙述着不同的电影文化意义。 在展区内，观者还可以自己动手穿戴服装，试用道具，如许多到访者通常会体验电影《红高粱》中余占鳌和九儿的酿酒坊场景，以领略那种万丈豪情。 位于三层的光影互动体验区具有历史性、故事性、互动性的特点。 通过可体验的幻盘、立体视镜、翻片机等早期电影设备，以及奇幻流水、神奇魔法墙、心动指数测试仪等光影娱乐互动设备，能让观者了解电影的历史与知识。 尤其值得强调的是：体验区的叙事过程就是西影厂所有作品荧幕背后的创作过程，每一个演员的形象，每一帧画面的展示，包括每一个参与演出的实物"演员"都出现在当下的社会现实中，这种历史沉淀痕迹的展示性运用不仅拉通了记忆时空连接，还传播和扩散了这种集体记忆的神奇力量。 这种叙事方式采用了多种方式，最大的特点是把实物与人的身体在场相融合，让自己的身体充当媒介符号的接收与反馈终端，以传达出非同寻常的媒介意义。

四、西影人精神空间的想象建构

西安电影制片厂六十多年的辉煌历史，经多种传播方式的建构已经形成了一定场域内相对完整的符号表达体系。 这种媒介建构主要以视觉传播为起点，通过影视作品的中介作用在荧幕与公众之间形成一种文化传播的完整过程。 影视剧作的传播过程中，电影明星、制品宣传、电影公司以及观众等客体在不同程度上都对传播起到了作用，而这些在作品的承载和地理位置的保留下的积淀及其过程也成为电影精神文化空间建构的现实基础。

西安电影制片厂是新中国成立后在西北地区建立的第一个电影制片基地，也是中国西部电影的发源地，更创造了中国电影的西影时代，培育了大量杰出的电影人才。这种地理空间场域内的"圈层"具备一定程度的话语主动权,当然也拥有自身所特有的话语体系:它们通过电影人才的吸纳、电影作品的创作、经济与文化资本的运营、全方位的宣传,让公众在视觉叙事中形成其电影文化的价值认同,最终以自身独有的叙事方式将"这一个"电影品牌"符号化"。这些符号在发展和传播过程中将集体记忆深化,成为影视创作群体"感情记忆中一个最突出的象征符号",[1]也让公众自发形成一种影视叙事建构之下的自我建构,荧幕移动的符号变为现实的视觉转化,从而实现完美的视觉传播。

以"西影电影艺术体验中心"和"胶片电影工业馆"为代表,二者对于西影厂在精神层面的符号建构以历史脉络为主线,将西影厂的历史进行一定程度的层级建构。西影电影艺术体验中心是一个集电影收藏、研究、展览、教育、娱乐为一体的互动式体验场馆,它承载和体现了西影电影艺术精神,也为公众提供了近距离感受电影文化魅力的场所。这种原本建立在人人可触及的实物展示层面的文化符号,在如今的文化消费过程中衍变成为一种精神层面想象的文化空间。西影电影艺术体验中心的序厅中间错落垂悬22个艺术装置,是国内外经典电影以及传统文化中的面具造型,带给所有公众强烈的视觉冲击。这本身就是传播的起始刺激端,加上面具这种源自古老民俗的文化符号,在电影中不仅代表角色,也代表着每一个通过电影人之手塑造出来的鲜活形象。因此,在现实空间展示中同比将文化符号代入想象的空间,在一定程度上就是一种精神文化作为符号的传承方式。

展馆通过线上预约售票和线下扫码购票两种方式将西影厂的历史进行实地转化,并形成一定空间场域内的视觉符号,公众通过"入场"体验,在传递过程中实现传播。同时,展馆将外围的公共空间人为分离,形成价值认同上的差异性,创造出"第三空间"视角中的想象空间。公众对于厂区的游览冲动最初来自线上的活动,从想象走向现实,而线下"游客的空间体验主要来自游览通道。此类

---

[1] 李红涛,黄顺铭.记忆的纹理:媒介、创伤与南京大屠杀[M].北京:中国人民大学出版社,2017:135.

基于城市旧街区的功能混杂型历史文化街区，运用空间句法模型时应区分游览、生活等不同功能的街道类型，使其空间特征研究更符合主体的游览体验，为街区空间优化提供科学基础"。①

西影厂在场内的"星光大道"两旁建立了原尺寸的全球重要的和主要的影视奖项模型，不仅让主体在林荫大道上由浅入深地体验，而且在奖项设置上也是从高到低进行排列，将视觉和体验感在品牌认同上双向结合。在本质上是荣誉的现实设置和展现，但是在更深层次，尤其是精神层面则是对影视剧作在"荣誉认同"背后的文化符号进行重构，建立公众与影视文化奖项的深层次关联，从而让公众在精神层面通过视觉欣赏达到符号建构的效果。

五、作为实践空间的意义延伸

任何实践空间的想象都是建立在历史文化沉淀基础之上的，公众保留了一部分对于西安电影制片厂特殊的精神文化认同，很大程度上取决于它在辉煌时代留下来的大批经典作品。建厂60多年来，出品300余部故事片，科教片、纪录片、专题片近300部，生产电视剧180多部、2000多集。这种数量上的积累在具体视觉表征层面就形成了一种品牌认同，也就是说，公众被西影厂作品耳濡目染的传播互联之后，所有受众在意识中已经形成了对品牌的追捧和信任，而质量的保证也提高了西影厂作品的传播速度和广度。

（一）体验者与技术的结合所造就的体验空间

空间场域的建构，在某种意义上就是体验者在地理空间内充分展现自身主体性的建构。从普通游客到高校学生，从社会工作者到文艺事业工作者，从影视

---

①马蓓蓓,江军,薛东前,等.主客体融合视角下的历史文化街区空间特征——以西安书院门为例[J].陕西师范大学学报(自然科学版),2018,46(3):104-108.

娱乐明星到现代传播技术赋权之下的网络红人等都是在这个空间场域中活动的主体个体。他们一边扮演着不同程度的参与体验者,一边感受着空间场域中技术赋能所带来的时代变化,而这种变化在视觉空间中就体现为公众对于阅读的重新认知。阅读的方式和形式在当下已经重构,在客体承载上被技术强行更新,最开始的纸媒现在已经成为新媒体、多媒体,甚至超媒体。在阅读内容上更是由单一变成多向,融合走向渗透,现在已经成为复杂的参与,其在程度上也是逐渐走向深入。而"万物互联互通时代阅读场景的构建,不仅要求内容与场景的适配,还要求表现形式与特定场景下的阅读需求相匹配。"[1]

电影博物馆关于《大话西游》等影视作品的场景还原,老爷车场馆的原版车辆与模型的展现等就是在阅读模式上的参与性进行体验的重构,在历史符号的建构过程中让所有主体亲身体验并感受,让一种宛如回到过去的历史体验感在技术的支持下成为可能,变成现实。

(二)互动性与亲近性的延展而形成的公共空间

公共空间场域内的参与者与一般场域内的参与者不同,他们多数拥有公共的"共通性",但是在主体体验对象的认识和认知上存在本质差异。电影圈子的游览人群主要由附近居民、学生、影视创作者、爱好者,影视传播研究者、学者,以及空间商业资本运作者和参与者构成,他们都是与原厂存在方式有一定相关性的关联者。在文化认同和符号建构的基础上形成一种共通性,借助公共空间建立彼此之间的互动性和亲近性,因为这种能够达成共识的认知在某种意义上就是公共空间对于参与者的双向认可。

以电影圈子内设置的婚纱摄影工作室以及摄影爱好者为例,他们的参与主要是在地理空间的认同之下个性自由选择的行为表现,在这个关于电影主题场所内找到适合自身认可的特殊的地域,进行一定程度的创作,然后以"打卡签到"和

---

[1] 邓庄. 场景视阈下移动阅读 APP 的发展策略[J]. 出版发行研究,2018(10):86-90.

"微信朋友圈"为代表的主体性展示在自由圈层进行视觉传播，形成线上的扩散范围。同时，也可将线下的陌生群体吸引过来，通过"造势"的方式将创作主体的作品进行传播，这种在场性参与活动也是对于西影厂的另一种"阅读"和"解读"。此时，陌生人和旁观者就转化成为与自己有很大关系的"读者"，将西影厂变成一种线上的文本、线下的空间读物，"读者从被动的接受者转为积极的参与者，从而进一步成为虚拟场景的创造者"。[1]这种原本不确定性、可变性和客观性都很强的空间场域就成为任何主体都可以参与和亲近的客体，每一位公众都能以自己的方式进行创作、传播和扩散。

（三）文化价值与社会价值融合生成的文化空间

地理空间一定程度上是人为建构的空间话语体系的表征，而文化空间则是在地理空间基础上进行文化符号重构的新形式，两者借助一个共同的主体将所有客体运用一定方式进行重构，就建立形成了一种新的文化空间。西影厂充分利用历史痕迹保留下来的空间场域，经过新时代背景下的重新建构，在各个方面对于地理空间中的现实实物进行重新定义，将目之所及的历史产物"符号化""标签化"，甚至将文化意义重新赋予其中，将特定的文化符号重新包装，并赋予社会价值，供民众参观和消费。

商业资本的投入和新的运作方式，让这个原本单一的文化空间变成具备一定社会价值的商业载体以服务大众，本质上从视觉欣赏变成了文化消费，将商业价值进行变相更新，这在一定程度上为社会公众提供了一种新型消费空间。西影厂内的长安荟，作为一家私募企业联合创办和经营的餐厅，以西影厂为主要地理载体，将陕菜进行一定程度的加工经营，并深度结合新的元素，把日料和中餐相结合，融入陕西特色的地域风格；展示在公众面前的是一家高端、有格调、时

---

[1] 邓香莲，刘佳卓.一把打开深阅读的钥匙：基于场景的沉浸式阅读——以互动解谜游戏书的沉浸式阅读体验建构为例[J].出版广角，2021（5）：18-21.

尚、有品位的中餐、日料相结合的餐厅。西影厂内的咖啡厅、工作室等,在资本运作过程中充分结合并融入地理空间背后的文化符号,将其转化成消费的"噱头"和"资本",为公众找到了一个与历史相互勾连的中介,至少在影视文化方面是这样。这些地方在进行文化符号传播的同时,也在尝试甚至实现着"变现"的作用,让社会价值在文化价值升级的同时更能服务公众、服务社会。

综合来看,城市空间场域内部的基础设施在一定规范下的组合形式让整体资源得以充分利用,是城市文化社会生活得以更新的惯常方式。电影圈子和众多布设在城市中的文化街区一样,在公众生活中发挥着文化欣赏、休闲娱乐、生活消费等多种功能。在此基本功能实现之后,它还将社会群体关于西部电影的文化记忆在现代技术"赋权"之后进行"赋能",并在新的传播业态中发挥新的传播力量,充分激活西影厂的"文化标签",体现出高效的文化价值和社会价值。

第十一章　城市之光营造的炫幻之境及其媒介文化识读

随着19世纪中期第一次工业革命的完成，人类社会的现代化进程也随之不断加速，其重要标志之一就是现代城市的扩张式发展，以及城市化进程中伴随性或牵涉性的社会生活的全方位改变：人口大量聚集，制造业、交通运输业、服务业、媒介信息产业、教育事业等多种业态以及城市管理方式的现代化转型。20世纪90年代以来，特别是进入新世纪，现代城市建设中出现了一种新现象，即在原有城市照明功能的基础上，纷纷实施城市的"点亮工程"。被点亮的城市顿然间星河灿烂、流光溢彩，甚至催生了通过高空俯瞰图和卫星照片显示的成片光亮来判断城市夜生活的活跃程度以及夜间经济的繁荣指数。不难发现，用于点亮城市的城市之光不可小觑：它不仅具有城市区域标识、经济繁荣程度、社会生活丰富等方面指标的指示性，也是当下社会诸多城市文化形态中重要的表征之一。

当然，对城市之光的研究也有不少先行之人，并且还在吸引不少研究者的兴趣，但有关于此的研究成果主要集中于城市工程建设领域，如城市照明、灯具布设、节能灯具在城市中的使用等科学技术性探索；[1]另一类研究则是在艺术学范

---

[1] 郝洛西.中国城市亮化工程的若干问题[J].清华大学学报(自然科学版),2000,(S1):28-32.

畴从公共艺术角度来研究欧洲城市举办的"灯光节"。① 本文意在通过城市之光的文化维度,从泛媒介的角度将其视为现代城市的一种重要媒介及其表征体系,即一种媒介文化,并重点对那些非实用性,特别是具有装饰性、符号性、表意性和审美性的城市之光予以识读,从而阐释其中的媒介文化意涵以及对城市时间、空间再生产和人们日常生活的深层介入。

一、从实用性照明到表意性符号

追溯城市发展的历史以及早先人们的日常生活经验记录可知,无论是秉烛夜行、掌灯探路,还是现代早期的煤气灯在城市中的使用,这些应用实施与体现的均是城市之光实用性照明的功利性功能。当然,对光源提供外在保护、对支撑的器具或器物,如灯罩、灯柱等进行刻画与雕饰以起到美化作用,是其固有的外显特征,但其核心作用与功能仍是驱暗照明。随着现代社会的发展和城市化进程的加快,城市之光的实用照明功能虽继续保留,却逐渐潜隐于诸如装饰美化、节庆仪式、政治宣教、艺术创作等其他现实的或超越性功能的覆盖之下。

与此同时,现代城市管理者和建设者对城市之光的运用则有着超乎寻常的热情:一是以光为基本材料和符号代码进行艺术创作,通常以光与影的静态或动态造型为艺术表达形式,在固定地点和时日按照不同主题进行短时段展示或表演。如从1852年开始举办的法国里昂灯光节,2004年开始举办的德国柏林灯光节,2006年在荷兰举办的埃因霍温灯光节,英国也于2009年创办了卢米埃灯光节,捷克布拉格灯光节虽举办略晚,也在2013年正式开办并延续至今。据不完全统计,仅2019年,全球范围内举办了14场各种类型的大型灯光节。② 具有代表性的是,2019年11月22日—25日,位于北半球北端的芬兰奥卢市举办了Lumo灯

---

① 周娴. 艺术点亮城市——欧洲著名灯光节[J]. 公共艺术,2016(2):24-39.
② 中国照明网. 2019年全球灯光节盘点![EB/OL]. (2020-01-02)[2023-09-22] https://www.lightingchina.com.cn/news/67543.html.

光节。灯光节以"Our Nature"为主题,目的是在黑暗的冬季为人们带来光明和欢乐,同时也为城市创造一种全新的感官体验。不久,这个喜光的国家于2020年1月9日在赫尔辛基又举办了一年一度的灯光艺术节。新闻报道称:在节日期间,多处标志性建筑物或公共场所被各类灯光艺术装置点亮,游人徜徉其间,尽享视觉盛宴。① 在我国,各个城市也会在一些特定时间段和标志性地点举办灯光节或灯光晚会。如2019年9月22日,古城西安举办了庆祝新中国成立70周年主题灯光秀。活动期间,曲江新区的大唐不夜城,以及西安古城墙、西安高新区、西安浐灞生态区同时向外界呈现了光与影的视觉盛宴。② 又如,2019年11月18日,主题为"吉祥花城 出新出彩"的第九届广州国际灯光节开幕,持续10天的灯光节采用"1+9"全城模式,即以海心沙和花城广场为主会场,广州市辖的越秀、荔湾、白云、黄埔、花都、番禺、南沙、从化、增城同设9个分会场。一时间,花城在灯海中,灯海在花城中,灯海花城交相辉映,灿烂无比,宛如人间仙境。

城市之光的第二种应用是在基本照明的基础上以光为媒介,将光塑造为城市居民日常生活的人居环境。最为常见的是在城市交通干道装置各类照明路灯,还在过街天桥、道路中间的绿化带地表安装各色射灯,或在栏杆、树木上悬挂甚至缠绕各种装饰性灯饰,每当夜幕降临,灯河灿然,熠熠流光。此外,在居民区的公共空间诸如绿化草坪、休闲广场,以及安放健身器材的公用社区锻炼场地边缘、供老年人休闲或儿童游乐的场地空隙等,常常能见到或矗立,或吊挂,或缠绕的各种灯饰以增加这类公共空间的氛围和美感。此类光饰深嵌于公众的日常生活之中,并因过于日常化以至于人们对它熟视无睹,甚至视其为本应存在之物。

---

① 中国照明网. 芬兰灯光节|漫长冬夜里的灯光盛宴[EB/OL]. (2020-01-09)[2023-09-22] http://www.lightingchina.com.cn/news/67669.html.
② 康传义,赵杨博,赵晨. 庆祝新中国成立70周年 璀璨灯光秀闪耀西安夜空[EB/OL]. (2019-09-23)[2023-09-22] http://www.sxdaily.com.cn/2019-09/23/content_8046567.html.

城市之光的第三类应用是将光制作为城市地标性建筑的炫酷外衣。现代城市的地标性建筑普遍具有较为特殊的外观特征：要么有绝对的海拔高度而独树一帜，要么设计奇特且标新立异，或者二者兼而有之，总之是在呈现城市特殊风貌的同时，还具有一定的观赏性。此类建筑的外观修饰体现出别样的景致：日间自然天光下建筑本身的魅力极尽彰显，夜间人为装扮的魅惑也不能减损分毫。而且，地标性建筑的光衣会随着时令、节日等常换常新，并不断与时俱进。在我国的许多城市，每年国庆节还未到来，城市就已经"换上了表达爱国激情的主题文化衫"，上面写着"我爱你，中国！""中国梦""中国加油"等各式字样；新春佳节期间，城市又"穿"上了极具传统特色的鲜艳的中国红，挂上了中国结，燃放着噼噼啪啪的鞭炮，手提灯笼的胖娃娃雀跃其间；疫情防控期间，"武汉加油""中国加油""必胜"等字样书写在光甲之上，提醒着我们都是"逆行者"。还有，建筑光衣不仅色彩缤纷而且动感十足，可流淌、可闪烁、可层递、可攀越、可旋转、可跳跃、可飞翔，如此等等。由此可见，建筑光衣可获得扮靓城市首功一份。

以上三者，除在具体的时间节点有不同的内涵与讲究之外，也有其共同的特点，即规模宏大。无论是世界多地举办的灯光节、现代城市交通干道的灯光布设，抑或是专为具有标识性城市建筑设计的豪华炫彩的外衣，常常因其壮阔恢宏的灿烂光影特质，仅从单纯的视觉感官很难尽收眼底。这些光与色的宏大工程往往必须以行进的、趋前的观赏方式才能领略一二。当然，用光扮靓城市的方式还有很多，既有那种大型豪奢的装置艺术作品，更有一些小型实用的将光编辑加工为局部空间的零星点缀。但从总体而言，现代城市对光的应用，在关照其实用功能的同时，越来越倾向于其非实用功能的拓展与开发，并孜孜于以光为代码，并将其编码为表意符号，以指称一定的现实世界或理想世界。

二、从空间的再生产到夜间空间的表象

现代城市本身是空间实践的结果之一，是作为实践主体的人类借以改造自然

界,并创造社会空间的物质活动的重大成果。它既是被生产出来的社会空间,也可以被再生产并可持续进行不断的再生产,如城市规模的典型或非典型式扩张;城市郊区日趋向边缘、外围地带的步步推迁;依托并环绕大城市而纷纷崛起的卫星小城等都是空间再生产的常见通例。然而,自然界物理空间的有限性,以及人类社会空间实践的推进亦有相应的在地理广度方面的限制,即空间不能也不应该在物理广度上无限拓展。于是,空间实践就必然转向,从垂直方向找寻发展空间,高楼林立,水泥森林直冲云霄因此成为现代城市的典型景观。在这种以建筑实体建造为空间生产的基本方式之外,空间的表象即可视为另一种重要的空间再生产方式。

空间的表象是指通过对空间符号的把握对空间进行理性改造,从而达成展示新的媒介符号的活动。主要是指以城市建设者为代表的人们所从事的那种有意识的、自觉的空间操控。① 以此观之,对城市之光的各种使用就是凭借现代灯光技术对城市空间进行一定程度上的操控,也是一种空间再生产。一般情况下,这种空间再生产在两个向度展开:一是纵向垂直高度。从人们的日常生活经验可以获知,无论是哪一种类灯光装置,其目的总是将观赏者的视线牵引向光与色设计所到达的极限区域。面对高楼大厦的炫彩霓裳,观者一定是引颈而望,白日里不太突出的高楼大厦在夜间的灯饰之下会变得更加高耸,即便从远处望之,也是灿烂而夺目。二是横向水平广度。现代城市对光的布设也在广度上大做文章,由点连成线、由线圈成面,使受光面积大为增加。由于光的放射性,放射灯照射之地皆为人眼可观之域,这种将远处的事物拉到近前,并能让实际距离缩短的"望远镜"般呈现现实世界的感觉实在奇妙。以光为材料的垂直向度与水平向度的空间再生产,与作为物质性、物理性的空间生产相比较,就现实的空间占据而言似乎没有多大差别,但从观者的感觉上会形成空间距离远近交错、物体体积大小莫测的梦幻感。

---

① 冯雷.理解空间:20 世纪空间观念的激变[M].北京:中央编译出版社,2017:129 – 130.

当然，以空间再生产所形成的空间的表象不止于此。无论是在垂直向度还是水平向度上，对光进行编码所形成的表征以及表征体系均包含其中，并将在更深层面形成空间的表象以召唤"意义"的到来。就如列斐伏尔所说："所有的编码中，都包含着某种赌注和某种意义的生产。这种意义可能会取代给出的文本，而且要么让它变得贫乏，要么会让它变得丰富，从而增加自己的价值。"[①]以 2019 年世界各地举办的 14 场重要的灯光节来说，伦敦主张"环保"，耶路撒冷坚持"科技"，波兰诉求"互动"，莫斯科上演"光之环"，柏林的目的在于"彩绘"，布拉格向往"Revolution"，埃因霍温预想"Living colors"，阿姆斯特丹强调"Disrupt"，广州则让吉祥花城"出新出彩"，作为十三朝古都的西安显然想让大家过一个"最中国"的"西安年"！为此，大批装置艺术家采用或传统或现代的物质材料、装置设备、技术技艺等创作出一系列"光辉灿烂"的作品。这些作品的材质各异、大小不一、造型多样、色彩繁多，甚至给观者的冷暖感觉也有很大差异，但相同的是"主题"或"意义"就在其中。

可以肯定地说，无论是灯光节期间展示的主题灯光装置作品，还是平日里城市的高大建筑或楼宇表面投射而成的光影图像，甚至是人们日常生活的闲适空间的点缀性灯饰，都显示出程度不一的空间的表象。装置艺术家们的精心创作以及艺术追求，不只是在现实的物理空间再生产出若干个绚烂空间以飨观赏者，在艺术家创作完成之时，这些由编码而成的如梦似幻的空间就已经物化为文本，并形成一个个"召唤结构"，等待阅读主体的解码，并对其中的"空白点"以个体差异性认知予以填充。

三、从媒介世界的建构到"戏剧"世界的邀约

诚如有的文化学者所言，此种在空间再生产过程中所进行的对空间的表象，

[①] 亨利·列斐伏尔.空间与政治[M].李春,译.上海：上海人民出版社,2015:9.

不能被简单地理解为现代城市、多中心区域在文化和特征两方面都变成符号学的,是城市出现的"标记的激增"现象,①而是应该将其视为媒介世界的建构。

美国文化学家劳伦斯·格罗斯伯格将媒介置于"更为经验化的意义上"予以界定,他认为,媒介通常被视为下列若干事物中的一项:技术或技术的特定配置;商品或文化产业;编码的结构、协议或逻辑;内容的主题;感觉中枢或感觉经济如口述的、印刷的、电子的等;作为基础设施如有线的、广播的、电报的、无线的等。② 媒介疆域如此宽广,在一定程度将经验层面上可识别的媒介极尽包揽。 以此检视城市之光,特别是那些在空间再生产过程中已构成空间的表象的技术的特定配置、文本的编码逻辑、主题、诉诸观者感觉中枢的声、色、光的刺激方式,以及以文化产业方式生产出的文化商品等,不仅都具有媒介性,而且构成了完整意义上的媒介世界。 在这个媒介世界中,作为基础性存在的是现代科技所提供的一切所需的物质材料、技术设备与装置以及在生产中必备的技能与技巧;其次是建构符号和符号体系在编码中遵循的常规的或创新的规则与语言;还有一个非常重要的构成性要素深潜在媒介世界里,它最终决定建构并形成何种媒介世界,这就是媒介主体在媒介实践的过程中必须遵循的媒介的商业逻辑、媒介的文化逻辑、媒介的意识形态逻辑或者由其组合而成的媒介的综合逻辑。 以2019 年西安举办的"西安年·最中国"以及与南京联合打造的"双城灯会"为例来分析,就可以看出媒介产品的生产或媒介世界建构的结构性要素及其所遵照的媒介逻辑。 2019 年 1 月 28 日,农历腊月 23 日晚,中国传统习俗中的小年夜,西安城墙新春灯会正式点亮,为期 66 天的"西安年·最中国"春节系列活动徐徐拉开大幕。 据新华社记者报道:"当晚,十三朝古都西安首次与六朝古都南京联合打造'双城灯会',吸引了上万市民和游客前来观赏。 近两年来,古城西安在沉寂多年后一跃成为'网红城市'和热门旅游目的地。 记者采访发现,'网红'的

---

①马克·戈特迪纳,雷·哈奇森.新城市社会学[M].黄怡,译.上海:上海译文出版社,2018:120.
②劳伦斯·格罗斯伯格.文化研究的未来[M].庄鹏涛,王林生,刘林德,译.北京:中国人民大学出版社,2017:209.

背后是西安市深度整合全市文化旅游资源,通过搭建市场化平台,快速提升城市形象和城市价值,结束了过去'端着金饭碗过穷日子'的尴尬局面。"①在这则新闻报道中,在具有600多年历史的古城墙上举办的节日灯会,有哪些代表性作品,创作者是谁,灯会的总体规模大小,观者的观赏体验如何等未受到记者的特别关注,记者则是作为灯会信息报道者从其所展现的文化经济功能角度来代理信息。在记者笔下即由记者代表的观者眼里,参加展演的所有单个作品仅仅是"灯会"这个巨型文本的构成性"组件",是这个聚合性媒介产品的部分。如果按照马歇尔·麦克卢汉那句断语"媒介即讯息"来解释,随着媒介而来的是文化经济功能具体实现及其真正端上了"金饭碗"的水平和程度。灯展按照其内在的文化创造必须遵照的逻辑完成前期的创作、布展等任务之后,在现实文化经济语境下就自动转型为文化商品,以供观赏的形式予以售卖并获取相应报偿,同时还会收取所能带动的经济领域的酬谢,如餐饮、酒店、交通等服务业的市场活力与经济繁荣。如此看来,媒介世界的建构非常复杂,它不仅是按照其内在本质的媒介逻辑来建构属于自己的世界,而且往往是通过介入或被介入其他逻辑促成其运作。这就如劳伦斯·格罗斯伯格所言:"媒介已卷入其他领域,它形塑了各种其他领域,同时这些领域也塑造着媒介","媒介在建构自身的同时也在建构着其他的东西",甚至"媒介制造世界,世界也生产媒介"。②

媒介世界的建构有其固有的复杂性。一方面媒介在建构自身的同时也在建构外在世界,另一方面外在世界也以特有的方式介入媒介领域,多重同质的、异质的要素有机地"接合"在一起,共同形成某个或某种媒介世界。当然,建构中甚至是建构而成的媒介世界也不是一个封闭结构,不是一种完成状态,而是呈现为一直在进行中的开放结构,可以不停地在建构中或被不断地建构。其中,最

---

① 孙波,储国强,李华.千年古都西安缘何成为"网红城市"?[EB/OL].(2019-01-29)[2023-09-22]http://www.xinhuanet.com/politics/2019-01/29/c_1124059250.htm.
② 劳伦斯·格罗斯伯格.文化研究的未来[M].庄鹏涛,王林生,刘林德,译.北京:中国人民大学出版社,2017:7.

为常见的建构方式：一是以其本身的开放性吸纳同质或异质要素，并将其"接合"。如在以人造光为基质材料的媒介产品的生产或媒介文化产品的创造中，往往加入色、形、声等非物质要素，也可加入水、土、砖、石、沙、木、布、帛等物质材料，并将这些要素有机组合形成电影水幕、音乐喷泉、沙画、光雕等许多作品，这种建构方式也可视为编码式生产方式。二是经编码的作品转化为一个个"召唤结构"，并期待众多观赏者来解码。无论是何种解码——认同的、协商的还是对抗的解码，[1]都是完整意义上的作品要真正完成所必不可少的加工步骤，每一次解码都在为作品注入现实生命，这也正是那些优秀作品之所以成为经典的重要原因之一。

还须强调的是，以编码的方式来建构媒介世界是重要的起点，它以符号物化的形式生成文本。文本携带、内含、储藏着的多种信息期待在识读过程中有序释放。在最为基础的层面而言，文本可传递其储存的信息，识读者在接受过程中可分享其所需、所愿得到的信息。更有意义的是媒介文本是向识读者发出的邀约，邀请其通过文本进入其中的媒介世界并参透其内在奥秘。美国文化学家詹姆斯·凯瑞在论及传播的仪式观时指出：以传播的仪式观之见，读者等媒介信息接收者虽然从传播中获取了信息，但其实质并不在于信息的获取，而是"在于某些戏剧性行为，在这种戏剧性行为中，读者作为戏剧演出的旁观者加入了这一权利纷争的世界"，并"使人得到戏剧性满足感"。[2] 既如此，新闻就不是信息，而是戏剧。"它并不是对世界的记述而是描绘戏剧性力量与行动的舞台；它只是存在于历史性的时间中，在我们假定的、常常是替代式的社会角色基础上，要我们参与其中。"[3]由此可观，以城市之光物化而成的媒介文本以及构建的媒介世界又何尝不是一场场"戏剧"。在这个辉煌灿烂的舞台上，参演者是一件件

---

[1] 斯图亚特·霍尔.编码与解码[M]//罗岗,刘向愚.文化研究读本.北京：中国社会科学出版社,2000：356-358.
[2] 詹姆斯·凯瑞.作为文化的传播——"媒介与社会"论文集[M].丁未,译.北京：华夏出版社,2005：9.
[3] 詹姆斯·凯瑞.作为文化的传播——"媒介与社会"论文集[M].丁未,译.北京：华夏出版社,2005：10.

闪闪发光的作品,受邀者置身于如此梦幻的舞台世界,哪知"我"本为何人!

四、从"媒介仪式"的日常生活化到自我体验的感觉钝化

确实如此,在各种媒介形态充斥的当下世界里,人们往往主动或被动作为旁观者参与到诸多媒介仪式中。参与其中的人们不仅感受到不同的"戏剧性力量和行动",还得到某种戏剧性的满足感:在当下时代,城市居民在入夜时分就会置身于灯海光宇之中,在周遭灿然时分已然分不清今夕为何夕了。这不只是戏剧性,甚至是魔幻感!更为紧要的是这一切似乎已然成为普遍的日常生活经验,甚至让人们感受到它就是一种凡俗,而此种凡俗之感是媒介"仪式"的日常生活化给人们带来的自我体验的感觉钝化之必然产物。

媒介仪式,在尼克·库尔德里看来:"任何围绕关键的、与媒介有关的类别和边界组织起来的行为,这些活动的表现形式强化着这样一种价值观,即'媒介是我们通往社会中心的大门',并使这种价值观合法化。通过媒介仪式,我们把媒介是中心之一迷思付诸行动,实际上将它自然化了。"[1]这样,媒介仪式就可囊括"现代人的早祷"一样的报刊阅读,20世纪30年代经济衰落时期"围炉夜话"的隔空抚慰,电视兴盛期间家庭围观式的电视收视,互联网网上冲浪、发帖灌水、人肉搜索、网民群殴、网络直播、网红带货等,及至时下万物皆媒的泛媒介时代,一切将人们吸引前往社会中心的中介及其中介行为都可视为媒介仪式。由此,如今的媒介仪式与以往那种能够阻断日常生活如常流动,且让日常生活特殊化、节日化,甚至神圣化的"媒介事件"不可同日而语。如本文论及的城市之光的各种媒介应用——点亮工程、灯光节、灯光晚会、光舞表演等,诸如此类对光的媒介应用以及媒介实践,即以对光进行编码进而形成某种城市空间的夜间表象,并以此"召唤结构"为中介,牵引观者进入媒介的戏剧化场景之中——媒介

---

[1] 尼克·库尔德里.媒介仪式:一种批判性视角[M].崔玺,译.北京:中国人民大学出版社,2016:2-3.

建构的社会中心，没有改变也根本不可能改变现实生活的庸常性。换而言之，这种被牵引着朝向媒介建构的社会中心的媒介实践行动已经变得日常生活化了，它甚至被视为人们在空余时间集休闲、娱乐、健身、放松、观赏、审美等为一体的稀松平常的生活。或许，人们在一开始进入此种媒介仪式时会有一定程度的新鲜感、震惊感，甚至是震撼感或神圣感，但这种认知体验也会在倏忽间转瞬即逝，跌回平常。

这种对媒介仪式感觉钝化的原因正是人们"把媒介是中心之一迷思付诸行动，实际上将他自然化了"。①的确，自从现代媒介诞生以来，技术的发展使媒介的物质材料、装置装备、传播方式、传播速度与广度等多方面产生了革命式的变革，媒体在日常生活中也发挥着更加持久的作用。媒介不仅对人们的日常经验进行框限和过滤，作为人类思想物流的装置，自然就成为社会意见聚集的中心。人们聚焦中心、呼应中心并以行动趋向中心就是一件自然而然的事情。正如人们此时因围观某事而形成群体极化，彼时又因某一事件翻转而懊恼愤懑，此时嘲讽这个政治人物"脑子进水"，彼时为某国翻船悲剧而祈祷等。

但总体来说，朝向意见中心或舆论旋涡都具有短暂性特征，一阵亢奋过后要么寻找新的亢奋点，要么跌入短时间无中心可依的虚无之境，这些情态早已是媒介饱和时代的新常态。也正由此，媒介掌控者们不遗余力搜寻着媒介新热点、制造媒介新话题、创造媒介新景观、建构媒介新情境，以及时救济因媒介产品丰裕而产生的那种感觉钝化。

五、从识别伪现实到为自我"构境"

在泛媒介时代，媒介和媒介制造的景观丰裕乃至过剩是显而易见的事实。其中，既有对人类社会的发展有益的真实状况的呈现，也有裹挟其间的大量的

---

① 尼克·库尔德里.媒介仪式：一种批判性视角[M].崔玺,译.北京：中国人民大学出版社,2016:3.

"伪现实"。对此,法国哲学家居伊·德波极其深刻地指出:"在现代生产条件无所不在的社会,生活本身展现为景观的庞大聚集。直接存在的一切全部都转化为一个表象。"而且,"从生活的每个方面分离出来的影像群汇成一条共同的河流,这样,生活的统一性便不可能被重建。重新将他们编组为新的整体的、关于现实的片段的景色,只能展现为一个纯粹静观的、孤立的伪世界"。①在其著作《景观社会》的开篇,德波就提出了让世人震惊的警示之语。

在德波看来,景观是一种由感性的可观性建构起来的幻象,它是由表象支撑起来,并以各种影像为外部显现形式的存在。景观创造了一种伪真实,并通过大众传媒和文化设施构筑起一个弥漫于人们日常生活中的伪世界,他特别强调:"景观的在场就是对社会本真存在的遮蔽。"②对于此等问题,国际境遇主义者们提出若干应对性的"革命"策略:一是漂移,即对物化城市生活特别是建筑空间布展的凝固性予以否定;二是异轨,即通过揭露暗藏的操纵、明晰抑制的逻辑、拒绝意识形态的质询等方式进行解构以实现自我反叛;三是构境,主体可以根据自己的真实愿望重新设计、创造以实验人的生命过程以及存在过程。

综合考量,这三种在日常生活中就希冀实现的微观政治,只有部分具有一定的现实性。在现代化进程中,两百多年的建设成就累积于当下时代,其现实物理空间的展布、社会结构的形成、文化秩序的协同等"耦合性"形成绝非一日之功,漂移和异轨也非大部分社会成员挣脱现实桎梏的良途。在没有找到更为合适的应对之策时,"构境"可谓权宜之计。此处所言的构境,是指实践行为主体重新设计自我的现实生命过程及其存在时的积极作为,而非形而上的作为核心哲学范式的构境。哲学范式的构境被表述为"关于人的历史存在论的一个东方式的总体看法,它不涉及传统基础本体论的终极本源问题,而只是讨论人的历史性

---

①居伊·德波.景观社会[M].王昭凤,译.南京:南京大学出版社,2006:3.
②居伊·德波.景观社会[M].王昭凤,译.南京:南京大学出版社,2006:11.

存在的最高构层级和高峰体验状态"。①关于在形而下层面的人们在一定社会实践行为中实施的构境,正如德波言称的那样:"人们要首先发展一种真实的欲望以代替现存的补偿物;他们将拒绝被他们所规定的行为的全部形式,并不断地彻底改造他们独一无二的满足;他们不再认为生活是某一种稳定性的单纯维持,相反,他们热望他们的行动过程无限丰富。"②由此,在当下现实的、复杂的媒介文化语境中,自我构境可从以下几个维度展开:

一是以主体自我的价值理性来识别周遭的现实世界。可以肯定的是,展现于人们面前的现实世界是构成性的:它既有每一个个体通过自己的感官所感受到的纯粹的经验现实,也有由人类在各类社会实践过程中生产或加工而成的人工现实,以及各种媒介组织与机构或个体生产者将现存的自然和非自然现实经选择、加工,并由一定渠道传送而至的媒介现实。对于现实世界构成的多重性样态,主体须以自我的价值理性来识别其构成的层级性以及交融性,以及它在哪些层面和维度与人本真的自我存在形成价值关系。

二是以主体自我的价值理性来抵制非本真存在的"质询"。自现代社会以来,急速变化的周遭世界尤其是景观世界对人的本真存在构成不小的威胁,其中最为紧要的是人在这个大环境中的多种异化,如在社会实践中仍然存在的劳动产品、劳动过程、劳动关系的异化,遍及自然环境、社会环境的异化以及深及文化领域、精神领域的异化等。在知晓消除异化是一个漫长的历史过程以及现时代的社会结构性的应对效果不明的情况下,主体自我应从价值理性的角度主动抵制各种异化,特别是对那些暗藏的操纵、抑制的逻辑及主动的质询保持警惕并予以坚定的回绝。

三是以主体自我的价值理性展现出自我本真的存在。这并不是以形而下的方式回应形而上的问题,而是一个切实的、具体的,可在日常生活中践行的人的

---

①张一兵.烈火吞噬的革命情境建构——情境主义国际思潮的构境论映像[M].南京:南京大学出版社,2021:9.
②居伊·德波.景观社会[M].王昭凤,译.南京:南京大学出版社,2006:175.

存在：自由实践的、劳动创造的、艺术审美的等，都被证明是若干可行的方式。在此，针对泛媒介时代在媒介文化领域内已成积弊的，或呈显性存在状态的，或可能发生的多种文化异化现象，应在主体自我价值领域予以抵制并纠偏，促使其朝向为人的本真存在而存在。

本章主要阐述现代城市中普遍存在的将光加工生产为实用的或非实用的产品，使其承担或转化为一种媒介及其表征体系。遗憾的是，它在城市空间再生产中形成城市的表象，并以此建构为一个可动员观者共同参与其间以共享意义的媒介世界；特别是此种媒介文化方式已将一种"媒介仪式"日常生活化，让人们常居其间并使其感觉钝化。为此，对于现时代的人们来说，识别伪境并建构主体自我的本真存在尤为迫切！

参考文献

1. 刘易斯·芒福德. 机器神话（上卷）：技术发展与人文进步［M］. 宋俊岭，译. 上海：上海三联书店,2017.

2. 刘易斯·芒福德. 机器神话（下卷）：技术发展与人文进步［M］. 宋俊岭，译. 上海：上海三联书店,2017.

3. 贝尔纳·斯蒂格勒. 技术与时间：1. 艾比米修斯的过失［M］. 裴程，译. 南京：译林出版社,2019.

4. 贝尔纳·斯蒂格勒. 技术与时间：2. 迷失的方向［M］. 赵和平，印螺，译. 南京：译林出版社,2010.

5. 贝尔纳·斯蒂格勒. 技术与时间：3. 电影的时间与存在之痛的问题［M］. 方尔平，译. 南京：译林出版社,2012.

6. 亨利·列斐伏尔. 日常生活批判（全3卷）［M］. 叶齐茂，倪晓晖，译. 北京：社会科学文献出版社,2017.

7. 于尔根·奥斯特哈默. 世界的演变：19世纪史（全三册）［M］. 强朝晖，刘风，译. 北京：社会科学文献出版社,2016.

8. 尤尔根·哈贝马斯. 作为"意识形态"的技术与科学[M]. 李黎, 郭官义, 译. 上海: 学林出版社, 1999.

9. 罗伯特·达尔顿, 丹尼尔·罗什. 印刷中的革命: 1775—1800 的法国出版业[M]. 汪珍珠, 译. 上海: 上海教育出版社, 2022.

10. 罗伯特·达尔顿. 启蒙运动的生意:《百科全书》出版史（1775—1800）[M]. 叶桐, 顾杭, 译. 北京: 生活·读书·新知三联书店, 2005.

11. 马克斯·舍勒. 知识社会学问题[M]. 艾彦, 译. 北京: 北京联合出版公司, 2014.

12. 彼得·伯克. 知识社会史（上卷）: 从古登堡到狄德罗[M]. 陈志红, 王婉旎, 译. 杭州: 浙江大学出版社, 2016.

13. 彼得·伯克. 知识社会史（下卷）: 从《百科全书》到维基百科[M]. 汪一帆, 赵博囡, 译. 杭州: 浙江大学出版社, 2016.

14. 大卫·布鲁尔. 知识和社会意象[M]. 霍桂桓, 译. 北京: 中国人民大学出版社, 2014.

15. 于尔根·哈贝马斯. 现代性的哲学话语[M]. 曹卫东, 等译. 南京: 译林出版社, 2004.

16. 安东尼·吉登斯. 社会的构成: 结构化理论纲要[M]. 李康, 李猛, 译. 北京: 中国人民大学出版社, 2016.

17. 彼得·L. 伯格, 托马斯·卢克曼. 现实的社会建构: 知识社会学论纲[M]. 吴肃然, 译. 北京: 北京大学出版社, 2019.

18. 爱德华·希斯. 社会的构建[M]. 杨竹山, 张文浩, 杨琴, 译. 南京: 南京大学出版社, 2017.

19. 尼克·库尔德利, 安德烈亚斯·赫普. 现实的中介化建构[M]. 刘泱育,译.上海：复旦大学出版社,2023.

[20]肯尼斯·J·格根.语境中的社会建构[M].郭慧玲,张颖,罗涛,译.北京：中国人民大学出版社,2011.

[21]兰德尔·柯林斯,迈克尔·马科夫斯基.发现社会：西方社会学思想述评[M].李霞,译.北京：商务印书馆,2014.

[22]米歇尔·福柯.知识考古学[M].谢强,马月,译.北京：生活·读书·新知三联书店,1998.

[23]约翰·希利·布朗,保罗·杜奎德.信息的社会层面[M].北京：商务印书馆,2003.

[24]斯图尔特·艾伦.媒介、风险与科学[M].陈开和,译.北京：北京大学出版社,2014.

[25]大卫·哈维.资本社会的17个矛盾[M].许瑞宋,译.北京：中信出版社,2017.

[26]让·波德里亚.象征交换与死亡[M].车槿山,译.南京：译林出版社,2006.

[27]哈特穆特·罗萨.新异化的诞生：社会加速批判理论大纲[M].郑作彧,译.上海：上海人民出版社,2018.

[28]阿克塞尔·霍耐特.物化：承认理论探析[M].罗名珍,译.上海：华东师范大学出版社,2018.

[29]尼古拉斯·卢曼.风险社会学[M].孙一洲,译.南宁：广西人民出版社,2020.

[30]韩炳哲.透明社会[M].吴琼,译.北京：中信出版社,2019.

[31]韩炳哲.倦怠社会[M].王一力,译.北京：中信出版社,2019.

32. 齐格蒙特·鲍曼. 流动世界中的文化[M]. 戎林海, 季传峰, 译. 南京: 江苏凤凰教育出版社, 2014.

33. 托尼·本尼特. 本尼特: 文化与社会[M]. 王杰, 强东红, 译. 桂林: 广西师范大学出版社, 2007.

34. 托尼·本尼特. 文化. 治理与社会——托尼·本尼特自选集[M]. 王杰, 强东红, 等译. 北京: 东方出版中心, 2016.

35. 弗里德里克·詹姆逊. 文化研究和政治意识[M]. 蔡新乐, 译. 北京: 中国人民大学出版社, 2018.

36. 西蒙·杜林. 文化研究: 批评导论[M]. 开封: 河南大学出版社, 2015.

37. 罗杰·斯克鲁顿. 文化的政治及其他[M]. 谷婷婷, 译. 南京: 南京大学出版社, 2019.

38. 马歇尔·萨林斯. 文化与实践理性[M]. 赵炳祥, 译. 上海: 上海人民出版社, 2002.

39. 特里·伊格尔顿. 论文化[M]. 张舒语, 译. 北京: 中信出版社, 2018.

40. 伯尔尼德·哈姆, 拉塞尔·斯曼戴奇. 论文化帝国主义: 文化统治的政治经济学[M]. 曹新宇, 樊淑英, 译. 北京: 商务印书馆, 2020.

41. 约翰·哈特利. 数字时代的文化[M]. 李士林, 黄晓波, 译. 杭州: 浙江大学出版社, 2014.

42. 爱德华·威尔逊. 人类存在的意义: 社会进化的源动力[M]. 钱静, 魏薇, 译. 杭州: 浙江人民出版社, 2018.

43. 基思·特斯特. 后现代性下的生命与多重时间[M]. 李康, 译. 上海: 上海文艺出版社, 2020.

44. 林南. 社会资本: 关于社会结构与行动理论[M]. 张磊, 译. 北京: 社会科学文献出版社,2020.

　　45.迈克尔·布若威.制造同意——垄断资本主义劳动过程的变迁[M].李荣荣,译.北京:商务印书馆,2019.

　　46.鲍德里亚.生产之境[M].仰海峰,译.北京:中央编译出版社,2005.

　　47.尼克·史蒂文森.文化公民身份:全球一体的问题[M].王晓燕,王丽娜,译.北京:北京大学出版社,2011.

　　48.伊哈布·哈桑.后现代转向:后现代理论与文化论文集[M].刘象愚,译.上海:上海人民出版社,2015.

　　49.彼得·科斯罗夫斯基.后现代文化:技术发展的社会文化后果[M].毛怡红,译.北京:中央编译出版社,2011.

　　50.凯瑟琳·海勒.我们何以成为后人类:文学、信息科学和控制论中的虚拟身体[M].刘宇清,译.北京:北京大学出版社,2017.

　　51.劳伦斯·格罗斯伯格.文化研究的未来[M].庄鹏涛,王林生,刘林德,译.北京:中国人民大学出版社,2017.

　　52.雷吉斯·德布雷.普通媒介学教程[M].陈卫星,王杨,译.北京:清华大学出版社,2014.

　　53.约翰·杜海姆·彼得斯.对空言说:传播的观念史[M].邓建国,译.上海:上海译文出版社,2017.

　　54.约翰·杜海姆·彼得斯.奇云:媒介即存有[M].邓建国,译.上海:复旦大学出版社,2020.

　　55.劳伦斯·格罗斯伯格.媒介建构:流行文化中的大众媒介[M].祁林,译.南京:南京大学出版社,2014.

　　56.杰弗里·温斯洛普-扬.基特勒论媒介[M].张昱辰,译.北京:中国传媒大学出版社,2019.

57. 菲利普·N.霍华德.卡斯特论媒介[M].殷晓蓉,译.北京：中国传媒大学出版社,2019.

58. W.J.T.米歇尔,马克·B.N.汉森.媒介研究批评术语集[M].肖腊梅,胡晓华,译.南京：南京大学出版社,2019.

59. 韩炳哲.在群中：数字时代的大众心理学[M].程巍,译.北京：中信出版社,2019.

60. 尼古拉斯·盖恩,戴维·比尔.新媒介：关键概念[M].刘君,周竞男,译.上海：复旦大学出版社,2015.

61. 克劳斯·布鲁恩·延森.媒介融合：网络传播.大众传播和人际传播的三重维度[M].刘君,译.上海：复旦大学出版社,2016.

62. 马丁·李斯特,乔恩·多维,赛斯·吉丁斯,等.新媒体批判导论[M].吴炜华,付晓光,译.上海：复旦大学出版社,2016.

63. 罗伯特·洛根.理解新媒介——延伸麦克卢汉[M].何道宽,译.上海：复旦大学出版社,2016.

64. 尼克·库尔德里.媒介仪式：一种批判的视角[M].崔玺,译.北京：中国人民大学出版社,2016.

65. 何塞·范·迪克.连接：社交媒体批评史[M].晏青,陈光凤,译.北京：中国人民大学出版社,2021.

66. 埃福里特·E.丹尼斯,梅尔文·L.德弗勒.数字时代的媒介：连接传播.社会和文化[M].傅玉辉,卞清,刘琛,译.北京：中国人民大学出版社,2019.

67. 伊莱·帕里泽.过滤泡：互联网对我们的隐私操纵[M].方师师,杨媛,译.北京：中国人民大学出版社,2020.

68. 理查德·塞勒·林. 习以为常：手机传播的社会嵌入［M］. 刘君, 郑奕, 译. 上海：复旦大学出版社, 2020.

69. 詹姆斯·柯兰, 娜塔莉·芬顿, 德斯·弗里德曼. 互联网的误读［M］. 何道宽, 译. 北京：中国人民大学出版社, 2014.

70. 尼基·厄舍. 互动新闻：黑客、数据与代码［M］. 郭恩强, 译. 北京：中国人民大学出版社, 2020.

71. 南希·K. 拜厄姆. 交往在云端［M］. 董晨宇, 唐悦哲, 译. 北京：中国人民大学出版社, 2020.

72. 斯科特·拉什. 信息批判［M］. 杨德睿, 译. 北京：北京大学出版社, 2009.

73. 亨利·詹金斯. 文本盗猎者：电视粉丝与参与式文化［M］. 郑熙青, 译. 北京：北京大学出版社, 2016.

74. 列夫·马诺维奇. 新媒体的语言［M］. 车琳, 译. 贵阳：贵州人民出版社, 2020.

75. 罗兰·巴特. 符号学历险［M］. 李幼蒸, 译. 北京：中国人民大学出版社, 2008.

76. 埃罗·塔拉斯蒂. 存在符号学［M］. 成都：四川教育出版社, 2012.

77. 赵汀阳. 人工智能的神话与悲歌［M］. 北京：商务印书馆, 2022.

78. 邓晓芒. 实践唯物论新解：开出现象学之维［M］. 武汉：武汉大学出版社, 2007.

79. 张一兵. 斯蒂格勒《技术与时间》构境论解读［M］. 上海：上海人民出版社, 2018.

80. 苏国勋. 理性化及其限制［M］. 北京：商务印书馆, 2016.

81. 苏国勋. 社会理论与当代现实［M］. 北京：北京大学出版社, 2005.

82. 贺来."主体性"的当代哲学视野［M］.北京:北京师范大学出版社,2013.

83. 汪民安,陈永国.后身体:文化、权力和生命政治学［M］.长春:吉林人民出版社,2003.

84. 曹荣湘.后人类文化［M］.上海:上海三联书店,2004.

85. 李宏图.表象的叙述——新社会文化史［M］.上海:上海三联书店,2003.

86. 仰海峰.符号之境:早期鲍德里亚思想的文本学解读［M］.北京:北京师范大学出版社,2018.

87. 赵毅衡.符号学:原理与推演［M］.南京:南京大学出版社,2016.

后　记

  在媒介发展与深度媒介化时代，由媒介及其表征体系构成的媒介文化也幻化出多种样态。这对关注它的研究者来说既是新的挑战，更是神圣的责任。

  本书作者秉持一贯的研究兴趣，继续关注媒介文化及其实践主体的社会文化责任。在完成若干对媒介文化在地性实践的研究之后，再次返回媒介文化的理论领域，对当下时代处于复杂社会语境下的媒介文化理论与实践予以论述。

  研究任务的完成，既得益于一如既往的学术追求，也得益于与薛龙博士、童妍一起对精彩案例的分析研究。学术之途，前路漫漫，一起探索，共同成长。

  感谢世界图书出版西安有限公司赵亚强、符鑫的精心编校。在他们长期的帮助与激励下，本书得以顺利出版并与读者见面。

  期待大方之家的批评与帮助！

鲍海波

2024 年 8 月